Herbert Huber

Idealismus und Trinität, Pantheon und Götterdämmerung

Acta humaniora

Dieses Buch beschäftigt sich mit der Verknüpfung von Geist- und Religionsphilosophie im Werk Hegels und den Konsequenzen, die sich daraus für Hegels Lehre von Gott ergeben. Im ersten Teil stellt der Verfasser den Hegelschen Idealismus dar als Lehre vom Geist als der sachhaltigen Subjektivität, die als solche die alles einschließende Totalität ist. Die Einsicht, daß die Geisttotalität in sich differenziert ist und die trinitarische Struktur der christlichen Gottesvorstellung aufweist, stellt die Verknüpfung von Geist- und Religionsphilosophie dar. Der zweite Teil des Buches skizziert die Grundzüge der Hegelschen Lehre von Gott. Da Gott im Christentum als vollständig explizierter Inbegriff von allem (Totalität) gedacht wird, ist er hier als absoluter Gott offenbar. Daraus folgt, daß die christliche Trinität nicht isoliert denkbar ist, sondern die gesamte Religionsgeschichte in sich schließt. Bei der Untersuchung der Frage, wie dieser Einschluß zu verstehen sei, rücken Zusammenhänge in das Blickfeld, die Hegel zwar thematisierte, in religiösen Vorstellungen außerhalb des Christentums jedoch nicht nachwies. So impliziert die christliche Lehre vom Heiligen Geist sowohl das römische Pantheon (die Einheit aller Götter) als auch die germanische Götterdämmerung (welche die Vereinzelung der Götter verneint). Die Besonderheit des Christentums ist es, diese beiden außerchristlichen Vorstellungen als eine Einheit zu denken. Im Epilog wird schließlich an Goethes „Iphigenie" gezeigt, daß Hegels Philosophie des Absoluten ein Thema erörtert, das auch in der deutschen Dichtung immer wieder eine große Rolle spielte.

Herbert Huber

Idealismus und Trinität, Pantheon und Götterdämmerung

Grundlagen und Grundzüge der Lehre von Gott nach dem Manuskript Hegels zur Religionsphilosophie

Acta humaniora

Dr. Herbert Huber
Jean-Paul-Richter-Str. 13
D-8000 München 70

CIP-Kurztitelaufnahme der Deutschen Bibliothek
Huber, Herbert:
Idealismus und Trinität, Pantheon und Götterdämmerung: Grundlagen und Grundzüge der Lehre von Gott nach dem Manuskript Hegels zur Religionsphilosophie / Herbert Huber. –
Weinheim: Acta Humaniora, 1984.
ISBN 3-527-17504-0

Herstellerische Betreuung: Peter J. Biel
Satz und Druck: Colordruck Kurt Weber GmbH, D-6906 Leimen
Bindung: Georg Kränkl, D-6148 Heppenheim
Printed in the Federal Republic of Germany

Meinen Eltern
Meiner Schwester

Inhalt

Vorwort

Die hier im Druck vorgelegte Studie ist die bearbeitete Fassung einer Untersuchung, die im Wintersemester 1982/83 von der Fakultät für Philosophie der Ludwig-Maximilians-Universität zu München als Dissertation angenommen wurde.

Wenn auch mancherlei Philosophisches zwischen uns strittig blieb und bleiben wird, schulde ich doch Herrn Professor Dr. Dr. L. B. Puntel für seine unerschöpflich geduldige Bereitschaft zum unterredenden, wie auch zum kontroversen Gespräch Dank. Ebenfalls danken möchte ich an dieser Stelle Herrn Professor Dr. Robert Spaemann, Herrn Professor Dr. Falk Wagner und Herrn Dr. Dr. Reinhard Löw für etliche Förderung, die ich durch sie erfahren durfte. Dem Verlag, besonders Herrn Dr. Gerd Giesler, gilt mein Dank für die sorgfältige Betreuung und die einvernehmliche Zusammenarbeit.

Dem tiefsten Dank, der tiefsten Verbundenheit kann die Widmung des gegenwärtigen Werkes allerdings nur unzureichenden Ausdruck verleihen.

München, im Dezember 1983 Herbert Huber

Einleitung

Die Grundeinsicht, welche der ganzen folgenden Beschäftigung mit dem religionsphilosophischen Teil der hegelschen Philosophie Ansatz und Richtung vorgibt, besagt, daß Hegels Theorie der *Religion* nicht abgekoppelt vom *philosophischen* Grundthema behandelt werden kann. Für Hegel ist die Beschäftigung mit der Religion kein der Problemstellung seiner Philosophie im Grunde fremd bleibendes Zugeständnis an ein religiös gesinntes Zeitalter, ebensowenig wie er aus frommer Überzeugung heraus das Denken apologetisch in Dienst zu nehmen (und es damit zu verfremden) strebt. Die Religion ist vielmehr für Hegel *als Religion,* aber in *spezifisch philosophischer* Hinsicht interessant. Worin besteht für Hegel das philosophische Grundproblem? Hegel steht in der Tradition der Transzendentalphilosophie, und deren Haupt- und Generalthema ist die Subjektivität bzw. der Geist. So sind Begriffe wie „Geist“, „Denken“, „Idee“ für die hegelsche Philosophie so charakteristisch, daß, wenn es um die großen Zusammenhänge des Systems geht, meist einer jener drei den Punkt benennt, zu dem die einzelnen Systemteile in Beziehung gesetzt werden. Das Gesamtsystem zeigt sich dann als der Gang von der „Idee an und für sich“ über die „Idee in ihrem Anderssein“ zu der „Idee, die aus ihrem Anderssein in sich zurückkehrt“ (Enz § 18). In anderer Perspektive sind die logischen Bestimmungen „das innere einfache Gerüst der Formen des Geistes“ (WL II 224), der seinerseits als Wahrheit der Natur bestimmt wird (Enz § 381) und als dessen Gestalten die Phänomene Staat („objektiver Geist“), Kunst, Religion und Philosophie („absoluter Geist“) aufgefaßt werden. Desgleichen kann aber das Denken als Element (Enz § 19) und eigentümliche Form der ganzen Philosophie (Enz § 5 Anm.) bezeichnet werden. Über diese Allgegenwart des Bezuges auf den Geist, die Subjektivität, das Denken hinaus ist die Religionsphilosophie in besonderem Maße mit der Geistthematik verknüpft. Es ist dieses Zentralthema der idealistischen Philosophie, welches Hegel in der Religion auf zwar unphilosophische Weise, aber der Sache nach treffender als in den zeitgenössischen Philosophien behandelt sieht. Hegel stellt, anders gewendet, die Behauptung auf, daß die (christliche) Gottesvorstellung eine Art und Weise sei, auf welche sich die idealistische Subjektivität selbst zum Thema macht bzw. vergegenständlicht bzw. vorstellt: Wenn Hegel feststellt: „Gott ist der Geist“ (XVI 228), so deutet diese behauptete Selbigkeit ein Verständnis der christlichen Lehre von Gott an, das die traditionelle Dogmatik und die neuzeitliche Philosophie in eine innige Verbindung bringt. Es stellen sich im wesentlichen drei Problemkreise als Aufgaben der Interpretation der hegelschen Religionsphilosophie.

(1) Die Grundbestimmung, die Hegel von Gott angibt, besagt, daß Gott die schlechthin allesumfassende Einheit bezeichnet. Gott meint für Hegel die *Totalität* (dieser Terminus ist in der vorliegenden Arbeit für die *alles*umfassende Ganzheit reserviert). Die entscheidende Überlegung Hegels ist nun die, daß Gott, gerade weil er Totalität meint, als Geist gedacht werden müsse, weil einzig der Geist schlechthin alles in sich schließe. Nun ist es gerade der Deutsche Idealismus gewesen, der den Geist als die alleseinschließende Dimension zu begreifen suchte. Im Unterschied zur ontologischen Metaphysik, welche die Totalität als *Sein* auffaßte, erkannte die neuere Geistesgeschichte mehr und mehr im *Bewußtsein* jenes Medium, innerhalb dessen alles und jedes erst sein Bestehen für uns hat[1]. Den Höhepunkt in der Entwicklung, die nicht mehr das Sein, sondern das Denken (Bewußtsein) als die letztumfassende Totalität zu nehmen auf dem Weg war, stellt die im Werke Kants erstmals ausgeführte Transzendentalphilosophie dar. Im Problembereich der kantischen bzw. transzendentalphilosophischen Fragestellungen bewegt sich der gesamte Deutsche Idealismus. In welchem genaueren Sinn wird aber der idealistisch verstandene Geist als Totalität oder allesumfassende Einheit gedacht? Bei Kant ist es die transzendentale Apperzeptionseinheit, welche als Einheit des Ich und alles Gegebenen (Nicht-Ich) die beiden Glieder einer vollständigen Disjunktion der Totalität zusammenschließt. Nun deutet Kant aber die Einheit von Subjektivem und Außersubjektivem wiederum als „bloß subjektiv", indem er die fürunsseiende einer ansichseienden Welt gegenüberstellt. Hier setzt Hegels Philosophieren an als eine gründliche Auseinandersetzung mit dem transzendentalen Denken und führt über dieses hinaus, ohne freilich hinter es zurückzuschreiten. Hegel weist die Einseitigkeit, als welche Kant die transzentendale Apperzeptionseinheit deutet, als Inkonsequenz auf und erreicht so einen Idealismus, der den Totalitätscharakter des Geistes einschränkungslos zur Geltung bringt. Ist der Geist als Totalität begriffen, so ist grundsätzlich der Weg frei zu der religiösen Thematik, die (Hegel zufolge) eben diesen Totalitätscharakter des Geistes mit dem Wort „Gott" benennt. So ist der Interpret der hegelschen *Religions*philosophie gehalten, erst Hegels Philosophie des *Geistes* hinsichtlich ihrer idealistischen Grund- und Gesamtorientierung zu rekonstruieren, um die Perspektive und den Maßstab zu gewinnen, wonach Hegel die einzelnen Religionen betrachtet. Nur eine so fundamental ansetzende Deutung kann der Religionsphilosophie Hegels gerecht werden, und dies aus dem genannten Grunde, daß die Religion für Hegel gerade das philosophische Grundthema selbst thematisiert.

(2) Auf der Grundlage des Dargelegten kann der Interpret dann zweitens der Grundeinsicht von der Einheit der Religionsphilosophie und der Thematik der Philosophie selbst bei Hegel weiterhin Rechnung tragen, indem er der Verflechtung der Religionsphilosophie in das Gesamt der philosophischen Disziplinen bei Hegel nachgeht. (a) Insbesondere wird das Verhältnis von „subjektivem", „objektivem" und „ab-

1. Die heutige sprachanalytische Philosophie stellt die Durchführung einer dritten Form der Totalität dar, indem sie alles als sprachlich vermittelt begreift.

solutem“ Geist untersucht werden müssen: In welchem Sinn ist der Geist nur mittels dieser Unterscheidungen angemessen zu erfassen? Welche spezifische Funktion und Bedeutung hat das Lehrstück „Absoluter Geist“? Erst wenn dargetan werden konnte, daß und warum der absolute Geist ein notwendiges Moment der Geistphilosophie ist, kann die Notwendigkeit der Religion als einer Weise der Selbsterfassung des absoluten Geistes im Rahmen der hegelschen Philosophie einsichtig werden. (b) Weiterhin muß der Interpret sein Augenmerk dann darauf richten, daß die Religion, Hegel zufolge, nur eine von drei Weisen dieser Selbsterfassung des Geistes in seiner Absolutheit ausmacht. (c) Schließlich parallelisiert, ja identifiziert Hegel mitunter in berühmten Texten Gott und Logik, Gott und Weltgeist: ist die Logik Gott „vor Erschaffung der Welt“, so ist Gott als Staat „anwesend“, Natur und endlichen Geist „erschafft“ er. Diese Aussagen wollen gedeutet sein, um damit eine präzisierende Rückwirkung auf den Gottesbegriff zu erzielen.

(3) Hat man die eigentliche Bedeutung und Stellung von Gott und Religion im Denken Hegels durch die ausführlichen Untersuchungen der Punkte (1) und (2) herausgearbeitet, so kann man sich drittens der Einzeldurchführung der religionsphilosophischen Vorlesungen Hegels selbst zuwenden. Dabei wird man vor allem auf die authentischste Quelle für Hegels religionsphilosophisches Konzept, auf sein eigenhändiges Manuskript von 1821 zurückgreifen, das bisher freilich nicht abschließend untersucht werden kann, da es nur in unzureichenden Editionen vorliegt[2]. Auf der Grundlage einer zuverlässigen Ausgabe des Manuskripts, sowie der Vorlesungsnachschriften, und der durchgeführten Untersuchungen der Problemkreise (1) und (2) könnte der genaue gedankliche Aufbau der Religionsphilosophie Hegels, vor allem ihres geschichtlichen Teils, untersucht werden. In der Sekundärliteratur finden sich hauptsächlich Versuche globaler Rekonstruktion des Gesamtaufbaus der hegelschen Religionsphilosophie. Eine Einzelanalyse der Gedankenführung fehlt weitgehend. Eine solche Einzelanalyse hat ihre Schwierigkeit darin, daß Hegel den Anspruch erhebt, in der WL die reinen gedanklichen Formen, die in jedem Denken am Werk sind, abgehandelt und systematisch dargestellt zu haben. Jede Interpretation einer nichtlogischen Disziplin aus Hegels System ist demnach immer auch Interpretation der WL. Nicht zuletzt hierin dürfte die eigentliche Schwierigkeit einer jeden Hegel-Literatur zu suchen sein. Bezüglich der Religionsphilosophie wäre zu fragen, in welchem Maße die WL nun in der Tat korrekt als Aufbau- und Strukturierungsprinzip des religionsphilosophischen Denkens in Anspruch genommen ist. Besonders diese Untersuchung muß sich ausschließlich an das Manuskript Hegels von 1821 halten, weil es der einzige Text von Hegels eigener Hand ist, den wir für die gesamte Vorlesung zur Religionsphilosophie besitzen. Anders als bezüglich des Manuskriptes kann man bei Vorlesungsnachschriften nie sicher sein,

2. Vgl. hierzu Heede 105–109, Rel Ms 752–762 (Herausgeberbericht), Huber [5]. Die positive Haltung dieser meiner Stellungnahme muß nach Jaeschke [4] 298–309 erheblich eingeschränkt werden.

ob Ausführungen, die von der WL her zu beanstanden wären, auf das Konto hegelscher Nachlässigkeiten zu setzen sind oder aber auf mangelhaftes Verständnis des Nachschreibers zurückgehen.

Nach dieser allgemeinen Sichtung der Problemlage können wir das Vorgehen gegenwärtiger Untersuchung angeben. Dem Ersten Teil fällt die Aufgabe zu, die *Grundlagen* der hegelschen Religionsphilosophie zu erhellen. Zunächst wird die Grundorientierung des hegelschen Idealismus in Abgrenzung demjenigen Kants gegenüber dahingehend erarbeitet, daß der Geist sachhaltige Subjektivität und als solche auf potentiell-antizipative Weise alleseinschließende Totalität ist. Hiermit ist im entscheidendsten Punkt dem oben genannten Problemkreis (1) Rechnung getragen. Die zentrale Einsicht, welche die Geistphilosphie mit der Religionsphilosophie verknüpft, besteht nun darin, daß die Geisttotalität jene *trinitarische* Struktur der Insichdifferenziertheit aufweist, die den christlichen Gottesgedanken innerlich ausmacht (Erstes Kapitel). Aus einer Betrachtung der inneren Differenzierungen der hegelschen Geistphilosophie („subjektiver", „objektiver", „absoluter" Geist) ergibt sich sodann Stellenwert und Funktion der Lehre vom *absoluten* Geist (Zweites Kapitel, Abschn. 1). Die Einsicht in die eigentümliche Gestalt der Absolutheit des Geistes wird das Verständnis eröffnen für die Aussage Hegels, der Geist (oder Gott) *erschaffe* das einzelne Bestimmte (Zweites Kapitel, Abschn. 2). Im Lichte dieser Darlegungen kann der *Übergang* zum absoluten Geist, wie ihn die Enzyklopädie von 1830 in § 552 vollzieht, erklärt werden (Zweites Kapitel, Abschn. 3). Schließlich wird die Absolutheit des Geistes als *in sich gegenläufige Explikationsbewegung* aufgewiesen (Drittes Kapitel, Abschn. 1) und das grundsätzliche Selbst*verhältnis* des Absoluten (Wissen des Absoluten vom Absoluten) namhaft gemacht, das schon für die Geistphilosophie sich in einem, „Kult" genannten (Bildungs-)Vorgang vollzieht (Drittes Kapitel, Abschn. 2).

Der Zweite Teil skizziert die *Grundzüge* der Lehre von Gott bei Hegel. Im Ersten mit Dritten Kapitel geht es dabei um Gott (das Absolute), sofern er (es) gewußt wird, mithin *Gegenstand* des Selbstwissens des Absoluten ist. Dies Wissens- oder Kultverhältnis und seine Vollendung im christlichen Gottmenschen und der christlichen Gemeinde ist im Vierten Kapitel thematisch. So wird zuerst der *trinitarische Gott* des Christentums als Thematisierung der in sich differenzierten Geisttotalität aufgezeigt (Erstes Kapitel, Abschn. 1–2), deren Einheit in der auf verschiedenen *Konkretionsstufen* (Erstes Kapitel, Abschn. 3) sich vollziehenden, in sich gegenläufigen Explikationsbewegung der *Gottesbeweise* (Erstes Kapitel, Abschn. 5) besteht. Die Konkretionsstufenunterscheidung wird dabei das Verständnis erschließen für das Verhältnis von immanenter Trinität und *Logik* bei Hegel (Erstes Kapitel, Abschn. 4). Sodann muß zu einigen Problemen der Interpretation der hegelschen Trinitätsspekulation im Rahmen des erreichten Forschungsstandes[3] Stellung genommen werden (Zweites Kapitel,

3. Jaeschke [4] stellt fest, daß die hegelsche Trinitätsspekulation „eines der wenigen [Probleme bezüglich Hegels Religionsphilosophie ist], bei welchen von einem Stand der Forschung gesprochen werden kann" (327).

Abschn. 1–2). Vom trinitarischen Gottesbegriff her läßt sich weiterhin Licht in die gegen Hegel erhobenen Atheismus- bzw. Pantheismusvorwürfe bringen (Zweites Kapitel, Abschn. 3). Schließlich wird das Verhältnis des trinitarischen bzw. christlichen Gottes zu den übrigen Göttern, mithin das Verhältnis des absoluten Gottes zur Religions*geschichte* erörtert. Der christliche Gott ist in seiner Komplexität die Vereinigung mehrerer Momente, die historisch als selbständige Gottheiten in eigenen Religionen auftraten (auftreten). Die hegelsche Theorie der Religionsgeschichte begreift den christlichen Gott als den Inbegriff der außerchristlichen einseitigen und beschränkten Formulierungen der religiösen oder philosophischen Thematisierung der Geisttotalität (Drittes Kapitel, Abschn. 1). Dabei muß genau achtgegeben werden, auf welchen Ebenen von Gott bzw. Göttern geredet wird. Demgemäß sind drei *Arten von Göttern* in der Religionsgeschichte zu unterscheiden, die jeweils höhere Integrationsstufen darstellen: Einzelsphärengötter, totalitätsdarstellende Gottheiten, der trinitarische (absolute) Gott. Die ersten beiden Termini finden sich bei Hegel nicht und sind interpretatorischer Natur: sie artikulieren eine Unterscheidung, die sich bei Hegel faktisch findet, aber nicht explizit bedacht wird, sondern mehr hintergründig wirksam bleibt (Drittes Kapitel, Abschn. 2). Die innere Logik des christlichen Gottes als des Inbegriffs (der Totalität) von allem – und daher auch besonders der Religionsgeschichte als der sukzessiv angemessenen Erfassung der Ganzheit alles Wirklichen – macht ihn zum *absoluten* Gott und das Christentum zur absoluten Religion. So kann deutlich sichtbar werden, daß der christliche Gott gar nicht von der Religionsgeschichte und der Vielfalt der in ihr auftretenden Religionen isoliert werden kann, sondern daß und wie er diese Geschichte und Vielfalt notwendigerweise selbst einschließt (Drittes Kapitel, Abschn. 1–3). Wie aber ist dieses Einschließen zu denken; was heißt es, Inbegriff zu sein? Hierbei kommt es der vorliegenden Untersuchung nicht auf eine logisch detaillierte, sondern auf eine grundsätzliche und sich in Grundzügen haltende Klärung der logischen Struktur an, die von solcher Integration, solchem Einschließen in Anspruch genommen wird, weil es uns darum geht, zu sehen, in welchen vor- bzw. außerchristlichen religiösen Vorstellungen diese Struktur in eben vorstellungshafter und darum ganz elementarer und logisch undetaillierter Art thematisiert wird. Ein komplexes, d.h. verschiedene Momente einschließendes Ganzes ist nur zu explizieren, wenn jedes Moment für sich dargestellt, dann aber auch auf die anderen Momente hin verlassen wird. So weist die Explikationsbewegung dieser Ganzheit, mithin die sich als jene Bewegung vollziehende Einheit der Ganzheit selbst, eine Struktur auf, die als die Doppeltheit von *Bestehen* aller Momente für sich einerseits und über das einzelne Moment hinausgehendes *Negieren* der Vereinzelung des jeweiligen Moments andererseits beschrieben werden muß. Nur als das Zugleich dieser beiden Bestimmungen ist die Explikationsbewegung eines in sich differenzierten Ganzen denkbar. Durch Berücksichtigung dieses Sachverhalts bezüglich der für Hegel spezifischen Einsicht in den die Religionsgeschichte integrierenden Charakter des absoluten oder christlichen Gottes rücken Zusammenhänge in den Mittelpunkt, die Hegel zwar philosophisch vollzogen, nicht aber religionsgeschichtlich verortet, d. h. sie in möglicherweise vorhandenen bestimmten religiösen Vorstellungen nachgewiesen hat. Nun läßt sich aber sehen: Das Bestehen aller Momente des Absoluten, d. h. aller Götter, tritt selbst als religiöses Monument, nämlich als das römische *Pantheon* auf. Die Negativität des komplexen Ganzen dem je vereinzelten Moment gegenüber, die ein Moment ins andere sich aufheben läßt, weil das Ganze in keinem einzelnen Moment schon vollständig als das Ganze expliziert ist, findet sich in der germanischen Lehre von der *Götterdämmerung* (ragna rök) mythologisch gestaltet. Die *Einheit* von Götterdämmerung und Pantheon, die vor- bzw. außerchristlich auseinanderfallen, indem sie verschiedenen Religionen angehören, die sich nicht selbst ausdrücklich aufeinander beziehen, ist aber erst der vollständig gedachte Begriff vom Verhältnis der Götter zueinander, das die Einheit des einen Göttlichen ausmacht. Beide alte religionsgeschichtlichen Größen werden im Christentum bewahrt, allerdings jetzt nicht mehr isoliert und getrennt betrachtet, sondern in ihrer Einheit selbst gedacht. Diese Komplexität nennt das Christentum „*Gott Heiliger Geist*" (Drittes Kapitel, Abschn. 3. 4). Am Ende des Zweiten Teils bedenkt die Untersuchung noch kurz das Wissensverhältnis, das zwischen dem in seiner Komplexität gewußten und dem ihn wissenden Geist besteht, und wie dieses Kultverhältnis im christlichen Gottmenschen und schließlich in der christlichen Gemeinde hinsichtlich derjenigen Implikationen, die der vor- und außerchristliche Kult unausdrücklich enthält, explizit geworden ist (Viertes Kapitel). Der den Beschluß bildende Epilog wird an seinem Anfang selbst in seiner Absicht erläutert.

Vergleicht man den eben geschlossenen Überblick des gegenwärtigen Unternehmens mit der eingangs aufgestellten Problemskizze, so ist festzustellen, daß die vorliegende Arbeit die Differenz in der künstlerischen, religiösen und philosophischen Weise der Thematisierung des Absoluten[4] ebensowenig behandelt, wie sie eine Erörterung der logischen Strukturierung, die Hegel mit dem religionsgeschichtlichen Material vornimmt, bietet. Diese Problembereiche einzubeziehen, hätte den vorgegebenen Umfang des Buches gesprengt, dessen Absicht es ist, deutlich zu machen, worin die geistige Bedeutsamkeit der Religion für Hegel liegt. Dieser stets auf Hegels Gesamtentwurf bezogene Blickwinkel, im Verein mit der räumlichen Beschränkung, verbot an mancher Stelle mehr ins einzelne gehende Ausführungen selbst zu behandelten Themen. Da die *grundsätzliche* Rolle der Religion und der *grundsätzliche* Aufbau, in dem Hegel die Einheit des religiösen Phänomens in seinen mannigfaltigen historischen Manifestationen einzuholen sucht, das Hauptinteresse gegenwärtiger Untersuchung ausmachen, konnte von einer jahrgangsspezifischen Analyse der hegelschen Vorlesungen abgesehen werden. Die Grundideen der Insichdifferenziertheit der Geisttotalität (Idealismus und Trinität) und der absoluten als der alle Religionen integrierenden Religion (Pantheon und Götterdämmerung) waren auszubreiten, nicht aber sollten die zum Teil

4. Vgl. dazu Hadlich, F. Wagner [2], Jaeschke [2].

erheblichen inhaltlichen Differenzen bei den Durchführungen dieser allgemeinen Grundzusammenhänge – vor allem, was die Beurteilung der einzelnen Religionen betrifft – in den verschiedenen Jahrgängen der hegelschen Vorlesungen untersucht werden.

Zum Schluß sei noch ausdrücklich darauf hingewiesen, daß es nicht in der Absicht dieser Arbeit liegen kann, die Stichhaltigkeit der hegelschen Interpretation des Christentums von der dogmatisch-theologischen Seite her zu untersuchen. Eine solche Untersuchung hätte sich erst ihrer methodischen Grundlagen zu versichern, indem geklärt würde, auf der Basis welcher Voraussetzungen, Grundüberzeugungen usw. die religiösen Vorstellungen und ihre philosophische Deutung miteinander „verglichen" werden können; ja, die erwähnten Grundüberzeugungen selbst hätten zuerst Gegenstand der Untersuchung zu sein. Ob die philosophische Rationalität und das sich in mythologischen Bildern vollziehende Denken überhaupt gegenseitig *integrierbar* oder aber nicht vielmehr *inkommensurabel* sind, ist ein Problem, bezüglich dessen lediglich die hegelsche Position zur Kenntnis genommen werden soll. Auch die Frage, warum Hegel bei einmal vorausgesetzter Kommensurabilität von mythologischem und philosophisch-wissenschaftlichem Denken die Mythologie (oder Religion überhaupt) von der Wissenschaft her deutet und nicht umgekehrt die Wissenschaft in einen mythologischen „Kohärenzrahmen" einbezieht, ist so interessant, wie im Rahmen der vorliegenden Untersuchung unbeantwortbar.

Erster Teil

Das Absolute in der Geistphilosophie

Immer geht es darin ins Grenzenlose
und gleich wieder ins Bestimmte zurück

(J. W. v. Goethe III 564)

Erstes Kapitel. Der Geist als die ursprünglich in sich differenzierte Totalität

1 Das gemeinsame Thema von Philosophie und Religion: Gott und Wahrheit als in sich differenzierte Totalität

Hegel zufolge haben Religion und Philosophie dasselbe Thema: „Die Philosophie ... hat ... ihre Gegenstände zunächst mit der Religion gemeinschaftlich. Beide haben die *Wahrheit* zu ihrem Gegenstande, und zwar im höchsten Sinne, – in dem, daß *Gott* die Wahrheit und er allein die Wahrheit ist. Beide handeln ferner von dem Gebiete des Endlichen, von der Natur und dem menschlichen Geiste, deren Beziehung aufeinander und auf Gott, als auf ihre Wahrheit" (Enz § 1). Hier werden zwei Hauptbereiche unterschieden. Auf der einen Seite steht die Dimension Gottes (der Wahrheit), auf der anderen Seite die Dimension des Endlichen in seinen verschiedenen einzelnen Sphären, die hier wiederum zu zwei großen Gruppen – Natur und menschlicher Geist – zusammengefaßt werden. Die Philosophie, wie auch die Religion, behandeln nun den Zusammenhang der endlichen Sphären untereinander und den Zusammenhang jeder einzelnen Sphäre (jedes einzelnen endlichen Wesens) mit Gott oder der Wahrheit. Was aber meint Hegel mit Gott oder der Wahrheit? „Die Wissenschaft desselben [= des Absoluten] ist wesentlich System, weil das Wahre als konkret nur als sich in sich entfaltend und in Einheit zusammennehmend und -haltend, d.i. als *Totalität* ist" (Enz § 14).

Das Thema von Religion und Philosophie, nämlich das Wahre oder das Absolute, wird hier als *Totalität* bezeichnet, die in sich *konkret* oder *sich in sich entfaltend* ist. Das, was eine Sache ist, also ihre Wahrheit, besteht erstens (sozusagen „nach innen") in dem Zusammenhang der einzelnen Momente, die jene Sache ausmachen, untereinander und zweitens (gewissermaßen „nach außen") in der Verflochtenheit dieser Sache mit anderen Sachen, in welcher sie erst ihren Stellenwert und ihre genaue Bedeutung hat. Wahrheit ist somit „konkret" oder, wie wir sagen wollen, *in sich differenziert*, weil sie im wechselseitigen Zusammenhängen und Zusammenspielen differenter Momente besteht.

Es ist nun leicht zu sehen, daß das Selbstsein oder die Wahrheit jedes einzelnen Moments letztlich von dessen Stellung im *Gesamt*gefüge *aller* Momente abhängt. Jedes Moment ist direkt auf andere Momente bezogen, die ihrerseits auf weitere bezogen sind, und so fort; auf diese Weise nimmt jedes Moment zu seiner eigenen Wahrheit direkt oder indirekt *alle* übrigen Momente in Anspruch. Wird so das in-sich-Differenziertsein nicht nur eines begrenzten Ausschnittes der Wirklichkeit, sondern des Insgesamts aller Wirklichkeit, mithin „in seiner ganzen Allgemeinheit" (Enz § 14) gedacht, dann ist „*das Absolute*" (Enz § 14) oder eben die „*Totalität*" (Enz § 14) Gegenstand der Betrachtung.

Diesen umfassendsten Zusammenhang aller Einzelmomente nennt, Hegel zufolge, die Philosophie „Wahrheit", die Religion „Gott" (Enz § 1): „die Religion ist die allgemeine Sphäre, in welcher die eine konkrete Totalität dem Menschen ... zum Bewußtseyn kommt" (XII 147). Von Gott redet man nicht, wenn man irgendwelche Zusammenhänge durchläuft, sondern nur, wenn man einzelne Wesen oder begrenzte Zusammenhänge vom *Ganzen aller* Zusammenhänge her begreift. So ist z. B. die Darlegung des Zusammenhangs von Individuum und Gattung eine rein naturphilosophische, keine religiöse Angelegenheit. Wird hingegen dieser Zusammenhang ausdrücklich als Teilzusammenhang innerhalb der *Totalität* aller Zusammenhänge gedacht, so wird er „sub specie aeternitatis", mithin religiös oder philosophisch begriffen. Wenn Hegel in dem eingangs zitierten Text die Beziehung der endlichen Sphären *aufeinander* von ihrer Beziehung *auf Gott* unterscheidet, so sehen wir, daß die Beziehung der endlichen Sphären aufeinander selbst die Beziehung derselben auf Gott ist, *wenn* das Beziehungsgefüge der endlichen Sphären nur nicht irgendwie begrenzt, sondern in seiner Totalität gedacht wird.

2 Hegels idealistische Grundorientierung

2.1 Kant und Hegel: Die Sachhaltigkeit der Subjektivität

Die Grundeinsicht des Idealismus ist dies, daß das Denken im Sein, das Ich im Nicht-Ich, das Subjekt im Nichtsubjektiven sich gegenwärtig bleibt: Wie anders als subjektiv sollte dem Ich das Nicht-Ich gegenwärtig sein? Nur *als gewußt*, d. h. nur als subjektiv vermittelt, ist das Nichtsubjektive in seinem Nichtsubjektivsein erreichbar. Weil das Nichtgewußte nur als gewußt der Subjektivität *als solches* gegenwärtig sein kann, gibt es in der Tat nichts, was aus dem Horizont der Subjektivität herausfiele: sie ist der Rahmen oder das Medium der Gegenwärtigkeit ihrer selbst und alles dessen, was nicht sie ist. Wenn aber zum einen das Bestimmungspaar „Subjektives-Nichtsubjektives" eine vollständige Disjunktion bildet und zum andern das Nichtsubjektive selbst nicht außer die Subjektivität fällt, muß letztere als *alleseinschließend*, mithin als *Totalität* angesprochen werden.

Daß die Subjektivität die Totalität ist, über diese Einsicht verfügt bereits Kant, wenn er die empirische Realität (d.h. das nicht spontan aus der Subjektivität stammende, sondern dieser nur gegebene Nichtsubjektive) innerhalb des letzten alleseinschließenden Horizontes der „transzendentalen Idealität", d.h. eben innerhalb der Subjektivität selbst, verortet. Kant fällt freilich hinter die Höhe dieser Einsicht wieder zurück, wenn er die zuerst als Einheit von Ich und Außersubjektivem, mithin als Totalität erfaßte Subjektivität („transzendentale Einheit der Apperzeption") dann als „bloß subjektive" Idee deutet. Hegels Kantkritik gewinnt schließlich den Totalitätscharakter der Subjektivität dadurch zurück, daß sie die Unhaltbarkeit aufweist, welche in der nachträglichen Fixierung des in der transzendentalen Apperzeptionseinheit schon integriert gewesenen Moments des Außersubjektiven als „Ding an sich" gegen die und außerhalb der Subjektivität liegt[1].

Diese volle, von keinem Ansich mehr abgehobene Einheit der Subjektivität mit dem, was sie nicht ist, nämlich mit dem Nichtsubjektiven, nennt Hegel „*Geist*": „der Geist verliert sich nicht in diesem Anderen, erhält und verwirklicht sich vielmehr darin" (X 33 = Enz § 383 Zus). War bei Kant die objektive Sache als Einheit von spontanem Denken und gegebenem sinnlichen Material eine Objektivität „bloß für uns" und von der Dimension der Sache an sich scharf abgehoben, so ist nach Hegels Überwindung des Dings an sich der Geist einschränkungslos Gegenwärtigkeit der *Sache selbst.*

Verliert aber Hegels Idealismus damit, daß er die gedachte Sache für die Sache an sich nimmt, nicht gerade alle echte Sachhaltigkeit? Die gedachte ist ja nicht die wirkliche Sache, sondern bloße Vorstellung, Gedanke derselben. Hegel stellt sich diesem Einwand ausdrücklich: „Wenn ... gemeint wird, das Sein, weil es gedacht werde, sei damit nicht mehr Sein als solches, so ist dies nur ein gleichsam alberner Idealismus, welcher meint, damit, daß etwas gedacht werde, höre es auf zu sein, oder auch das, was ist, könne nicht gedacht werden, und nur Nichts sei somit denkbar" (BDG 155 = XVI 460). Was ist hier unter „Sein" zu verstehen? Die vom Denken unterschiedene Dimension des Außersubjektiven, dessen, was nicht Ich, also Nicht-Ich, ist. Ist dieses Sein aber, wenn es gedacht ist, nicht zu einer Gestaltung des Ich geworden und damit in seiner Nicht-Ichhaftigkeit gerade zerstört, oder ist es immer noch Sein als solches, d.h. Nicht-Ich? Hegel behauptet letzteres und führt den Beweis dafür mittels einer reductio ad absurdum. Nimmt man an, das Ich sei nicht in der Lage, ein Sein als solches zu denken, sondern bloß eine subjektive Vorstellung davon, so

1. Vgl. zu Kants Idealismus und Hegels Kritik daran ausführlich Huber [6].

könnte es nicht einmal diese Vorstellung haben, weil die Vorstellung als das *Vorgestellte* nicht das *vorstellende Ich*, letzterem gegenüber also Nicht-Ich ist: „indem ja die Vorstellung auch ein Etwas ist, kann der Vernünftige nur die Vorstellung der Vorstellung, nicht die Vorstellung selbst, und wieder auch nicht die Vorstellung der Vorstellung, da diese Vorstellung der zweiten Potenz auch ein Etwas ist, sondern nur die Vorstellung der Vorstellung der Vorstellung u.s.f. ins Unendliche zu besitzen wähnen" (I 257). Es würde nie ein Etwas, immer nur nichts vorgestellt. Geht man also (wie es die Voraussetzung war) davon aus, daß sich das Sein als die Dimension des Nicht-Ich, sobald es gedacht, d.h. vom Ich aufgenommen wird, in bloße Vorstellung oder Ichheit auflöst und seine Nicht-Ichhaftigkeit verliert, dann könnte das Ich nicht einmal eine Vorstellung haben, weil auch eine solche von dem tätig vorstellenden Ich verschieden, mithin Nicht-Ich oder Sein ist. Vorstellungen haben zu können, war aber die Voraussetzung. Um diese zu retten, muß (wie sich jetzt zeigte) genau dasjenige angenommen werden, was die Voraussetzung auszuschließen schien: Das Denken oder Ich erfaßt tatsächlich Sein oder Nicht-Ich, weil es in seinen Vorstellungen Inhalte erfaßt, die vom reinen Ich=Ich verschieden, mithin Nicht-Ich sind. Das Vorstellen oder Denken ist *immer beides:* Ich und Nicht-Ich. Man kann auch sagen, daß alles Vorstellen oder Denken immer sachhaltig (inhaltsträchtig) sei. Diese Inhalte sind alles, was nicht Ich selber ist: empirische Inhalte (Steine, Tiere usw.), aber auch die inneren Strukturen des denkenden Ich selber, die logischen Kategorien. Auch letztere sind ja vom reinen Ich=Ich verschieden, weil sie nicht „Ich", sondern „Kausalität", „Wechselwirkung" und dgl. besagen, und in diesem Sinne sind sie Nicht-Ich. Deshalb sind sie (schon bei Kant) Bürgen der Objektivität.

Das Ich erreicht in seinen gedachten und gewußten Inhalten in der Tat ein Anderes als es selbst ist: eben Sachhaltigkeit, Objektivität[2]. Dies erweist sich ganz unmittelbar dadurch, daß die gedachten und gewußten Inhalte nicht selbst bloß wieder Ich besagen. Unterscheidungen zwischen „wirklichen" Erfahrungen und Einbildungen oder Täuschungen werden unter hegelschen Voraussetzungen damit zu Unterscheidungen innerhalb der Sachhaltigkeitsdimension selber. Ein täuschendes Bild von etwas ist immerhin ein Bild *von etwas* und nicht bloß objektivitätsloses Ich=Ich. Auch die halluzinierende oder getäuschte Subjektivität ist also sachhaltig, wenn sich auch in ihr die Sache auf eine Weise bekundet, die von der vernünftigen deutlich unterscheidbar ist. Desgleichen sind verschiedene (etwa unterschiedlichen historischen Epochen angehörende) Auffassungen ein und desselben Dinges oder

2. Dies übersieht Düsing [1], wenn er behauptet: „Die Struktur dieser Subjektivität ... braucht dabei nicht notwendig wie bei Hegel als in sich widersprüchliche, dialektische Einheit gedacht zu werden. Denn der Gedanke eines logischen Sachverhalts oder Gegenstandes enthält nichts dem Ich Entgegengesetztes" (345). „Logischer Sachverhalt oder Gegenstand" besagt aber unzweifelhaft *nicht* „Ich". Vgl. auch Enz § 464f; X 365 (= Enz § 469 Zus).

Sachverhaltes nicht als „wahr“ oder „falsch“ voneinander zu unterscheiden, sondern als *verschiedene Perspektiven* der Sache selbst anzusehen. Diese verschiedenen Sichtweisen so zu integrieren, daß sichtbar wird, wie sie sich gegenseitig ergänzen bzw. wie bestimmte Sichtweisen isolierte Teilmomente umfassenderer und daher angemessenerer Sichtweisen sind, macht erst den vollständigen Begriff der Sache aus. Perspektivität ist daher keine Verfälschung der Sache, sondern Gegenwärtigkeit der Sache selbst[3]. Die Sache ist Inbegriff ihrer Perspektiven, letztere sind die Ausgelegtheit der Sache selbst. Die Totalität aller Sache ist somit nur als fortgesetzter Integrationsprozeß aller Perspektiven, in denen die Sache sich bekundet oder auslegt, gegenwärtig. Im Zweiten Teil der vorliegenden Untersuchung wird am Beispiel der (absoluten) Sache, welche die Religion „Gott“ nennt, gezeigt werden, wie alle historisch auftretenden Sichtweisen oder Thematisierungen dieser Sache zu dem einen Begriff Gottes integriert werden.

3. Dies drückt ursprünglich das Wort „Perspektive“ aus. Perspectio heißt Einsicht; perspicere heißt besehen, einsehen (Lünemann I 2195); mit perspicuitas drückt der Lateiner Begreiflichkeit aus (Lünemann II 220). Bei Nietzsche, für den „Perspektive“ ein zentrales Wort ist, drückt es einerseits ebenfalls die Gegenwärtigkeit der Sache selbst aus: „Das Perspektivische also gibt den Charakter der ‚Scheinbarkeit‘ ab! Als ob eine Welt noch übrigbliebe, wenn man das Perspektivische abrechnet! ... Es bleibt kein Schatten von Recht mehr übrig, hier von Schein zu reden ... Der Gegensatz der scheinbaren Welt und der wahren Welt reduziert sich auf den Gegensatz ‚Welt‘ und ‚Nichts‘“ (Nietzsche [1] 386f). Andererseits ist für Nietzsche die Perspektive aber im Gegenteil „Verschiebung, Verzerrung“ (Nietzsche [3] 20; vgl. Nietzsche [7] 42; 66f; 97; 284). Interessante Bemerkungen zur Vielperspektivität der Welt finden sich bei Ditfurth 172–191. Das von dem unseren verschiedene „‚Weltbild‘ der Zecke ist nicht falsch“ (ebd. 185), so wenig wie das unsere, das der Hühner oder der Reptilien. Aus dieser Vielfältigkeit, in der Welt sich manifestiert, zieht Ditfurth aber den m. E. unangebrachten Schluß: „Die Welt, so wie sie ist, bleibt auch uns ewig unerreichbar“ (ebd. 189). Warum soll man hinter der Perspektivität noch ein Ansich annehmen? Die Vielfalt der Weltsichten ist ja kein objektivitätsloses Erzeugnis eines welt- und sachlosen Ich=Ich, sondern ist immer schon die ichhafte (bewußte) Sicht *von Welt,* d. h. von Objektivität. In der Vielfältigkeit der Perspektiven ist eben die Welt selber gegenwärtig. Die Welt *ist* nichts anderes als die Totalität der Perspektiven oder „Weltbilder“. Ditfurths interessantes Buch leidet an permanenter Verwechslung von „transzendent“ und „transzendental“ (130; 140; 204; 272; 293 und passim). Daß der „transzendentale Idealismus“ Kants besage, die Außenwelt bleibe „für uns ... ein unerreichbarer Schemen“ (ebd. 165), ist ein grober Schnitzer (Kants „empirischer Realismus“ widerspricht der Deutung Ditfurths).

2.2 Der Geist als potentiell-antizipative Totalität

Hegel zufolge ist es die Philosophie, in der die Totalität als jene Integration aller Sichtweisen bzw. Ausgelegtheiten der Sache gegenwärtig ist. So ist die Philosophie „absolutes" Wissen, weil sie Gegenwärtigkeit *aller* Sache ist. Nun ist es aber so, daß kein einzelnes menschliches Subjekt sich die Inhaltsfülle der Totalität im einzelnen vergegenwärtigen kann. Schon im Hinblick auf die Vergangenheit bleibt es immer nur eine historische Hypothese, wirklich alle Selbstbekundungen der Sache erfaßt und integriert zu haben. Vollends für die Zukunft bleibt eine Erfassung der ganzen Fülle prinzipiell unmöglich. Solange nämlich der geschichtliche Prozeß nicht abgeschlossen ist, bleibt die Entfaltung der Geisttotalität auf zukünftige Ereignisse und Zusammenhänge hin offen, und also die Totalität als solche nur vorläufig erfaßbar. Allerdings kann das Subjekt diese Beschränktheit *wissen* und damit all das ihm an entfaltetem (aktuellem) Inhalt Fehlende auf *unentfaltete* oder *potentielle* Weise doch ausdrücklich in seinen Horizont miteinschließen. Dieser Einschluß *antizipiert* die noch nicht entfaltete Totalität. Darin bewährt das Subjekt sich als potentiell-antizipative Totalität oder potentiell-antizipatives „absolutes Wissen". Anders gesagt: Die Geisttotalität erweist sich, in menschlicher Subjektivität auf potentiell-antizipative Weise sich gegenwärtig zu sein.

Eine weitere Beschränkung der Absolutheit oder des Totalitätscharakters des Geistes scheint darin zu liegen, daß das einzelne Subjekt nicht am Orte *der anderen Subjekte* Gegenwärtigkeit der Geisttotalität sein kann, und somit die Einheit der Geisttotalität in eine Vielheit von Selbstgegenwärtigkeiten zu zerbrechen scheint. Zwar bleibt die unendliche Vielzahl der Geister in dem intersubjektiven Wissen der Philosophie „erinnert" (vgl. PhG 563f), aber keines der dies Wissen in sich realisierenden Iche weiß sich *als die* bzw. *am Orte* der anderen Iche. So könnte nur die Gesamtheit aller Subjekte zu allen Zeiten als Gegenwärtigkeit der Geisttotalität angesehen werden. In diesem Sinn bestimmt Hegel ja das Absolute als „Geist in seiner *Gemeinde*", was uns noch beschäftigen wird. Allein, es ist zu beachten, daß dadurch, daß stets neue Subjekte geboren werden, die „Gemeinde", als die der Geist seine Selbstgegenwart hat, nie vollständig ist, solange der geschichtliche Fortgang andauert. Aber hier ist wieder zu sagen: Das einzelne Subjekt *weiß* von der Gegenwärtigkeit der Geisttotalität in anderen Subjekten und hat letztere damit in sich selbst auf potentiell-antizipative Weise zur Gegenwärtigkeit gebracht. Damit hat sich das einzelne Subjekt als potentiell-antizipative Selbstgegenwärtigkeit der Totalität manifestiert.

3 Das Selbstwissen der Geisttotalität

3.1 Menschliches oder übermenschliches Selbstwissen des Absoluten

Hegel bestimmt das menschliche Wissen von der Totalität bzw. vom Absoluten als Selbstwissen des Absoluten von sich. Damit erhebt sich aber die Frage, ob das antizipative Wissen des Absoluten von sich im menschlichen Geist ein bloßer Reflex oder Nachvollzug eines jenseits des menschlichen Wissens vom Absoluten liegenden „immanenten" Wissens des Absoluten ist, oder ob das Absolute kein anderes Selbstwissen hat, als das, das sich im menschlichen Geist vollzieht. Im Falle, daß Hegen dem Absoluten ein immanentes Selbstwissen zusätzlich zu dessen Selbstwissen im menschlichen Geist zuschriebe, schlöße sich die Frage an, ob das immanente Wissen selbst antizipativ strukturiert oder aber in sich ruhend und abgeschlossen sei und somit stets die volle Entfaltetheit dessen gegenwärtig habe, was dem antizipierenden menschlichen Geist sich nur sukzessive erschließt. M. Theunissen ist der Auffassung, daß Hegel ein immanentes Selbstwissen des Absoluten zusätzlich zu dessen Selbstwissen im Menschen annehme. Diese Interpretation scheint aber angesichts der Texte Hegels, die wir im folgenden anzuführen unternehmen, nicht haltbar. Damit erledigt sich dann auch die Frage danach, ob das Absolute sich immanent etwa anders als antizipierend gegenwärtig sei. Das Absolute im Sinne Hegels ist sich selbst nur auf je antizipierende Weise gegenwärtig.

Theunissen geht von folgender Grundüberzeugung aus: „Der absolute Geist ... ist auch ohne den endlichen Geist, was er wesensmäßig ist"[4], nämlich „Personalität ..., die es erlaubt, *das* Absolute als *den* Absoluten anzurufen"[5]. Die Persönlichkeit impliziert im Verständnis Hegels *Selbstbewußtsein* (vgl. Rph § 35). Ist Gott aber ohne den endlichen Geist schon Selbstbewußtsein, so haben wir einen den menschlichen Subjekten als selbständige Person gegenüberstehenden Gott. Theunissen nimmt an, daß „wirkliche Subjektivität lediglich die Extreme der weltgeschichtlichen Agitation [haben]: der einzelne Mensch auf der einen und der absolute Geist auf der anderen Seite"[6]. Das Verhältnis dieser zwei Seiten bestimmt Theunissen genauer in seinen geschichtstheoretischen Ausführungen. Er unterscheidet zunächst zwei Geschichten: die Weltgeschichte und die Geschichte des absoluten Geistes: Diese letztere zerfällt ihrerseits in die *zeitliche* Geschichte des absoluten Geistes und in die

4. Theunissen [1] 119
5. ebd. 111
6. ebd. 71f

ewige Geschichte des absoluten Geistes[7]. Für uns ist nur diese Differenz innerhalb der Geschichte des absoluten Geistes von Bedeutung. Vollzieht sich die zeitliche Geschichte des absoluten Geistes im *menschlichen* Bewußtsein von Gott, so vollzieht sich die ewige Geschichte des absoluten Geistes in Gott selbst *unabhängig* vom menschlichen Bewußtsein. Diese Trennung wird bei Theunissen sehr deutlich durchgehalten: „die ewige Geschichte des absoluten Geistes [entspricht] dem Selbstbewußtsein als dem *auch* für die menschliche Subjektivität maßgeblichen Begriff des Geistes"[8]. Das „Auch" bringt die Doppeltheit an den Tag: Der eine Begriff des Geistes realisiert sich als *göttliches* und als *menschliches* Selbstbewußtsein. Nun ist aber Theunissen weit entfernt davon, zu leugnen, daß Gott nach Hegel gerade im *menschlichen* Bewußtsein sich seiner selbst bewußt wird: „der aus seiner partikulären Subjektivität heraustretende, sich in Kunst, Religion und Philosophie bezeugende Menschengeist ist es, in welchem der absolute sein Selbstbewußtsein hat"[9]. Wie verträgt sich das mit der oben festgestellten Doppeltheit der Selbstbewußtseine? Ein auf Freiheit bezüglicher Text gibt es an: „Wenn Freiheit Einheit von Begriff und Realität ist, dann kommt sie Gott allerdings *nicht nur* von Haus aus zu, sondern *auch* aus derjenigen Einheit, zu welcher der Mensch den Begriff des Geistes mit dessen Realität zusammenschließt"[10]. Freiheit impliziert Selbstbewußtsein, und so läßt sich dieser Text auf unser Problem beziehen: Gott hat Selbstbewußtsein in sich selbst, unabhängig vom Menschen, und er hat *zudem* Bewußtsein von sich im bzw. als Menschengeist: Der absolute Geist ist Identität von Begriff und Realität des Geistes. Das menschliche Wissen von der absoluten Idee ist „die Realisation des absoluten im endlichen Geist"[11]. Diese Realität bzw. dieses Sichwissen kommt aber nach Theunissen dem absoluten Geist auch „von sich her schon"[12] zu. Die Identität von Begriff und Realität des Geistes als Selbstbewußtsein des absoluten Geistes ist daher „in sich selbst schon zwiefältig; sie legt sich auseinander in die Einheit, die der absolute Geist für sich ist, und diejenige, zu der es des endlichen Geistes bedarf"[13]. Wir haben damit eine letzte Dichotomie[14] zwischen dem absoluten oder übermenschlichen Selbstwissen des absoluten Geistes und dem menschlichen Selbstwissen des absolu-

7. ebd. 60–76; bes. 69f; 73–76
8. ebd. 69 Hvm. Vgl. auch: Das Selbstbewußtsein ist ewig, „weil Gott, der absolute Geist, von Ewigkeit her ... sich seiner selbst bewußt ist, und zum andern, sofern es ... dem subjektiven Geist die unveränderliche Form vorgibt, die ihn notwendig und immer prägt" (ebd. 73).
9. ebd. 76. Vgl. auch: „die Realisation des absoluten im endlichen Geist" (ebd. 108).
10. ebd. 117 Hvm
11. ebd. 108
12. ebd.
13. ebd. 118
14. Die dargelegte Zwiefältigkeit nennt Theunissen selbst „Dichotomie" (118).

ten Geistes. Nennt man das Wissen vom absoluten Geist „absolutes Wissen"[15], dann hat man ein übermenschliches absolutes Wissen und ein menschliches absolutes Wissen.

Das Verhältnis dieser beiden herausgearbeiteten Bereiche ist bei Theunissen ein dichotomisches und wird als Transzendenz gedacht: Das in Gott selbst immer schon gegebene absolute Selbstwissen ist die „transzendente[n] Bedingung"[16] des menschlichen absoluten Wissens. Mit seiner Betonung des vom menschlichen Geist völlig unabhängigen, autarken[17] Gottes versucht Theunissen wohl die theologische Hegelkritik gegenstandslos zu machen, die (wie bei Chr. H. Weiße und F. A. Staudenmaier) einwendet, Hegel habe Gott als den, der „jenseits der Welt als ein persönlicher stände"[18], verfehlt. Um diese Verfehlung aufzuheben, sieht Weiße es für erforderlich an, Religion auf einen höheren als den menschlichen Geist zurückzuführen[19]. Weil dieser höhere Geist in ihr wirkt, ist für Weiße der Versuch, Religion „auf blos rationellem Wege"[20] zu erklären, eitel. Gott wird so doch wohl zu einem transvernünftigen Geist. Drängt Theunissens übermenschliches absolutes Wissen nicht zwangsläufig in dieselbe Richtung? Dieser Konsequenz entgeht Theunissen dadurch, daß er das menschliche absolute Wissen als *Wiederholung* des übermenschlichen absoluten Wissens auffaßt. Auf die Problematik dieser Konzeption werden wir gleich eingehen. Viel weiter als Theunissen geht bezüglich der Autarkie Gottes F. A. Staudenmaier. Für ihn ist „das in der Welt sich entwickelnde Gottesbewußtseyn nur das religiöse Bewußtseyn der Menschheit, keineswegs aber das Selbstbewußtseyn Gottes, wie es Hegel sich vorstellt"[21]. Theunissen hält daran fest, daß die Religion Selbstbewußtsein Gottes ist, er unterscheidet sie aber von dem transzendenten Selbstwissen Gottes in dessen göttlicher Immanenz. Aber gerade den „transzendenten" Gott erachtete Hegel immer für unangemessen und hielt ihn für eine Durchgangsstufe des religiösen Bewußtseins, auf welcher der Vollsinn des Göttlichen noch verborgen, weil unexpliziert bleibt.

Die Unangemessenheit der „Transzendenz" als Interpretament des im hegelschen Sinne angemessen gedachten Gottes zeigt sich sogleich, wenn man Theunissens Bemühung, die Einheit der beiden gegeneinander transzendenten Bereiche zu denken, betrachtet. Um Transzendenz und Einheit zugleich zu denken, geht Theunissen davon aus, daß der menschliche Geist in seinem absoluten Wissen eine bloße „Wiederholung" des übermenschlichen absoluten Wissens ist: „Denn das Tun des endlichen

15. ebd.
16. ebd. 109
17. ebd. 119
18. Staudenmaier [2] 107. Vgl. Weiße 73ff
19. Weiße 73
20. ebd. 77
21. Staudenmaier [2] 108

Geistes ist nach Hegel stets die Wiederholung von etwas, das im absoluten Geist schon Wirklichkeit ist"[22]. Das menschliche Wissen von der Absolutheit des Geistes wiederholt also nur das Wissen des Absoluten von sich selbst. Darin liegt eine Einheit beider und zugleich eine Trennung beider. Eine solche Auffassung scheint sich etwa auf folgenden Text Hegels berufen zu können: „Das Absolute ist die allgemeine und Eine Idee, welche als urteilend sich zum System der bestimmten Ideen besondert, die aber nur dies sind, in die Eine Idee, in ihre Wahrheit zurückzugehen" (Enz § 213 Anm). Die eine Idee multipliziert sich sozusagen zu den vielen Ideen, deren jede selbst Idee, mithin eine Wiederholung der einen Uridee ist. Zu beachten ist aber zunächst, daß Hegel nicht von Wiederholung, sondern von „Urteilen" spricht: „Das Urteil ist der Begriff in seiner Besonderheit, als unterscheidende Beziehung seiner Momente, die als fürsichseiende und zugleich mit sich, nicht miteinander identische gesetzt sind" (Enz § 166). Der Begriff urteilt sich in das Fürsichsein seiner Momente. Auf das Ideenverhältnis übertragen, heißt das, daß die „besonderen Ideen" nicht einfach Wiederholungen der Uridee, sonderen deren *Momente* sind. Versteht man im geistphilosophischen Zusammenhang unter den besonderen Ideen die zum Vollsinn (zur Absolutheit) ihrer Geistigkeit gekommenen Subjekte, so sind sie nicht als Wiederholungen eines anderen, von ihnen unabhängigen und ihnen vorgegebenen göttlichen Subjektes, sondern als dessen *Momente* zu denken. Die Uridee ist nicht eine Idee neben anderen, sondern der die besonderen Ideen in sich schließende Inbegriff derselben. Entsprechend ist Gott nicht *ein* absolutes Subjekt neben anderen ihrer Absolutheit bewußten Subjekten, sondern der *Inbegriff aller* sich in der Absolutheit ihrer Geistigkeit erfaßt habenden Subjekte[23]. Diese Subjekte wiederholen je für sich[24] das Wissen von der Absolutheit des Geistes, Gott ist aber nicht ein einzelnes, hiervon verschiedenes Subjekt, das urbildlich jenes Wissen wäre und das nunmehr von allen übrigen wiederholt würde, sondern Gott ist Selbstbewußtsein *nur* als das Selbstwissen der vielen menschlichen Subjekte. Gott ist sozusagen nicht das oder der Wiederholte, sondern das Wiederholungsgeschehen selbst: Er ist, wie Hegel sagt, Geist in seiner Gemeinde, was soviel heißt, als: Gott ist Geist *nur als Gemeinde*. Gott ist nicht in irgendeinem außermenschlichen Bereich schon feststehende Persönlichkeit, die von den Gemeindemitgliedern bloß wiederholt würde, sondern die Geistigkeit der Gemeinde allein ist das Selbstbewußtsein des

22. Theunissen [1] 107
23. Bezeichnend das hiervon abweichende Verständnis von Gottes Geistigkeit in der Volksfrömmigkeit: „Gott ist *ein* Geist" (Karl May XI [Am stillen Ozean] 336 Hvm). Nach Hegel ist Gott *der* bzw. *aller* Geist.
24. Die Subjekte, logisch als „besondere Ideen" strukturiert, sind „mit sich, nicht mit einander identische" (Enz § 166) Momente. Jedes Subjekt vollzieht die Absolutheit des Geistes als *individuelle* Welt und als das Wissen um die Möglichkeit und Wirklichkeit *anderer* solcher individueller Welten.

Geistes von seiner Absolutheit. So stellt Hegel ausdrücklich fest, daß die theologia naturalis, weil sie Gott bloß als Gegenstand, d. h. eben nicht als Gemeinde, dachte (Rel Ms 65/7), „eigentlich *ungeistig* gewesen [ist] d. h. die höchste Bestimmung desselben [=Gottes], realer *Geist* zu seyn – nicht erkannt" (Rel Ms 73) hat. Und noch deutlicher: „Gott macht sich zum Menschen – zum Ich, abstr[acter] r[einer] Begriff – Gott hat k[ein] anderes Selbstbewußtseyn – nemlich als Selbstbew[u]ßts[eyn] Form des Ich"[25]. Unabhängig vom menschlichen Geist kann Gott daher keine Persönlichkeit zugeschrieben werden: „Nicht ein persönliches, mit Selbstbewußtsein ausstaffiertes Individuum vor und außer der Welt, sondern die Religion als das Selbstbewußtsein Gottes im Menschen ist der absolute Geist"[26]. Damit verfällt man noch lange nicht der berechtigten Kritik Theunissens an der „linken" Hegelsicht. Es ist nämlich mit unserer These nicht einfachhin behauptet, „Hegel habe mit dem absoluten Wissen sich selbst [oder andere Menschen] an die Stelle Gottes gesetzt"[27]. Was heißt hier „sich selbst"? Freilich ist es Hegels oder mein Wissen, in dem bzw. als das Gott (der Geist) von sich selbst (von seiner Absolutheit) weiß. Diese Einheit oder Identität ist unter hegelschen Voraussetzungen nicht aufgebbar, und man kann diese Identität nicht dadurch umgehen, daß man hinter ihr noch eine Göttlichkeit bzw. Geistigkeit in einer vom Menschen unabhängigen Immanenz annimmt, wenn man nicht an Hegel vorbeigehen will. Geist gibt es nach Hegel zwar auf verschiedener „Höhe", aber eben so, daß der Mensch in diese Totalität des Geistes stets einbezogen bleibt. Gott ist nicht in irgendeinem metaphysischen Jenseits „immanent" Geist (in welche Richtung Theunissens Deutung weist), sondern nur das spekulative Wissen selbst ist der sich selbst wissende Gott: „Gott ist allein im reinen spekulativen Wissen erreichbar, und ist nur in ihm und *ist nur es selbst,* denn er ist der Geist; und dieses spekulative Wissen ist das Wissen der offenbaren Religion" (PhG 530 Hvm). Freilich ist es nicht das unmittelbare Subjekt, das Gott sein soll, sondern das Subjekt, insofern es sich zum *Vollsinn* seiner Geistigkeit emporgearbeitet hat. Dieser Vollsinn ist erreicht, wenn der Geist sich als Totalität erfaßt und entfaltet hat. So ist er dann absolutes (oder göttliches) Wissen, wenn auch nicht der Schöpfer der Dinge im Sinne der creatio ex nihilo. Die Differenz zwischen dem unmittelbaren Geist und dem Geist in seinem Vollsinn darf man nicht übersehen. Aber diese Differenz unterscheidet zwei innerhalb desselben Geistkontinuums liegende Extreme. Beachtet man diese Differenz wirklich, dann kann und muß man mit Hegel vom absoluten Wissen sagen: „Dieses Verhalten des Geistes zu sich ist daher ... die wissende, individuelle Substanz, das Selbstbewußtsein, welches *sich* im göttlichen Geiste erkennt und darin verunendlicht" (EGPh 178 Hvm). Theunissen selbst stellt übrigens in an-

25. Hegels Vorlesungsnotizen zum subjektiven Geist. Hrsgg. von H. Schneider und F. Nicolin. In: Hegel-Studien, Bd. 10, S. 52 (eckige Klammern von den Hrsg.).
26. Jaeschke [1] 408; vgl. 416
27. Theunissen [1] 108 Anm. 12

derem Zusammenhang auch fest, daß man weder in „abstrakter Einseitigkeit“[28] sagen könne, der Mensch befreie sich, noch auch, in die entgegengesetzte Einseitigkeit verfallend, sagen dürfe, der Mensch werde ausschließlich vom absoluten Geist befreit. Ist aber die autarke Tätigkeit des absoluten Geistes „abstrakt einseitig“, dann „wiederholt“ der endliche Geist diese Tätigkeit nicht nur, sondern er vollendet sie erst, indem er ihre Abstraktheit aufhebt[29].

3.2 Der Vollsinn des menschlichen Geistes

Der menschliche Geist schließt *wissend* alle und jede Sache (potentiell-antizipativ) in sich ein, und in diesem Sinne ist er Totalität. Er schließt die Sache aber nicht so in sich ein, daß er ihres (ontologisch verstandenen) *Daseins* mächtig wäre: der menschliche Geist hat weder sich selbst als reines Ich=Ich, noch die Sache, er hat mithin nicht die Geisttotalität ex nihilo geschaffen. Mit Kant hält Hegel daran fest, daß die „Vorstellung ... ihren Gegenstand dem *Dasein nach* nicht hervorbringt“ (B 125). Menschlicher Geist erwacht immer schon als sachhaltig und als er selbst, ohne sich oder die Sache hervorgebracht zu haben: die Geisttotalität *bekundet* sich von sich her dem menschlichen Geist (bzw. hat sich ihm immer schon bekundet), sie ist ihm als er selbst und die Sache ursprünglich gegeben und vorfindlich. Der Absolutheits- oder Totalitätscharakter des menschlichen Geistes meint also lediglich das an-

28. ebd. 116
29. Es ist ein Hauptbestreben Theunissens, zu erweisen, daß Hegel die christlichen Dogmen in einem sehr wörtlichen Sinn und möglichst ohne Umdeutung verstanden hat. Dies wäre eigentlich ganz vernünftig. Warum soll man Religionen nicht, ohne sie mit anderen Weisen geistiger Tätigkeit, also etwa der Rationalität, zu vermitteln, bestehen lassen? Die Frage ist nur, ob man damit Hegel gerecht wird, der in der Tat die religiösen Vorstellungen nicht wörtlich, sondern als bildhafte Versuche nahm, das auszusprechen, was philosophisch zu sagen gewesen wäre. Nur so erklärt sich ja auch, daß Hegel in Enz §§ 567–570 die Dogmatik des Christentums nicht etwa bloß resümiert, sondern sie *interpretierend umformuliert*, weswegen Theunissen sie unter dem Kleid der hegelschen Sprache in ihren Einzelheiten dann erst wieder sichtbar machen muß. Die Frage ist nicht so sehr (sie ist es freilich auch), in welchen Dogmen Hegel Sinn fand, sondern die Frage ist, *welchen* Sinn Hegel in ihnen fand. So bringt es m. E. doch recht wenig, wenn Theunissen sagt, daß das zunächst innertrinitarische Andere (der Sohn) ein „nur bewußtseinsmäßig“ (Theunissen [1] 66) Anderes ist, während durch die Erschaffung der Welt es dann zum „seinsmäßig von ihm unterschiedenen Objekt“ (ebd.) kommt. Oder was heißt es, daß die in Gott enthaltene Differenz (als bloß innertrinitarische) „von sich aus in die größtmögliche Spannung“ (ebd.) treibe (nämlich dazu treibe, Welt zu werden)? Worin besteht diese Spannung? Man kann kaum bestreiten, daß Theunissen durch seine Analysen zeigt, daß wichtige dogmatische Unterscheidungen bei Hegel nicht verloren-

tizipative Selbst*wissen* des Absoluten oder der Totalität, nicht aber die „Macht" (Enz § 567) über das Sein dessen, was ist. Der absolute Geist ist am Orte des menschlichen Geistes nicht Schöpfer, sondern nur sich seiner selbst als eines schon vorhandenen bewußt.

Der Geist weiß am Orte des menschlichen Geistes davon, *daß* er ins Sein getreten ist, nicht jedoch, *wie* es gelingt, etwas ex nihilo ins Sein zu rufen. Über den Schöpfungsvorgang sagt Hegel: „Die Schöpfung aber ist ewig, sie ist nicht einmal gewesen; sondern sie bringt sich ewig hervor" (IX 459 = Enz § 339 Zus). Das ontologische Schaffen bzw. ex-nihilo-Hervorbringen wird hier als *ewig* gedacht, was besagt, daß es nicht als Übergang von einem vorherigen Nichts in ein nachheriges Sein sich irgendwann einmal vollzog, sondern sich immer schon vollzogen hat. Das aber heißt, es war nie das reine Nichts, sondern Sein oder Schöpfung ist *immer schon* geschehen. Die Vorstellung einer Hervorbringung aus dem Nichts wird damit selbst kritisiert und aufgehoben. Entscheidend ist dabei, daß von dem Sein in seinem *ganzen* Umfang gesprochen wird: wird „die Welt ... als Totalität gefaßt, so fällt die Frage vom Anfang sogleich weg" (IX 53 = Enz § 247 Zus). Betrachtet man demgegenüber ein bestimmtes Einzelwesen, so hat es sehr wohl einen Anfang und ein Ende. Das heißt, es gibt einen Zustand der Welt vor und nach dem Auftreten jenes Einzelwesens, in dem jenes Wesen nicht (bzw. unter anderer Gestalt, damit aber eben als anderes Wesen) vorhanden ist. Der Gesamtzusammenhang der Totalität aber kann nicht als ausgrenzbarer Zustand innerhalb eines umfassenderen Zusammenhangs begriffen werden, so daß er ein Vor und ein Nach seiner selbst hätte, weil er so nicht als *Gesamt*zu-

gehen. Aber was bedeuten sie *für Hegel*? Diese Frage vernachlässigen in besonderer Weise auch Dulckeit und E. Schmidt. Letzterer sieht Hegels Differenz zu dem literalen Dogmensinn sehr deutlich: Er wirft Hegel vor, „die Inadäquatheit aller Gotteserkenntnis" (110 Anm 23) nicht zu berücksichtigen, und kommentiert dies: „Weiter [als Hegel] kann der Mensch seine Anmaßung, um Gott zu wissen, nicht treiben" (105 Anm 22), weshalb sich Hegel als „den großen Lästerer" (ebd.) qualifiziert findet. Ob Hegel damit, daß er den Dogmen einen Sinn gegeben hat, der nicht unmittelbar in ihnen liegt, die Religion verfremdet hat (so auch behauptet bei Staudenmaier [1]), oder aber mit ihr in Kontinuität geblieben ist, ja sie zu ihrer eigentlichen Wahrheit geführt hat, ist eine Frage, die wir hier nicht behandeln können. D. F. Strauß (gegen den sich Theunissen [1] 236–242 bezeichnenderweise wendet) jedenfalls glaubte an diese Kontinuität nicht: „Es geht nicht mit einer bloßen Fortentwicklung, es gilt eine Revolution ... Dem ganzen bisherigen Christenthume ist die Vorstellung von einem Himmel, einem besondern Orte, wo Gott und Jesus als besondere Personen leben, durchaus wesentlich: für uns hat sie keinen Sinn mehr ... Jenes verlangt unbedingte Unterwerfung unter die Auctorität der ganzen Bibel: für uns gibt es keine Auctorität, als die in der Wahrheit selbst liegende, und die Bibel ist für uns nur ein Buch, zusammengesetzt aus Mythen, Irrthum und Wahrheit. Wie können wir bei diesen Grunddifferenzen an eine stetige Fortentwicklung glauben?" (Strauß [2] 124f; vgl. auch 59–67 und 103–128; Strauß [4] bes. 3–94).

sammenhang gedacht wäre. Das „wahrhaft Allgemeine“ (IX 52 = Enz § 247 Zus) schließt per definitionem *alles* ein und kann so von keinem anderen Zustand, aus dem es erst hervorginge, abgeleitet werden, weil es als allesumfassende Totalität diesen letzteren Zustand selbst auch schon einschließen muß. Die Totalität liegt jenseits der Möglichkeit, nach ihrem Anfang zu fragen, weil jeder Anfang als Grenze zu einem davor liegenden Zustand dem Charakter der Totalität widerspricht, die als solche keine Abgrenzung nach außen kennt, sondern alles in sich schließt. Lediglich innerhalb der Totalität können einzelne ausgegrenzte Zusammenhänge, in denen die ewig wirkende Totalität sich als vielgestaltiges Gefüge ausprägt, schrittweise in ihrer Abfolge rekonstruiert werden. Immer ist dabei aber die Totalität *vorausgesetzt* als derjenige Horizont, innerhalb dessen erst die stets weiter zurückliegenden Vorstufen bzw. Anfänge gefunden werden können. Die Totalität ist somit Bedingung der Möglichkeit für das Suchen nach Anfängen. Wollte man daher nach dem Anfang der Totalität selbst fragen, so müßte man sie schon als den die Frage ermöglichenden Horizont voraussetzen. Daraus erhellt, daß sich der Frage nach dem Anfang der Totalität das Erfragte entzieht: Die auf der Objektebene behandelte Totalität erweist sich als Metaebene und darin als dem Zugriff durch die Frage der Objektebene stets entzogen.

In welchem Sinn kann Hegel jedoch von Schöpfung reden, wenn das Ganze der Welt – die Totalität – nicht als in seinem (ihrem) Sein zeitlich anfangend begriffen wird? Das einzelne bestimmte Wesen innerhalb der Totalität ist in seinem Selbstsein *abhängig* von der Verfugtheit in der Totalität. Das Einzelne ist so Ausprägung, Ausgestaltung der Totalität und in diesem Sinne von der Totalität „erschaffen“[30]. Es ist der Geist, der sich als Totalität weiß. Wie kann aber der Geist Totalität sein, wenn er deren Wirksamkeit bloß *weiß*, sie aber nicht selbst hervorbringt? Nun kann die Vermitteltheit des Einzelwesens durch die Totalität ja denkend rekonstruiert werden. Diese Rekonstruktion geschieht in den Wissenschaften und in der Philosophie, wo die Zusammenhänge der Totalität bis ins einzelne ausdrücklich gemacht werden. Ist die Totalität aber denkend rekonstruierbar in ihrem inneren Vermittlungsgeschehen, so ist in ihr derselbe Geist *unbewußt wirksam,* der im menschlichen Denken zum Sichwissen gelangt. Hegel zufolge ist es der eine „Begriff“, der unser Denken und den Gegenstand dieses Denkens bewegt: „Unser vom Begriff bewegtes Denken bleibt daher dem ebenfalls vom Begriff bewegten Gegenstande durchaus immanent; wir sehen der eigenen Entwicklung des Gegenstandes gleichsam nur zu“ (X 16 = Enz § 379 Zus). Dieser eine Begriff ist in der Natur seiner unbewußt, im menschlichen Geist gewinnt er Bewußtsein seiner selbst: „der Uebergang der Natur zum Geiste [ist] ... ein Zusichselberkommen des in der Natur außer sich seyenden Geistes“ (X 29 = Enz § 381 Zus). Zusammenfassend läßt sich daher sagen: Die bewußtlos wirkende Geisttotalität wird sich ihrer selbst im menschlichen Geist bewußt als in ihrer Gesamtheit immer schon seiend,

30. Zu dieser Verwendung des Wortes bei Hegel vgl. unten Erster Teil, Zweites Kapitel, Abschn. 2.

als bezüglich der innerhalb ihrer ausgrenzbaren Einzelabläufe jedoch rekonstruierbar. Diese Selbstgegenwärtigkeit hat freilich, da sie sich im einzelnen menschlichen Subjekt vollzieht, Anfang und Ende. Des Geistes Selbstwissen ist, auch aufs Ganze der menschlichen Subjekte gesehen, nicht ewig, weil es sich in langen historischen Abläufen erst mühsam erarbeitet. Hegel hat wie kaum ein anderer dem Schrittweisen und Allmählichen dieses Zusichkommens des Geistes nachgespürt. Wie wir schon sahen, weiß die Totalität nie in allen Einzelheiten von sich, weil der menschliche Geist sich nicht alle Einzelheiten bewußt machen kann. Das Wissen der Totalität von sich bleibt potentiell und antizipativ.

Daß am Ort des unmittelbaren empirischen menschlichen Subjektes sich dies Selbstwissen des Absoluten (der Totalität) vollziehe, darin liegt der (allerdings in der Unmittelbarkeit noch nicht realisierte) *Vollsinn* des menschlichen Geistes, seine Allumfassendheit oder Absolutheit.

4 Der Geist als ursprünglich in sich differenzierte Totalität

4.1 Zum Begriff der Totalität

Der Begriff „Totalität" macht bekanntlich in Hegels WL keine eigens erörterte und im Kategorienkontinuum eindeutig lokalisierte Bestimmung aus. Hegel verwendet ihn im Sinne von Ganzheit oder Vollständigkeit: „die Totalität der Bestimmungen der Sache" (WL II 97). „Vors Erste schwebt der empirischen Wissenschaft die wissenschaftliche Totalität, als eine Totalität des Mannigfaltigen, oder als Vollständigkeit ... vor" (I 446). In der Logik etwa bezeichnet dieser Ausdruck den vollen Entfaltungsstand des „Verhältnisses" (Enz § 138), also die Konstellation „Inneres-Äußeres" (die über „Teil-Ganzes", „Kraft-Äußerung" erreicht wird), und dient auch zur Bezeichnung der absoluten Idee (Enz §§ 237; 242f). In der Naturphilosophie ist von Individualität als Totalität die Rede (Enz §§ 308–336), während in schon zitiertem Text ausdrücklich das Absolute in seiner inneren Differenziertheit mit dem Ausdruck „Totalität" benannt wird (Enz § 14). Angesichts der Absicht unserer Untersuchung, den grundsätzlichen Ort und Aufbau der hegelschen Lehre von Gott ohne nähere Einlassung auf Hegels Logik freizulegen, scheint es legitim, wenn wir nun unter Verwendung verschiedener Kategorien, deren spezifisch logischer Sinn bei Hegel außer Acht bleibt, ganz im allgemeinen umschreiben, welchen Sinn wir in der vorliegenden Arbeit mit dem Begriff „Totalität" verbinden.

Die Wahrheit (das Selbstsein) jedes Einzelwesens besteht in seiner Differenz zu allen und Bezogenheit auf alle anderen Einzelwesen. Das Gefüge, innerhalb dessen ein Einzelwesen (oder ein begrenztes Gefüge) sein bestimmtes Selbstsein hat, muß seinerseits stets in einem *umfassenderen* Gefüge verortet sein, weil es sonst nicht bestimmt wäre. Bei zirkelhafter Bestimmung allerdings geht die Bestimmung nicht zu stets neuen Bezugspunkten fort, sondern kehrt in sich zurück und scheint so eine reine Bestimmung „nach innen" zu sein. Der Zirkel *als ganzer und solcher* aber muß doch wieder „nach außen", also innerhalb eines umfassenderen Rahmens, der zur Unterscheidung und Bestimmung mehr als nur den Zirkel enthält, bestimmt werden. Ein *letzter* Rahmen, der alle Bestimmtheit trägt, ist nicht bestimmt umschreibbar, weil solche Bestimmung wiederum einen weiteren Rahmen, dieser wiederum einen weiteren usw. erforderte. Alle Bestimmtheit ist also zu ihrer eigenen Möglichkeit verwiesen auf eine letzte, alles Bestimmte in sich schließende Dimension, welche keine feste, fixier- oder bestimmbare Größe, sondern das stets erneute Hinausgehen und Hinausgegangensein über alle Bestimmtheit (wie umfassend sie auch sei) ist. Dies Hinausgehen ist freilich selbst wiederum bestimmt etwa gegen das Verweilen beim einzelnen Bestimmten. Aber um *diese* Bestimmtheit auf der Objektebene zu denken, muß auf der Metaebene schon wieder das letztlich unfixierbare Hinausgegangensein über alle Bestimmtheit vorausgesetzt werden. Bestimmtheit und Unbestimmtes (Unbestimmbares) können also nicht *für sich isoliert*, sondern nur im Wechselspiel erfaßt werden. Das Bestimmte nämlich ist es selbst (d. h. eben bestimmt) nur unter Voraussetzung des letztlich Unbestimmbaren, weil es nur von jenseits seiner selbst her eingegrenzt, bestimmt werden kann. Auf der anderen Seite ist das Unbestimmte als solches gegen das Bestimmte bestimmt; so ist es nur am Bestimmten, daß sich das Unbestimmte manifestiert. Bestimmtes und Unbestimmtes sind daher unlöslich und *ursprünglich* miteinander verbunden. Da alles und jedes seine Bestimmtheit nur innerhalb der letztumfassenden Unbestimmtheitsdimension haben kann, ist diese Dimension der *Inbegriff aller möglichen Bestimmtheiten*. Diesen letzten, allesumfassenden Inbegriff, der nicht fixiert werden kann, sondern sich als stets weiteres Transzendieren über alles Bestimmte ereignet und der andererseits alles und jedes Bestimmte als Ausgrenzung eingeschrieben in sich enthält, nennt die vorliegende Arbeit „Totalität". Letzterer Ausdruck ist ausschließlich diesem Allesumfassenden und Allesinsichschließenden vorbehalten und wird hier nirgends auf irgendein Bestimmtes bloß im Sinne von „begrenztes Ganzes" angewandt. Analysieren wir diesen Begriff, so wie er eben exponiert wurde kurz.

Denkt man Totalität, so faßt man all das bestimmte *Mannigfaltige* in *einem* Blick zusammen. Totalität besagt demnach einen komplexen, weil *zwei* Grundmomente vereinigenden Begriff: die Einheit der Vielen. Analysiert bzw. expliziert man den Begriff der Totalität, so muß man diese beiden Momente wegen ihrer Verschiedenheit nacheinander und getrennt erörtern (gleichzeitig erörtern könnte man nur Ununterschiedenes). Da die beiden Momente *zusammen* den Begriff von Totalität ausmachen, ergibt sich eine Dreiheit bei der Entfaltung des Begriffs der Totalität: die beiden Momente je für sich einerseits und als drittes die Einheit beider andererseits.

(1) Totalität besagt, alles in *einem* Gedanken zusammenzunehmen. Diese Einheit, nicht aber die Zusammengenommenen in ihrer Vielheit, ist (sind) hier aufzufassen. Von den Vielen muß nämlich abstrahiert werden, um das Moment ihrer Einheit als solches, d. h. im Unterschied zur und in Abhebung von der Vielheit, festzuhalten. Hält man dieses erste Moment für sich fest, so hat man die *abstrakte Totalität*, die zwar alles umfaßt, ohne das Umfaßte als solches aber explizit in seiner Mannigfaltigkeit zu denken. Anstelle von der abstrakten Totalität kann auch vom *reinen Allgemeinen* oder vom *leeren Einen* gesprochen werden.

(2) Totalität besagt, die *vielen* Mannigfaltigen in einem Gedanken zusammenzunehmen. Hält man das Moment dieser Vielheit für sich, d. h. im Unterschied zur und in Abhebung von der Einheit fest, so hat man die *abstrakte Mannigfaltigkeit*, die zwar an sich Totalität ist, ohne sich aber als solche Einheit expliziert zu haben (totalitätsvergessene Mannigfaltigkeit).

(3) Das allesumfassende Eine, das als solches im ersten Moment gedacht wird, ist nun gerade der die im zweiten Moment gedachten vielen Bestimmten ermöglichende Horizont. Umgekehrt setzt die im zweiten Moment gedachte Mannigfaltigkeit zu ihrer eigenen Möglichkeit die allesumfassende Einheit des ersten Momentes voraus. So implizieren sich die Momente (1) und (2) wechselseitig bzw. sie setzen sich gegenseitig voraus. Weil daher die Totalität nicht auf eines der Momente reduziert werden kann, ist sie *ursprünglich* die konkrete oder in sich differenzierte Einheit: die ursprüngliche Einheit der differenten Momente (1) und (2).

Philosophie und Religion sind nichts anderes als, je auf ihre Weise, die *vollständige Explikation* der ursprünglich in sich dreimomentigen oder „dreifaltigen" Totalität.

4.2 Der Geist als ursprünglich in sich differenziert

In welchem Sinne der Geist das Alleseinschließende, mithin die Totalität ist, wurde schon gezeigt. Die drei Momente des Totalitätsbegriffs, die sich daraus ergaben, daß die ursprüngliche Einheit zweier differenter Dimensionen zu denken ist, finden sich im Geist auf folgende Weise:

(1) Das vom Bestimmten abstrahierende, rein mit sich selbst gleiche Ich = Ich ist das *eine und selbe* Medium der Gegenwärtigkeit von allem und jedem, welches letztere aber bei dem Gedanken „Ich = Ich" in seiner Mannigfaltigkeit unexpliziert bleibt.

(2) Das Bestimmte in seiner *Mannigfaltigkeit* ist von der Gleichheit des Ich = Ich unterschieden, und sein Bezogensein auf dieses eine und selbe Zentrum bleibt unexpliziert, insofern die Mannigfaltigkeit als solche gedacht werden soll.

(3) Die vollbegriffene Subjektivität ist ursprünglich und unauflöslich die *konkrete Einheit* von abstraktem Ich=Ich und abstrakter Bestimmtheitenmannigfaltigkeit.

Die in (3) formulierte Einheit von Ich und Nicht-Ich (Mannigfaltigkeit) ist nach Hegel der *ursprünglichste* Begriff des Geistes. Das besagt, daß die Unterschiedenheit von Ich und Nicht-Ich, ebenso wie ihre Aufeinanderbezogenheit, von nichts weiterem her abgeleitet werden kann. Will der *Realismus* unter Voraussetzung der Getrenntheit von Ich und Nicht-Ich erklären, wie das letztere nachträglich in ersteres hineinkommen und Gedanken werden könne[31], so will der *Idealismus* aus dem vorausgesetzten bloßen Ich das Nicht-Ich ableiten. Diese Versuche sind aber zum Scheitern verurteilt.

Die Frage des Realisten, wie die Sache ins Denken kommen könne, ist schon Denken über die (weil Frage nach der) Sache und widerspricht so der Voraussetzung von der unverbundenen Getrenntheit beider Dimensionen. Dagegen scheint der Ausgangspunkt des Idealismus, das reine Ich, in der Tat nichts außer sich selbst zum Gegenstand zu haben, mithin allen Nicht-Ichs bar zu sein, das folglich dann in seiner Möglichkeit erst noch abgeleitet werden muß. Indem aber das idealistische Ich sich selbst erfaßt, muß es den Unterschied zwischen sich als *vorstellendem* und sich als *vorgestelltem* Ich machen. Damit ist das Ich aber genau in die Differenz zwischen Ich=Ich einerseits und der inhaltlichen oder gegenständlichen Dimension andererseits geraten, die der Voraussetzung gemäß nicht stattfinden sollte. Daß die Subjektivität sich ursprünglich als den Bezug von Ich und Nicht-Ich (Gegenstand) erfährt und diese Selbsterfahrung nicht auf eine noch ursprünglichere Erfahrung, die keine innere Differenz einschließt, zurückführen kann, liegt daran, daß jede Selbsterfahrung eo ipso Bezug zwischen Ich und Gegenstand und damit niemals differenzlos ist: Insofern die Subjektivität sich Gegenstand ist, ist sie sich Subjekt *als Objekt* und nicht Subjekt *als Subjekt.* Gleichwohl sind Subjekt als Objekt und Subjekt als Subjekt im Selbstbewußtsein identisch. So ist für die Subjektivität sie selbst immer als *nicht-sie-selbst*[32].

Weder Idealismus noch Realismus werden also der Komplexität der Selbstgegebenheit der Subjektivität gerecht. Wenn der Idealismus behauptet, von der ursprünglichen Einheit des Ich sei auszugehen und die Differenz (Nicht-Ich) abzuleiten; und wenn umgekehrt der Realismus behauptet, von der ursprünglichen Differenz von Ich und Nicht-Ich sei auszugehen und die Einheit beider erst abzuleiten –

31. So Demokrits Bildchentheorie (Windelband-Heimsoeth 96f) oder die Stoa (Hirschberger I 249f).

32. *Nur* als Subjekt gedacht, wäre das Ich „nur Eins der Extreme, einseitiges Subjekt ohne seine Objektivität, oder [insofern es sich selbst Objekt ist, wäre es] ... auch nur Objekt ohne Subjektivität, wenn nämlich die berührte Unbequemlichkeit hierbei nicht wäre, daß sich von dem Ich als Objekt das denkende Subjekt nicht wegbringen läßt ...; die Erfahrung der beklagten Unbequemlichkeit ist selbst das empirische Faktum, worin die Unwahrheit jener Abstraktion [eines Ich ohne Nicht-Ich] sich ausspricht“ (WL II 433).

so sehen wir, daß, genau besehen, jeder die Voraussetzung des anderen in Anspruch nimmt: Der Realismus kann die Differenz nur denken, wenn das denkende Ich schon von dem differenten Nicht-Ich (über das es ja spricht) weiß, mithin mit ihm in Einheit ist; und der Idealismus kann nur dadurch die Selbstgewißheit seines Ich aufrechterhalten, daß er die Differenz von Subjekt-Ich und Objekt-Ich in Anspruch nimmt. Die beiden abwechselnd als ursprünglich angesetzten Momente sind also, weil sie sich gegenseitig in Anspruch nehmen bzw. voraussetzen, *gleichursprünglich.* Die Subjektivität ist gleichursprünglich Einheit und Differenz von Ich und Nicht-Ich. Hegel hat dies erkannt und niemals einen Idealismus vertreten, der aus der reinen (und leeren) Icheinheit das Nicht-Ich abzuleiten unternommen hätte[33]. Die Subjektivität ist schon für den frühen Hegel „Identität der Identität und der Nichtidentität" (D 77), was eben die Gleichursprünglichkeit („Identität") von Einheit („Identität") und Differenz („Nichtidentität") zum Ausdruck bringt. Die kantische Apperzeptionseinheit will Hegel mit dieser Formel als ursprüngliche Synthesis (Einheit) ursprünglich Getrennter (Denken und sinnliches Material) in ihrer Struktur sichtbar machen[34]. Ich und Nicht-Ich stehen für Hegel in *unauflösbarer* Unterschiedenheit, d. h. sie bilden einen *Dualismus* im strengen Sinn: „der Geist muß den Gegensatz haben, das Princip des Dualismus gehört daher zum Begriffe des Geistes, der, als concret, den Unterschied zu seinem Wesen hat" (XI 240). Man beachte wohl, daß dieser Text sagt, es gehöre zum *Wesen* der Subjektivität (des Geistes), stets und unaufhebbar den Unterschied zum Nichtsubjektiven, d. h. den Dualismus, in sich zu haben[35]. Bei Hegel wird also das Nichtsubjektive keineswegs in subjektive Setzung auf-

33. Vgl. XVIII 215. Solcher Idealismus wurde und wird Hegel aber gerne vorgeworfen. Anonymus gibt an, Hegels Absicht gehe dahin, „das Gegebene, Positive, Faktische leise hereinzuziehen in das dialektische Getriebe, und es dann als etwas innerhalb der reinen Gedankenbewegung und durch sie allein Entstandenes aufzuzeigen" (534). Und weiter: „In der das Universum konstruirenden Logik gab Hegel Anlaß zu dem Vorwurf: daß er den Gedanken zu einer weltschöpferischen Potenz erhebe" (549). Auch bei K. Marx wird Hegel „der logische, pantheistische Mystizismus" (K. Marx I 206) vorgeworfen, der das aposteriorische Material insofern eliminiere, als er es zu einer Gestalt (des Denkens) verfremde, deren Entwicklung „hinter der Gardine" (K. Marx I 206), d. h. eben ohne Berücksichtigung des Aposteriorischen, vor sich gehe. Gegenwärtig wirft etwa G. Prauss [3] Hegel vor, daß er „das Faktum der Erfahrung selbst noch ableiten zu können" (18) glaube. Vgl. aber Huber [4] 232–236 und Huber [6].
34. Vgl. Huber [6] 51–55
35. Wenn G. Prauss gegen den Idealismus, wie er ihn Hegel unterstellt, die Einsicht ins Feld führt, daß Subjekt und Objekt „ebenso prinzipiell aufeinander bezogen wie voneinander verschieden" (Prauss [3] 18), d. h. in einer Hinsicht „irreduzibel Duale" (ebd.) sind, so ergibt sich aus unseren Ausführungen, daß er damit eine Einsicht Hegels gegen Hegel glaubt stark machen zu müssen – ohne freilich, daß ihm bezüglich der Stimmigkeit seines Hegel-Bildes deswegen Bedenken aufsteigen würden.

gelöst, vielmehr bleibt es in seiner Nichtableitbarkeit gewahrt[36]. Vom einseitigen *Realismus* unterscheidet sich Hegels Denken durch die Aufmerksamkeit, die es dem Sachverhalt widmet, daß das Ich die Dualität von Ich und Nicht-Ich *immer schon weiß.*

4.3 Die Geisttotalität als Wahrheit: Hegels Idealismus

Der Geist ist nicht nur in dem Sinne in sich differenziert, daß er Ich und Nicht-Ich in gleichursprünglicher Einheit und Unterschiedenheit ist, sondern die Dimension des Nicht-Ich ist ihrerseits mannigfaltig differenziert. Das Nicht-Ich ist in die vielen Bereiche, Gegenstände oder Inhalte gegliedert, welche die verschiedenen Disziplinen in Hegels System behandeln. Die Einheit von Ich- und Nicht-Ich vollzieht sich in all diesen einzelnen Ausprägungen der Nicht-Ich-Dimension. Der Geist als diese Einheit von Ich und mannigfaltig differenziertem Nicht-Ich ist die Dimension der *Wahrheit:* „Denn die Wahrheit ist, sich im Gegenständlichen nicht verhalten als zu einem Fremden" (XVI 207). Hegels Frage nach der Wahrheit ist nicht die Frage danach, wie Denken und außergedankliche Sache übereinstimmen können, weil die Einheit von Ich und Nicht-Ich, Denken und Sache sich in jeder Analyse der Subjektivität als das Ursprünglichste, Unhintergehbare zeigt, also immer schon erreicht ist und gar nicht verfehlt werden kann.

Auch für Hegel ist Wahrheit Übereinstimmung, aber diese vollzieht sich innerhalb der schon gegebenen Einheit von Denken und Sache. Wahrheit ist für Hegel eine Übereinstimmung zwischen gedachter Sache und gedachter Sache. Nach Hegel wird eine Sache in doppelter Hinsicht gewußt. Ein Einzelwesen wird gewußt, wie es *faktisch* ist. Zum andern wird es aber auch gewußt als Träger oder als Verwirklichung einer *allgemeinen Art,* die mehrere verschiedene Einzelwesen unter sich begreift (Pferdsein – einzelnes Pferd). Das Einzelwesen, z. B. ein Pferd, hat nach Hegel dann Wahrheit, wenn es mit der allgemeinen Pferdenatur übereinstimmt, also tatsächlich oder in Wahrheit ein Pferd ist. Und hier tut sich eine eigentümliche Schwierigkeit

36. Bezüglich des Aposteriorischen gilt, was Hegel gegen Krugs Verlangen nach der Deduktion von dessen Schreibfeder (dieses Ansinnen referierend) einwandte: „... Dedukzion (ein Wort, dessen Bedeutung hier so wenig taugt, als seine Orthographie)" (I 200), d. h.: in bezug auf das Aposteriorische kann von Deduktion (als der Erzeugung des Aposteriorischen aus dem reinen Denken) keine Rede sein. Die Rolle des Aposteriorischen bei Hegel charakterisiert zutreffend Puntel [1] 245–265: der Inhalt des Denkens wird „nicht – man weiß nicht wie – immanent-apriorisch aus dem vorhergehenden Begriff hervorgezaubert ..., sondern einfach aus der Empirie" (225) genommen. Damit stimmt auch M. Theunissen überein: „Hegel proklamiert ... eine Philosophie, welche die Wirklichkeit, statt sie a priori zu deduzieren, als geschichtliches Faktum hinnimmt" (Theunissen [1] 78). Vgl. auch Theunissen [2].

auf. Hegel stellt fest: „Gott allein ist die wahrhafte Uebereinstimmung des Begriffs und der Realität; *alle* endlichen Dinge aber haben eine Unwahrheit an sich, sie haben einen Begriff und eine Existenz, die aber ihrem Begriff unangemessen ist" (VIII 90 = Enz § 24 Zus 2 Hvm). Diesem Text zufolge gibt es im Bereich der endlichen Dinge überhaupt nichts Wahres, oder, genauer gesagt: es gibt nichts *schlechthin* Wahres (außer Gott), sondern nur solches Wahres, das auch eine Unwahrheit an sich hat. Wieso? Ein wohlgestaltetes Roß (Babieca zum Beispiel) hat unzweifelhaft *Wahrheit* als Pferd, weil dieses einzelne Individuum das Pferdsein in einer vollkommenen Weise realisiert. Insofern aber das einzelne Individuum das Pferdsein realisiert, hat es eine *allgemeine* Natur, die es mit anderen teilt und die über es selbst als einzelnes hinausgeht, weil kein einzelnes die allgemeine Natur, d. h. die Natur *aller,* an sich als einem einzelnen zum Ausdruck bringen kann. Was Pferdsein heißt, ist ja in Babieca nicht vollständig verwirklicht: Pferdsein ist auch Bucephalus, Sleipnir, Rosinante. Insofern bleibt das einzelne Pferd (ein wie gelungenes Exemplar es auch sein mag) hinter seiner allgemeinen Natur stets *auch* zurück; ein Pferd ist nicht alle Pferde, ist nicht Pferd überhaupt. So ist jedes Einzelwesen nicht selber die ganze Wirklichkeit seines Begriffs, weil es nicht selber die ganze Art, der es angehört, realisiert. Entsprechendes gilt für die einzelne Art, wenn man sie mit der Gattung vergleicht, die mehrere verschiedene Arten enthält: die einzelne Art ist Verwirklichung einer Gattung und realisiert doch nicht die ganze Fülle der unter jener Gattung befaßten Arten. Schließlich kann von der alleseinschließenden Totalität her gesagt werden, daß sie sich in jeder Gattung, in jeder Art, in jedem Einzelwesen verwirklicht und doch in keiner dieser begrenzten Größen in ihrer ganzen Fülle realisiert ist. Was besagt das nun aber für die Wahrheit? Um ein einzelnes Pferd als solches, d. h. in seiner Wahrheit zu begreifen, muß die allgemeine Art „Pferd" in Anschlag gebracht werden und also wenigstens implizit auch von anderen Pferden geredet werden. Im Pferdesein aber realisiert sich das allgemeinere Tiersein und so bedarf die Bestimmung „Pferdsein" des (wenigstens impliziten) Bezugs auf anderes als Pferde. Dies muß nun über die Tierheit hinaus weitergetrieben werden bis zur höchsten Allgemeinheit der Totalität: weil jedes Bestimmte Realisierung eines Allgemeineren ist, muß, um das Bestimmte in seiner Wahrheit zu erfassen, dieser Stufengang durch immer höhere Allgemeinheiten vollzogen werden. Das einzelne Bestimmte hat seine Wahrheit so letztlich nur in der Totalität bzw. in Gott. Diese Inanspruchnahme der Totalität bleibt aber antizipativ, weil nie die aktuell in allen Einzelheiten entfaltete Totalität dem jeweiligen Subjekt gegenwärtig sein kann. Damit bleibt der (Vor-)Begriff von Totalität vorläufig und muß angesichts der Möglichkeit fortschreitender Erfassung der Totalitätsinhalte für Revisionen offengehalten werden[37]. Differente Vorbegriffe von Totalität bzw. von Gott können als verschiedenartige Perspektiven (im erläuter-

37. Den antizipativen und in Folge dessen hypothetischen Charakter jeder Erfassung der Totalität hat besonders W. Pannenberg [1] bedacht.

ten Sinn) angesehen werden. Da die Totalität einem definitiven, sie voll in allen Einzelheiten aktuell erfassenden Zugriff entzogen bleibt, ist auch jede Rede über ein Einzelwesen, die letztlich abhängig ist von dem in Anspruch genommenen Vorbegriff der Totalität (Gottes), prinzipiell überholbar durch Veranschlagung weiterentwickelter derartiger Vorbegriffe. Wahrheit bzw. Gott ist sich somit nur in hypothetischer und antizipativer Weise, d. h. als geschichtlich fortschreitender Prozeß gegenwärtig. Deshalb ist die Wissenschaft für Hegel begreifende Integration ihrer Geschichte.

Idealismus besagt nun für Hegel, daß „Alles, was dem sonstigen Bewußtseyn als ein seyendes und in seiner Unmittelbarkeit Selbstständiges gilt, blos als ein ideelles *Moment* gewußt wird" (VIII 353 = Enz § 160 Zus Hvm). Daß etwas ideelles Moment ist, meint nicht, daß es „bloß gedacht" oder „bloßes Ich-Derivat" wäre, sondern daß es zu seiner wohlbestimmten Selbstheit sich nicht selber genügt. Idealität im hegelschen Sinn hebt nicht auf den Gegensatz von „Idealismus" und „Realismus" ab und hat überhaupt nichts mit der Frage zu tun, ob etwas „wirklich" oder „bloß gedacht" sei. Idealität besagt hegelisch vielmehr nur, „daß keine Gestaltung [= kein Einzelding] selbständig für sich abgesondert steht" (XV 167), sondern ihre Identität nur in dem (sie in ihrer Eigenart bestimmenden) Bezug auf andere hat.

Der Unterschied dieses Idealismus zu dem Kants liegt auf der Hand. Kants Idealismus besagt, daß Wahrheit immer nur Wahrheit *für uns,* und *deshalb* die erkannte Wahrheit nur eine *erscheinende,* keine ansichseiende Wahrheit sei. Kant ist Idealist, weil er hinter der erkannten Wahrheit eine unerkennbar-ansichseiende Wahrheit ansetzt. Hegel läßt, wie wir sahen, das Ansich als selbstwidersprüchlich fallen. Dennoch sind auch für Hegel die Einzeldinge Erscheinungen – ganz wie für Kant. Die Dinge sind aber bei Kant deswegen Erscheinungen, weil wir an die Dinge an sich nicht heranreichen können und sie daher nur als Erscheinungen zu fassen bekommen. Nach Hegel haben wir jedoch denkend immer schon die Dinge selbst bzw. die Sache selbst erreicht. *Diese Sache selbst* ist es für Hegel, welche Erscheinung ist. Sie ist es freilich nicht bezüglich eines Ansich, sondern bezüglich der Totalität, durch die allein das Ding bestimmtes Selbstsein hat, und die es doch außer sich hat, weil es als einzelnes nicht alle einzelnen ist. Hegels Idealismus ist nicht als Abgrenzung gegen ein dem Denken äußerliches Ansich zu verstehen, sondern bezeichnet die innere Struktur der als sachhaltig gewußten Totalität aller Dinge. Hegels Idealismus bezeichnet keine Relativität des Denkens nach außen (die gar nicht gedacht werden kann), sondern gleichsam nur nach innen: jedes Ding, das als solches immer schon gewußt bzw. wißbar ist, und jeder Gedanke, der als solcher immer schon sachhaltig ist – jedes Bestimmte ist ein Selbständiges, insofern es eine ganz bestimmte Selbstheit hat. Gerade diese Selbständigkeit aber ist nur möglich vermittelst des Bezuges auf andere Bestimmte. Dieser Bezug führt über das einzelne Selbständige hinaus, insofern er Bezug auf *andere* ist. Ist aber das Selbständige durch etwas vermittelt, was ihm selbst nicht zukommt, so verdankt es seine Selbständigkeit gerade dem, was nicht es selbst ist (nämlich den anderen Bestimmten). Mithin verdankt das Selbständige seine Selbständigkeit nur seiner Unselbständigkeit, d. h. es genügt sich nicht selbst, sondern besitzt sich nur im Bezug auf die anderen ebenso selbständig-Unselbständigen. Selbständigkeit ist daher eine ideelle Bestimmung, d. h. eine solche, die nicht allein und absolut, sondern in konkreter Einheit mit der Bestimmung Unselbständigkeit bzw. Relativität auf die Totalität nur Gültigkeit hat. Eben dieses, daß *innerhalb* der gedachten und sachhaltigen Totalität alles und jedes es selbst und darin doch gerade nicht es selbst, sondern Bezug auf anderes ist, nennt Hegel „absoluten", weil von einer Relativität auf ein Außerhalb der (gewußten) Totalität freien Idealismus.

Hegels Idealismus steht also jenseits der erkenntnistheoretischen Fragestellung und hebt auf die Struktur des Bestimmten-in-der-gewußten-Totalität ab. Die Dinge sind Erscheinungen, weil sie das, was sie zu dem macht, was sie sind, die Totalität, nicht selber sind. Es ist die „Bestimmung der hiermit endlichen Dinge ..., den Grund ihres Seyns nicht in sich selbst, sondern in der allgemeinen göttlichen Idee zu haben" (VIII 135 = Enz 45 Zus). Man beachte, daß die Dinge genau deswegen („hiermit") endlich bzw. bloße Erscheinungen sind, weil sie ihr Selbstsein nur vermittelst der Totalität haben, nicht aber, weil sie „bloß subjektive" Vorstellungen wären. Der Gedanke des Ansich (sensu stricto) ist gefallen, und damit der erkenntnistheoretische Idealismus, der eine „bloß subjektive" Erkenntnis proklamiert, unmöglich geworden.

Zweites Kapitel. Der Ansatzpunkt der Lehre vom absoluten Geist

1 Programmatische, objektiventfaltete und absolute Geisttotalität

Im Ersten Kapitel wurde die idealistische Grundorientierung des hegelschen Denkens in ihrer Eigenart in Erinnerung gerufen, indem gezeigt wurde, was es für Hegel besagt, daß der Geist alleseinschließende Totalität ist. Ausgehend von der erkenntnistheoretischen Fragestellung Kants entwickelten wir die idealistische Subjektivität als *theoretischen,* nicht als *praktischen* Geist. Auch der praktische Geist aber ist in dem Sinn Totalität, daß er die Gegenwärtigkeit von allem und jedem ist. In seinem Handeln ist der Mensch nämlich stets in die ganze Welt verflochten. Jede einzelne Handlung impliziert so, ausdrücklich oder unausdrücklich, die Totalität von Welt. Dabei werden wir nicht länger verweilen. Wichtig ist nur, daß das Subjekt sowohl als theoretisches wie auch als praktisches Zusammenschluß mit dem Weltganzen zur Totalität ist. Den Geist als die Einheit des theoretischen und des praktischen Geistes nennt Hegel den „freien Geist" (vgl. Enz §§ 481f). „Freiheit" benennt gerade den Totalitätscharakter des Geistes, der darin besteht, sich in allen bestimmten geistigen und nichtgeistigen Inhalten (als dem Anderen seiner reinen Allgemeinheit) nicht zu verlieren, sondern bei sich zu bleiben. Es wird nun die Aufgabe des gegenwärtigen Kapitels sein, des Näheren darzulegen, wie die dann in der Religion ebenfalls dargestellte Thematik des „Absoluten" oder „Gottes" sich aus den sachlichen Erfordernissen der Geistphilosophie notwendigerweise ergibt.

Hegel unterscheidet den endlichen vom absoluten Geist. Wie kann aber der Geist Totalität und doch endlich sein? In der Art und Weise, in welcher der Geist Totalität aller Sache ist, liegt die Endlichkeit. Insofern die Geisttotalität die Sache *überhaupt* gegenwärtig hat, ist ihr zwar alles und jedes einschlußweise gegenwärtig, aber die einzelnen Disziplinen und Themen sind in ihrer differenzierten Eigengestalt noch nicht entfaltet. Die Sache ist noch nicht *als die vielen einzelnen* bestimmten Inhalte, sondern ohne alle Differenzierung bloß insgesamt und überhaupt gegenwärtig. Der Geist ist erst *programmatische,* d.h. der Entfaltung und Ausführung all dessen, was in ihr einschlußweise gegenwärtig ist, noch bedürftige Totalität. Solche einschlußweise und unentfaltete Totalität ist der Geist als *Logik, Phänomenologie* und *Psychologie.* Diese drei Weisen der Selbsterfassung des Geistes sind dadurch charakterisiert, daß nicht von den bestimmten Inhalten, die dem Geist gegenwärtig sind, die Rede ist, sondern von den apriorischen Formen des Geistes selbst, innerhalb deren alle sonstigen Inhalte dann Gegenwärtigkeit erhalten bzw. zur Sprache kommen können. Phänomenologie (im Sinne des enzyklopädischen Lehrstückes „Subjektiver Geist") und Psychologie sind „in Gleichursprünglichkeit mit der Logik – der zentrale Bezugspunkt aller anderen realsystematischen Sphären"[1]. Zentraler Bezugspunkt ist der Geist insofern, als er den Rahmen oder Horizont für die Gegenwärtigkeit von allem und jedem ausmacht[2].

Hegel hat zwei Darstellungen seines Systems vorgelegt: Die Phänomenologie des Geistes von 1807 und die Enzyklopädie in ihren verschiedenen Auflagen. Beide Darstellungen beginnen mit einer Selbstthematisierung des programmatischen Geistes, um dann anschließend die einzelnen Disziplinen, Sphären oder Bereiche auszubreiten.

In der PhG[3] wird der programmatische Geist *phänomenologisch* dargelegt. Die Kapitel „(A.) Bewußtsein" und „(B.) Selbstbewußtsein" legen die phänomenologische Gestalt des Geistes als der Einheit von Ich und Nicht-Ich (Subjekt und Objekt) dar. Das Kapitel „(C.) (AA.) Vernunft" ist einerseits der Endpunkt der phänomenologischen Stufen, wie sie die Phänomenologie der Enz darlegt, andererseits aber der Beginn einer neuen Reihe (Vernunft-Geist-Religion-Absolutes Wissen). Diese neue Reihe thematisiert weite Bereiche dessen was in der Enzyklopädie später als Realphilosophie (Natur und Geist) dargelegt werden wird. Die PhG von 1807 besitzt so folgenden grundsätzlichen Aufbau. Zuerst wird der Geist als programmatische Totalität (als noch unausgeführter Geist) in seiner phänomenologischen Selbsterfassung dargelegt als Einheit von Subjekt und Objekt *überhaupt.* Dann wird er nach den *einzelnen* Inhalten bzw. Objekten entfaltet.

In den Enzyklopädien ist die programmatische Geisttotalität, welche anfänglich dargelegt wird, die *Logik.* Von der Logik heißt es in der Heidelberger Enzyklopädie:

1. Zu dieser Deutung von Logik, Phänomenologie und Psychologie vgl. im einzelnen Puntel [1]. Zum Zitat vgl. Puntel [1] 118–144; Zitat 133.
2. Daß in der enzyklopädischen Darstellung des hegelschen Systems die Logik einerseits abgesondert von Phänomenologie und Psychologie abgehandelt und ihr andererseits eine Vorrangstellung innerhalb aller enzyklopädischen Disziplinen zugewiesen wird, begründet sich aus der enzyklopädischen *Darstellungsweise* des Systems (Puntel [1] 139), welche aber nicht die einzige ist. Es ist vielmehr die dem *ersten* am Ende der Enzyklopädie behandelten Schluß (Enz § 575) entsprechende Darstellungsweise des Systems. Die dem zweiten und dritten Schluß (Enz § 576f) entsprechenden Darstellungen des Systems würden die Logik auf andere Weise einbeziehen müssen (Puntel [1] 335–346).
3. Zur hier vorausgesetzten Deutung der PhG vgl. Puntel [1] 267–333.

„In der ersten Allgemeinheit ihrer Begriffe erscheint sie für sich und als das subjective, besondere Geschäft, außer welchem der ganze Reichthum der sinnlichen so wie der concretern, der intellectuellen Welt, sein Wesen treibe" (VI 37 § 17 Anm). Daß die Logik „subjektiv" sei, darf freilich nicht im Sinne von Kants sachleerer Subjektivität verstanden werden, weil für Hegel die Subjektivität ja immer schon sachhaltig ist. Die Logik ist Gegenwärtigkeit der *unentfalteten* Sache *überhaupt* im Unterschied zu der als entfalteter „Reichthum" aller bestimmten Inhalte gegenwärtigen Sache. Die Logik ist „subjektiv", weil sie die *einzelnen* Inhalte noch nicht entfaltet oder „objektiviert" hat. Erst am Ende des entfalteten Ganges durch die einzelnen Inhalte hat die Logik dann die „Bedeutung daß es die im konkreten Inhalte als in seiner Wirklichkeit bewährte Allgemeinheit ist" (Enz § 574)[4].

Die Geisttotalität weist also in der phänomenologischen wie auch in der enzyklopädischen Darstellungsweise zwei *Konkretionsstufen* auf. Die eine ist als programmatische Geisttotalität gegeben, die Gegenwärtigkeit nur der Sache überhaupt, nicht aber der nach ihren Einzelheiten entfalteten Sache meint. Die andere Konkretionsstufe vollzieht sich in der theoretischen und praktischen Entfaltung der Geisttotalität. Diese zweite Konkretionsstufe ist keine feste Größe, weil höhere und niedrigere Grade der Entfaltetheit der Totalität möglich sind.

Die Entfaltung eines bestimmten Einzelnen sieht von der Totalität als solcher ab und stellt dieser das Einzelne sozusagen *gegenüber.* Die Entfaltung *objektiviert* das bestimmte Einzelne. Die Einzelwesen bilden bestimmte Sphären, die im entfaltenden Gang durchlaufen werden. Dabei wird die programmatische Totalität, insofern sie von der entfalteten Totalität verschieden ist, selbst als eine bestimmte Sphäre auftreten. Weil aber während der sukzessiven Darlegung der einzelnen Sphären die entfaltete Totalität aller Sphären noch nicht im Blick ist, kann eine einzelne Sphäre in ihrem Verhältnis zur entfalteten Totalität (etwa als „programmatisch") nur unter *Vorgriff* auf jene entfaltete Ebene bestimmt werden. Logik, Phänomenologie und Psychologie sind daher am Orte ihrer *Darstellung je für sich* eigentlich nicht als programmatisch bestimmbar, weil diese Bestimmung nur unter Inanspruchnahme der noch gar nicht abgeschlossen vorliegenden Entfaltetheit der Totalität möglich ist. Logik, Phänomenologie und Psychologie als programmatische Geisttotalität zu deuten, heißt also, sie von einer Ebene her zu begreifen, auf der die Totalität sich nicht mehr nur bald als diese, bald als jene einzelne Sphäre gegenwärtig, sondern als Zusammenhang ihrer Sphären und Konkretionsstufen durchsichtig ist. Dies ist die Ebene des „Absoluten". Neben den „programmatischen" Sphären nennt Hegel die Sphären der Natur, die geistigen Sphären (Recht, Moral, Sitte, Staat, Wissenschaft, Geschichte) und schließlich die „absoluten" Sphären (Kunst, Religion, Philosophie), die nicht zusätzliche Inhalte hinzubringen, sondern den Zusammenhang der verschiedenen Konkretionsstufen der Totalität begreifen und darstellen. Die „absolu-

4. Vgl. VI 308f (§ 474). Hier fehlt „als in seiner Wirklichkeit".

ten“ Sphären werden daher nicht zur objektiventfalteten Totalität gerechnet, weil sie die Totalität auf einer *Metaebene* zu den entfalteten Objekten oder Themen weiterexplizieren. Die programmatische und die objektiventfaltete Geisttotalität markieren so die Endpunkte eines Kontinuums von steigenden Intensitätsgraden der Entfaltetheit. Als erst unentfaltet oder programmatisch ist der Geist endlich.

Die verschiedenen natürlichen und geistigen Sphären stehen nicht einfach nebeneinander, sondern integrieren sich untereinander zu immer komplexeren Größen. Die komplexeste und umfassendste Konstellation, mit der die Entfaltung der Totalität abgeschlossen ist, ist die *Weltgeschichte,* die alle vorhergehenden Sphären (d. h. die Inhalte auf der Objektebene, also ohne die „absolute“ Sphäre) in sich integriert hat. Worin liegt nun aber die Endlichkeit dieser objektiventfalteten Geisttotalität, die den weiteren Schritt zur Ebene des „Absoluten Geistes“ erforderlich macht? Hegel bestimmt die Endlichkeit hier so: „Der Geist ist die unendliche Idee und die Endlichkeit hat hier [beim programmatischen und beim entfalteten Geist] ihre Bedeutung der Unangemessenheit des Begriffs und der Realität mit der Bestimmung, daß sie das Scheinen innerhalb seiner ist – ein Schein, den *an sich* der Geist sich als eine Schranke setzt“ (Enz § 386). Die Endlichkeit liegt also darin, daß das durch den *Geist selbst* geschehende „Setzen der Schranke“ nur an sich, d. h. nur unthematisch, als Setzung des Geistes selbst vorhanden ist. Dies ist dann eine Nichtentsprechung zwischen Begriff und Realität des Geistes. Was besagt dies? Drei Fragen müssen hierbei geklärt werden: (a) Was ist die „Schranke“, von der die Rede war? (b) Was heißt es, daß der Geist die Schranke setzt? (c) Inwiefern ist in dem nur an sich geschehenden Setzen des Geistes eine Unangemessenheit von Begriff und Realität zu erblicken?

(a) Hegel bestimmt den Schein als das Durchlaufen von „verschiedenen Stufen“ (Enz § 386), welches der Geist durchmachen muß. Diese Stufen sind die „bisherigen Sphären“ (Enz § 386 Anm), d. h. die verschiedenen Bereiche, Disziplinen oder Inhalte der Geisttotalität, welche im Gang der Enzyklopädie thematisiert wurden. Insofern der sich entfaltende Geist *einen* bestimmten Inhalt in den Blick nimmt und bei ihm verweilt, hat er *andere* Inhalte außer sich. So gelangt der Geist stets an eine *Schranke,* über die hinaus er zu einer anderen oder neuen Sphäre fortschreitet.

(b) Bedenkt man dieses Übergehen zu je neuen Sphären, so erweist sich, daß es an sich kein Übergehen zu einem in der Tat Anderen ist: Der Geist entfaltet nämlich sowohl in der einen bestimmten Sphäre wie auch in der anderen, zu der er übergeht, *sich selbst,* weil er die alles in sich schließende Totalität ist. Die *Verschiedenheit* der Sphären ist Auslegung der *Einheit* des Geistes. Wenn nun der Geist, der an sich diese Totalität aller Sphären ist, sich während des enzyklopädischen Ganges jeweils auf *eine* bestimmte Sphäre konzentriert, so beschränkt er sich sozusagen selbst, er setzt oder expliziert seine innere Differenziertheit, sein inneres „Schrankensystem“.

(c) Geht die Entfaltungsbewegung des Geistes von einer bestimmten Sphäre zur anderen, deren jede in ihrer von den anderen differierenden Eigengestalt dargelegt wird, so ist die die Darstellung leitende Perspektive die *Differenziertheit* der Sphären. Die Totalitätseinheit bleibt dabei sozusagen im Hintergrund und unausgesprochen, weil die einzelne Sphäre ohne ausdrücklichen Bezug auf die Totalität, sondern isoliert für sich behandelt wird. Damit ist die Sphärenmannigfaltigkeit aber noch nicht als das dargestellt, was sie auch ist: Entfaltung *der einen Totalität.* Um die Sphären wirklich als Entfaltung einer allen mannigfaltigen Einzelnen voraufgehenden Totalitätseinheit sichtbar zu machen, müßte von letzterer selbst ausgegangen und zu den einzelnen Sphären „abgestiegen" werden. Eine Darstellung, die durch isolierte Sphären zu einer erst am Ende thematisch werdenden Totalität „aufsteigt", läßt es unausdrücklich oder „an sich", daß die Sphären „Schein" (Enz § 386), d. h. Erscheinung oder Manifestation, der Geisttotalität selber sind. Eine „absteigende" Darstellung andererseits bringt nicht zum Ausdruck, daß vom unmittelbaren Einzelnen zur Totalität nur gelangt werden kann durch Ausschreitung des Sphärengefüges, das die Totalität bildet: Erst am Ende einer „aufsteigenden" Bewegung ist sich der Geist ausdrücklich als diese alles Einzelne in sich schließende Totalität gegenwärtig. Beide Bewegungen ergänzen sich also gegenseitig, indem jede das expliziert, was bei der anderen unausdrücklich bleibt. Hegel hat nun die „absteigende" Darstellung nie im einzelnen ausgeführt, sondern sein System immer nur „aufsteigend" durch die Einzelsphären gestaltet[5]. Betrachtet man die „aufsteigende" und die „absteigende" Darstellung der Geisttotalität, so kann man sagen, daß im ersten Fall die die Darstellung leitende Perspektive die *Realität* des Geistes, nämlich das Indenblickbringen seiner mannigfaltigen Realisierungen, Manifestationen oder Entfaltungen, ausmacht[6]; im zweiten Fall ist die leitende Perspektive der *Begriff* des Geistes, welcher „Identität mit sich" (Enz § 382) meint, was eine stets ausdrücklich von der Einheit des Geistes her bestimmte Darstellung der Sphärenvielfalt impliziert. Damit ist klar, daß sich in jeder isolierten Darstellung des Systems unter nur einer dieser beiden Perspektiven Begriff und Realität des Geistes nicht entsprechen: Die Darstellung der Geisttotalität unter einer Perspektive hat keine Entsprechung in der sachlich geforderten, aber nicht ausgeführten anderen Perspektive.

Die Endlichkeit des programmatischen und des entfalteten Geistes liegt also in der Art und Weise, wie die Totalität zur Gegenwärtigkeit gebracht wird. Der programmatische Geist ist die Totalität auf nur unentfaltete Weise; der entfaltete Geist

5. Hier scheint ein Einwand möglich. In der phänomenologischen Darstellung von 1807, wie auch in allen enzyklopädischen Fassungen ist doch in der Tat die programmatische *Totalität* der Ausgangspunkt. Es ist aber zu beachten, daß in diesen Darstellungen die programmatische Totalität vor allem anderen expliziert wird und folglich am Orte dieser ihrer *isolierten* Darstellung noch nicht als Totalität *der übrigen* Sphären (von denen ja noch gar nicht die Rede war) gedacht werden kann. Erst vom Horizont des „bewährten", d. h. des an und in den Sphären ausgeführten Logischen her zeigt sich die Logik als programmatische Totalität. Vgl. auch unten Zweiter Teil, Erstes Kapitel, Abschn. 4.
6. Zum Begriff „Realität" in diesem Sinn vgl. unten Zweiter Teil, Erstes Kapitel, Abschn. 5.

ist Totalität auf nur einseitige Weise, indem er die Totalität unter einer Perspektive darstellt, die nicht die Totalitätseinheit selber ist. Vorausweisend sei gesagt, daß die *Einheit* der Geisttotalität in diesen je für sich einseitigen Weisen bzw. Perspektiven es ist, die in der Lehre vom „absoluten" Geist thematisch wird.

2 Der „absteigende" Gang: Das „Erschaffen" des Bestimmten

Bezüglich einer bestimmten Sphäre, nämlich der Natur, legt Hegel eine von der Totalitätseinheit („Begriff") ausgehende, die enzyklopädisch „aufsteigende" Darstellung umkehrende Formulierung grundsätzlicher Art (wenn schon nicht eine ausgeführte dementsprechende Darstellung der ganzen Naturphilosophie) vor: „Das Offenbaren im Begriffe ist *Erschaffen* derselben [der Natur] als seines [des Geistes] Seins, in welchem er die Affirmation und Wahrheit seiner Freiheit sich gibt" (Enz § 384 Hvm). Was besagt es, daß die Geisttotalität, als das Primäre angesprochen, die bestimmte Sphäre, sekundär, „erschafft"? Ziehen wir folgenden Text zu Rate: Im Menschen ist „das Unmittelbare – weil er Geist ist, wie es wahrhaft ist, gesezt, – So Welt, unmittelbare Natur *erschaffen*, überhaupt das Unmittelbare erscheinende, das an sich ebenso nur das zweyte ist" (Rel Ms 585 Anm 127). Die Aufklärung dieses Textes erschließt den Sinn der hegelschen Rede vom Erschaffen. Der Text bezeichnet etwas als erschaffen, wenn es nicht als Unmittelbares, sondern so gesetzt ist, wie es wahrhaft ist. Gehen wir nun schrittweise vor.

(1) Was heißt „setzen"? Hegel antwortet: „das nur, was *gesetzt* ist an einem Begriffe, gehört in die entwickelnde Betrachtung desselben, zu seinem Inhalte" (WL I 96). Das Gesetzte ist also das, was an einem Begriff ausdrücklich gemacht ist, was ausdrücklich als Bestimmung des Begriffs entwickelt wird. Unter „Setzen" kann man also „Explizieren" oder „Entfalten" verstehen. Etwas ist demnach dann erschaffen, wenn es nicht in seiner Unmittelbarkeit belassen, sondern so, wie es wahrhaft ist, expliziert ist.

(2) Was aber heißt es, etwas nicht in seiner Unmittelbarkeit zu belassen, sondern es so, wie es *wahrhaft* ist, zu explizieren? Ein einzelnes Bestimmtes, so wie es unmittelbar sich den Sinnen darbietet, oder wie es in irgendeiner nur partiellen Bezogenheit auf andere gedacht wird, ist noch nicht in seiner wahrhaften Selbstheit erfaßt. Diese wird nur durch das vollständige In-Beziehung-Setzen *aller* einzelnen Wirklichkeiten untereinander erreicht. Die Bestimmtheit des Einzelnen bzw. die Wahrheit des Einzelnen als dieses Bestimmte ist nur durch das ganze Bestimmtheitengefüge vermittelt. Etwas in seiner Wahrheit zu explizieren, heißt daher, es in seiner *Vermitteltheit durch die Totalität* zu explizieren.

(3) Dieses universale Beziehen ist der Geist, der, als wissend beim einen verweilend, doch zugleich beim anderen zu sein vermag.

Etwas zu erschaffen besagt also im Sinne Hegels, es als Moment der Geisttotalität zu explizieren. Es ist im Geiste, daß das Unmittelbare, Vereinzelte, in seiner Vermitteltheit expliziert oder eben „erschaffen" wird. „Erschaffen" meint hier folglich keine creatio ex nihilo[7]. Um diese Interpretation zu erhärten, betrachten wir einen Text aus der PhG: „Dieses Erschaffen ist das Wort der Vorstellung ... dafür, daß das ... reine Denken, weil es das abstrakte ist, vielmehr das ... sich Entgegengesetzte oder Andre ist" (PhG 536). Wie wird hier das „Andre erschaffen"? Das Denken weiß sich als abstrakt, was besagt, daß es sich nur als Teil einer größeren Totalität erfaßt. Um sich aber als solchen Teil erfassen zu können, muß es von der Totalität wissen. Weiß es von dieser, so weiß es eo ipso von dem, was außer dem reinen Denken selbst noch zur Totalität gehört, es weiß mithin von dem „Anderen", das seine eigene Abstraktheit ergänzt und mit ihm zusammen die Totalität bildet. Das Denken *findet* also im Gedanken seiner eigenen Abstraktheit den Gedanken des „Anderen" *impliziert.* Diesen Gedanken *expliziert* es nun als solchen. Dies nennt Hegel dann das „Erschaffen des Anderen", wobei er die übliche Bedeutung des Terminus ausdrücklich als ein bloßes Vorstellungsbild abweist. Auch insofern der Geist seine spezifisch geistigen Differenzierungen, d.h. seine jeweils einseitigen Selbsterfassungen als programmatische Totalität oder als nur in einer Richtung entfaltete Totalität, thematisiert, *erschafft* er sich als endlichen Geist, weil er die Vermitteltheit einer einzelnen (= endlichen) Gestaltung seiner selbst innerhalb des Ganzen der spezifischen Geistgestaltungen und diese wiederum innerhalb der Geist-Natur-Totalität verortet und expliziert: „Der absolute Geist erfaßt sich ... als selber sein Anderes, die Natur und den endlichen Geist hervorbringend" (X 37 = Enz § 384 Zus). Alles Bestimmte ist unselbständig oder erschaffen, weil und insofern es ein durch die Geisttotalität in seiner Selbstheit *Vermitteltes* ist. Das letztlich Selbständige ist für Hegel nie eine bestimmte Sphäre, sondern nur die in sich differenzierte Totalität selbst. Die einzelne bestimmte Sphäre ist *als* bestimmte „erschaffen", weil vermittelt durch die Totalität.

A. Chapelle geht davon aus, daß das Judentum nach Hegel die Welt und Gott so entgegensetzte, daß es Gott als *Voraussetzung* der Welt dachte. Diese Voraussetzung der Welt ist aber das Nichts der Welt[8]. Schließt man von der Welt auf deren Nichts als deren Voraussetzung, dann muß der Weg vom Nichts zur Welt wiederum gemacht werden. Dies eben ist die Schöpfung aus dem Nichts, und ihre Notwendigkeit entsteht aus der in Anspruch genommenen Voraussetzungsrelation, die zwei Getrennte

7. Für E. Hirsch gibt es bei Hegel keinen Schöpfer in diesem Sinne (Hirsch 66–84 bes. 79).
8. „La présupposition unique de l'Absolu créateur implique celle du néant de l'univers créé. Ce néant présupposé au monde créé n'est dès lors rien d'autre finalement que l'Absolu même en sa présupposition créatrice" (Chapelle II 139).

vereinigen muß. Nun hat es aber den Anschein, als ob Hegel im Manuskript von 1821 das Judentum anders charakterisiert hätte. Die „Religion der Erhabenheit" (Rel Ms 257) denkt Gott als „Macht" (Rel Ms 257) oder als „Herrscher über Alles" (Rel Ms 259). Hier liegt die Schwierigkeit. Bei der Vorstufe der „erhabenen", also bei der „unmittelbaren Religion" wird Gott im Manuskript von 1821 nämlich zunächst als die vom Endlichen *verschiedene,* mithin einseitige Dimension des nur-unendlichen Seins gedacht. Hegel nennt diesen einseitigen den „metaphysischen Begriff" Gottes (vgl. Rel Ms 209–219) im Unterschied zu der „concreten Vorstellung" von Gott (vgl. Rel Ms 219), die „nicht bey dem *abstracten* Seyn stehen[bleibt]" (Rel Ms 219 Hvm). Die Abstraktheit liegt gerade darin, daß Gott zunächst nur als unendliches, und damit unter Abstraktion vom endlichen Sein gedacht wurde. Gott aber ist zu denken „als überhaupt das Concrete, die Idee, ... die Einheit des unendlichen und des endlichen Seyns" (Rel Ms 219). Diese zwei Schritte oder Dimensionen in der Erfassung des Gottesbegriffs sind bedingt durch die Trennung zwischen dem endlichen und dem unendlichen Sein. Oder, wie man auch sagen könnte, sie sind bedingt durch die Trennung zwischen der reinen (göttlichen) Einheit einerseits und den bestimmten (endlichen) Sphären andererseits. Diese bemerkte Trennung, die der von Chapelle im Judentum festgestellten entspricht, ist aber für die unmittelbare, nicht jedoch für die erhabene Religion charakteristisch. Hegel weist ausdrücklich darauf hin, daß in der jüdischen Religion diese Trennung *nicht* vorausgesetzt wird und folglich Gott immer schon als die Einheit des Göttlichen und des Endlichen gedacht wird: „Aber in der Herrschaft ist selbst schon die *ganze Vorstellung* gegeben (– Herrschaft über Alles)" (Rel Ms 279). Insofern Gott als „Herrscher *über Alles*" (Rel Ms 259) gedacht wird, ist das Endliche („Alles") *ausdrücklich mitgedacht.* Ist Gott so nicht als das Endliche in sich schließend, d.h. als in sich differenzierte Totalität gedacht? Untersuchen wir folgenden Text Hegels: „Die Macht ist nicht gestaltend, so daß die Realität ihre eigene sey – sie ist wesentlich ein negatives Verhalten – und indem das Unterschiedene, – das Negative – als das Andre ihrer, wie sie in sich reflectirt ist, als Realität erscheint und erscheinen muß, so hat die Macht auch ein positives Verhältnis zu demselben – so daß die Positivität des Realen, nicht seine eigene, sondern die der Macht sey und nur nach dieser abstracten Seite – die Macht ist überhaupt Herrschaft – Der Inhalt ist übrigens die gegebene Welt – Natur, nicht aus der Macht bestimmt – denn sie ist das Unbestimmte" (Rel Ms 281). In diesem Text ist deutlich von der Positivität des Endlichen oder Realen die Rede: das Andere der Macht als der reinen Einheit oder Insichreflektiertheit ist das Bestimmte oder Reale bzw. Positive. Demnach scheint das Endliche in der Tat nicht verschwunden. Entscheidend ist aber, wie diese Positivität oder dieses Bestehen des Endlichen näherhin gedacht wird. Es heißt zunächst, die Realität sei nicht die der Macht selber. Dem entspricht die Aussage, der Inhalt sei die „*gegebene* Welt", nicht aber eine „aus der Macht bestimmte" Welt. Hier nun bewährt sich Chapelles Interpretation: Ausgangspunkt ist die endliche Welt (das „Gegebene"), und von ihr wird auf die Macht als

Voraussetzung rückgeschlossen. Das Endliche ist so *nur* das *Andere* der Macht, d. h. es ist noch nicht „absteigend" als dasjenige gedacht, worin die Macht *sich selbst* manifestiert. So ist die Macht unbestimmt, weil das Bestimmte nicht als *ihre* Bestimmtheit gedacht ist. Deswegen ist sie auch als Herrschaft über „Alles" zu denken: die Bestimmtheit des „Alles" ist unentfaltet. Von hier aus wird nun auch der zweite Gedankengang unseres Textes klar, der davon spricht, daß die Positivität des Realen nicht dessen eigene Positivität ist. Dies ist eine andere Formulierung des eben erläuterten Sachverhalts. Das Reale wird auf die Voraussetzung „Macht" zurückgeführt. So ist die Macht das allein Wichtige am Realen. Dessen *eigene* Bestimmtheit, seine Andersheit der reinen Macht gegenüber, verschwindet aus der Betrachtung. Das Bestimmte wird seiner Vielfalt beraubt, weil jedes der Vielfältigen nur nach seinem Beherrschtsein von der Macht betrachtet wird. Das mannigfaltige Bestimmte wird zum unterschiedslosen „Alles". Weil das Bestimmte nicht als Bestimmtheit *der Macht* expliziert ist, ist das Bestimmte an der Macht nicht entscheidend, sondern nur seine immer gleiche Abhängigkeit von der Macht. Damit ist die Macht ohne die Bestimmtheit gedacht, und die über den bloßen Gedanken der Macht hinausführende Bestimmtheit wird unexplizierbar in ihrem Bestehen oder ihrer Positivität. Das einzige Bestimmte, was am Bestimmten in den Blick kommt (d. h. Bestehen oder Positivität hat), ist die Abhängigkeit von der Macht. So sind im jüdischen Gott die bestimmten Sphären zwar ausdrücklich mitgedacht, aber als in ihrer Bestimmtheit gerade verschwindende. Das Endliche oder Bestimmte oder Reale wird nur–„aufsteigend" zurückgenommen zu dem ganz abstrakten „Alles" oder „Sein". Die innere Differenziertheit der Macht ist nur als verschwindende mitgedacht – als verschwindend in die leere, unbestimmte Macht: „Diese Macht – dieser Eine – ist es also der unsichtbar – Gott des Gedankens ist – weil er das Wesen, nur negatives Verhältnis zur Realität – und positives nur zu ihrem abstracten Seyn hat – noch nicht zu ihrem concreten – denn er ist in sich selbst nicht weiter bestimmt" (Rel Ms 293). Wird die „gegebene Welt" auf die leere Macht zurückgeführt, so entsteht von selbst der Gedanke der Schöpfung aus dem Nichts, wie Hegel sie versteht. Schöpfung ist demnach das „Aufheben ihrer [= der Macht] Abstraction" (Rel Ms 281) oder „Aufheben ihrer Identität mit sich" (Rel Ms 283). Die Macht ist *abstrakt,* gerade weil die Bestimmtheit oder das Andere zur reinen Identität fehlt: „Diese Identität α.) das Leere – Nichts; Schaffen eines Andern" (Rel Ms 283). Die Leerheit oder Reinheit der Identität ist das Nichts, aus dem geschaffen wird. Das Schaffen ist die Überwindung der Abstraktion des Leeren, d. h. der Übergang zur Explikation des Bestimmten. Die Problematik dieser Zusammenhänge liegt darin, daß einerseits das *Ganze,* also reine Macht *und* endliche Bestimmte, zu denken ist, andererseits aber jedes der beiden, deren Einheit gedacht werden soll, *isoliert für sich,* d. h. unter Abstraktion vom Anderen, gedacht wird. Führt man das Bestimmte auf die reine Macht zurück, so hat man aufgrund der vorausgesetzten Abstraktion nur das Leere oder Nichts. Weil dieses Leere aber gerade als Voraussetzung *des Bestimmten* gedacht werden soll, muß man zum Bestimmten übergehen. Nur dieser Übergang stellt die Ganzheit des Verhältnisses her. Weil aber in dem abstrakt gedachten Nichts gar kein Bestimmtes zu finden ist, ist das Aufnehmen des Bestimmten vom Nichts her gesehen ein „Erschaffen" des Bestimmten. In ähnlicher Weise erscheint auch der Beginn der Entfaltung des Nicht-Ich als ein Erschaffen, weil aus dem reinen Ich, wegen seiner Reinheit, gar nichts herausanalysiert werden kann. Chapelles Deutung trifft also sicherlich das Grundproblem des jüdischen Gottesgedankens, wenn er auch die (eben besprochenen) Texte Hegels, die ihm in der Edition Lasson vorlagen (Rel III 56; 63f), nicht im einzelnen erörtert. Auch in Hegels Ausführungen zum Christentum findet sich eine den gerade behandelten Stellen verwandte Äußerung, die den Begriff der Schöpfung erörtert: „Eine andere Frage ... ist, daß die Welt oder Materie, insofern sie von Ewigkeit seyn sollte unerschaffen, *unmittelbar* für sich ist ... Materie oder Welt aber sind vielmehr ihrer Grundbestimmung nach ... das Negative, das eben selbst nur das Moment des Geseztseyns ist – und das Gegentheil des Selbstständigen ... Die natürliche Welt ist *relativ* ... diß ist ihre Qualität – eben überzugehen, – sich in die letzte Idee zurükzunehmen" (Rel Ms 553). Die Welt als Natur oder Materie (wie alles Bestimmte überhaupt) ist *relativ,* d. h. ist als solche nur denkbar unter Bezugnahme auf die Totalität, aus welcher das Bestimmte ausgrenzbar ist. So nimmt das Bestimmte sich „in die letzte Idee zurück", weil es nur von dieser her als Bestimmtes konstituiert ist. Das Bestimmte ist nicht *unmittelbar,* d. h. ohne Bezug auf die Totalität aller anderen Bestimmten, als solches denkbar. Dies eben ist die, noch jüdisch als Rückführung der Welt auf ihr Nichts und Übergang vom Nichts zur Welt der Bestimmtheiten gedachte, Schöpfung.

Sehr schön bestimmt nun Chapelle den vom Judentum sich abhebenden Ausgangspunkt des Christentums. Hier ist die Ebene des Voraussetzungsverhältnisses von Gott und Welt überwunden und das „absolute Leben", d. h. die Einheit selbst von Gott und Welt zum Ausgangspunkt gemacht: „Die trinitarische Offenbarung der Natur des Geistes situiert in der Tat die Schöpfung in der konkreten Bewegung der absoluten Idee. Nun überwindet aber diese jede Voraussetzung, weil sie alles von sich her setzt ohne gegen irgendetwas entgegengesetzt zu sein, weil ja ausdrücklich nichts ist außer ihr selbst. So aber kann die spekulativ als ein Moment dieses absoluten Lebens begriffene Schöpfung ohne Bezug auf irgendeine Voraussetzung gedacht werden"[9]. Ausgangspunkt der Betrachtung ist hier die in sich differenzierte Totalität selbst. Es wird nicht von der Welt (den bestimmten Sphären) auf ihre Voraussetzung (die reine Einheit) geschlossen, sondern von der immer schon in sich differenzierten Totalität ausgegangen, die als Totalität nichts außer sich hat und die man daher auf nichts Weiteres zurückführen, sondern nur explizierend ausschreiten kann. W.

9. „La révélation trinitaire de la nature de l'Esprit situe en effet la création dans le mouvement concret de l'Idée absolue. Or celle-ci surmonte toute présupposition car elle pose tout à partir de soi sans s'opposer à rien, puisque rien n'est expressément que soi. Dès lors la création comprise spéculativement comme un moment de cette Vie absolue peut être pensée sans référence à aucune présupposition" (Chapelle II 140f).

Schulz zufolge ist es gerade dieser Punkt, an dem die Hegel gegenüber kritische Spätphilosophie Schellings ansetzt. Schelling will demnach die Totalität im Unterschied zu Hegel nicht als immer schon vorgegeben und ursprünglich ansetzen, sondern „den ‚absoluten Geist', den Endbegriff des Systems, das Hegel aufstellte, auf die Möglichkeit seiner Selbstkonstitution hin [befragen]. ... Es entsteht also die Forderung, philosophisch nachzuweisen, ... daß und wie der absolute Geist sich selbst zu sich selbst als der Ursprung seiner selbst ‚setzt'. Diesen Nachweis aber hat Hegel, so stellt Schelling fest, nicht erbracht, er konnte ihn – der Sache nach – gar nicht erbringen, denn der absolute Geist ist seiner nicht so mächtig, daß er sich selbst schöpferisch entspringen lassen kann. ... das Wissen auch und gerade als absoluter Geist oder unbedingte Vernunft, ist seines Seins nicht mächtig"[10].

3 Der Übergang zum absoluten Geist in der Enzyklopädie von 1830: Erklärung von Enz § 552

(Die Zitate in diesem Abschnitt stammen meist aus dem folgenden, nach Gedankenschritten gegliederten Text.)

(1) „Der Volksgeist

(1.1) enthält Natur-Notwendigkeit und steht in äußerlichem Dasein (§ 483);

(1.2) die in sich unendliche sittliche Substanz ist für sich eine besondere und beschränkte (§§ 549 u. 550)

(1.3) und ihre subjektive Seite mit Zufälligkeit behaftet, bewußtlose Sitte, und Bewußtsein ihres Inhaltes als eines zeitlich Vorhandenen und im Verhältnisse gegen eine äußere Natur und Welt.

(2) Aber es ist der in der Sittlichkeit denkende Geist, welcher die Endlichkeit, die er als Volksgeist in seinem Staate und dessen zeitlichen Interessen, dem Systeme der Gesetze und der Sitten hat, in sich aufhebt und sich zum Wissen seiner in seiner Wesentlichkeit erhebt, ein Wissen, das jedoch selbst die immanente Beschränktheit des Volksgeistes hat.

(3) Der denkende Geist der Weltgeschichte aber, indem er zugleich jene Beschränktheiten der besondern Volksgeister und seine eigene Weltlichkeit abgestreift, erfaßt seine konkrete Allgemeinheit und erhebt sich zum Wissen des absoluten Geistes, als der ewig wirklichen Wahrheit, in welcher die wissende Vernunft frei für sich und die Notwendigkeit, Natur und Geschichte nur seiner Offenbarung dienend und Gefäße seiner Ehre sind" (Enz § 552).

10. Schulz [2] 313f

3.1 Die Konstituentia des objektiven Geistes

3.1.1 Die Momente der objektiven Sittlichkeit

Der Paragraphenabschnitt (1.1) nennt diejenigen Momente, deren Integration zu einem Ganzen die Sittlichkeit ausmacht. Die Sittlichkeit wird dabei als *objektive,* d. h. als eine dem unmittelbaren Individuum *vorgegebene* Größe betrachtet. Das unmittelbare Individuum wird erst in (1.3) behandelt. Im Augenblick ist nur der objektive Inhalt der Sittlichkeit, nicht aber deren Einverleibung in das Individuum Thema. Der gegenwärtig zu betrachtende Satz (1.1) weist zurück auf das *Vor*feld des objektiven Geistes, also auf die Momente, aus denen die Sittlichkeit erst noch entstehen muß. Der freie Wille muß sich in einer ihm und seinen Zwecken noch nicht gemäßen, sondern äußerlichen Objektivität „realisieren" (Enz § 484). Hegel sagt daher, der Wille stehe noch „in äußerlichem Dasein". Zur Erläuterung dieses Ausdrucks verweist er auf Enz § 483, wo eben „das äußerliche Material für das Dasein des Willens" (Enz § 483) behandelt wurde. Dieses Material ist eine „vorgefundene Objektivität ..., welche sich spaltet in das Anthropologische der partikulären Bedürfnisse, in die äußeren Naturdinge, die für das Bewußtsein sind, und in das Verhältnis von einzelnen zu einzelnen Willen" (Enz § 483). Die Zwecksetzungen des freien Willens haben dieses äußerliche Material zu integrieren, weil es diese äußerliche Welt ist, in der der Wille sich zu realisieren hat. Der Wille ist also einer dreifachen Integrationsaufgabe gegenübergestellt:

(a) Er muß die Bedürfnisse seiner eigenen Leiblichkeit berücksichtigen („das Anthropologische der partikulären Bedürfnisse" [Enz § 483]).

(b) Der Wille muß die „äußeren Naturdinge, die für das Bewußtsein sind" (Enz § 483), berücksichtigen. Was besagt das? In den Naturbegriff wird hierdurch eine hochwichtige Unterscheidung gelegt. Die Natur liegt einerseits *als solche,* d. h. unabhängig vom menschlichen Willen und dessen Realisierung ermöglichend vorausgehend, vor. Andererseits realisiert der Mensch seine Zwecke am natürlichen Material, das er dadurch aber verändert; so in die Selbstverwirklichung der Freiheit eingespannt, ist die Natur nicht mehr (bloß) Natur als solche, sondern Natur als *Ausdruck des Geistes.* In der Darlegung des objektiven als des sich verwirklichenden freien Geistes ist die Natur in diesen *beiden* Bestimmungen gegenwärtig. Einerseits ist sie die vom freien Geist vorgefundene äußerliche Umwelt, die ihm vorausgesetzt ist und die er noch nicht bearbeitet hat, sondern die noch Natur als solche ist. Andererseits ist der objektive Geist gerade das Bearbeiten der Natur, die Umschaffung der Natur zum Ausdruck des freien Geistes. Zu der Natur verhält sich der Geist also auf doppelte Weise. Als theoretischer Geist *erkennt* er die Natur in ihrer vorgegebenen Eigengestalt, während er als freier Geist die so erkannte Natur bearbeitet, verändert und zum Ausdruck seiner selbst umschafft. Mit den „äußern Naturdinge[n], die für das Bewußtsein sind" (Enz § 483), ist eben die Natur als solche, d.h. die Natur, die der Geist in ihrer Eigengestalt erkennend zur Kenntnis genommen, noch nicht aber bearbeitet hat, gemeint. Dem Bewußtsein oder theoretischen Geist ist die Natur durch ihr Erkanntsein (durch die Naturphilosophie) schon integriert. Dem praktischen Geiste aber ist sie insofern noch äußerlich, als dieser sie noch nicht zum Ausdruck seiner selbst umgeschaffen hat. Der freie Geist (als die Einheit des theoretischen und des praktischen Geistes) bleibt auch in seinem Bearbeiten der Natur immer auf die Natur als solche bezogen, weil sie ihm vorgegeben ist und er sich immer schon in ihr vorfindet und praktisch nur in Bezug auf sie tätig sein kann. In dem Umschaffen der Natur verschwindet die Natur als solche nicht, sie löst sich nicht so auf, daß sie *nur* noch Ausdruck des Geistes wäre. Sie bleibt das stets vorausgesetzte und allen Umschaffungen nochmals zugrundeliegende Potential für die Selbstverwirklichung des Geistes. Natur meint daher immer ein Doppeltes: Natur *als Natur* und Natur als Ausdruck *des freien Geistes.*

(c) Die dritte Integration, welche der Wille zu leisten hat, ist die aller gegenstrebigen einzelnen Willen zu einer Einheit, die weder den einzelnen Willen auflöst, noch das Ganze aller Willen in ein Chaos zerfallen läßt. Dies nennt Hegel den vernünftigen oder allgemeinen Willen.

Diese drei zu integrierenden Äußerlichkeiten hat der Satz (1.1) im Auge, wenn er sagt, der Volksgeist enthalte „Natur-Notwendigkeit" und stehe in „äußerlichem Dasein". Natur-Notwendigkeit bezeichnet die Bezogenheit des Geistes auf die Natur als solche, während das „äußerliche Dasein" die drei durch den Rückverweis auf Enz § 483 eben erschlossenen Integrationsaufgaben summarisch anführt.

3.1.2 Die Geschichtlichkeit der Sittlichkeit

Ist die Sittlichkeit durch die eben skizzierte dreifache Integration hergestellt, so ist sie insofern Totalität, als sie alle geistigen und nichtgeistigen Inhalte, freilich nur in der für den objektiventfalteten Geist charakteristischen einseitigen (endlichen) Weise, zusammenschließt. Hegel nennt sie deshalb die „in sich unendliche sittliche Substanz". Unendlichkeit besagt hier, daß der sittlichen Totalität nichts mehr äußerlich ist, daß sie alles und jedes integriert hat und so als Ganzes sich zu den integrierten Momenten wie die Substanz zu den Akzidentien verhält. Wir werden später sehen, daß die entfaltete Geisttotalität angemessen nicht als „sittliche Substanz", sondern als „geistige Substanz" oder „Subjektivität" zu denken ist[11].

Die Integration der Momente zur Totalität ist aber auf *verschiedene Weise* möglich: verschiedene Völker haben verschiedene Sitten. Die einzelne, einem Volke eigentümliche Sittlichkeit ist eine mögliche Gestaltung von Totalität, d.h. eine Möglich-

11. Vgl. unten Erster Teil, Drittes Kapitel, Abschn. 1.2.

keit der Integration aller Inhalte zur Lebensganzheit. Weil jede solche Gestaltung in der Tat das Lebens- oder Weltganze umfaßt und so Totalität oder „in sich unendlich" ist, andererseits aber mehrere solcher Gestaltungen der Totalität möglich sind, ist die einzelne sittliche Totalität auch beschränkt, beschränkt insofern nämlich, als es andere Weisen ihrer (der Totalität) selbst gibt: „die in sich unendliche sittliche Substanz ist für sich eine besondere und beschränkte". Hegel verweist im Anschluß an diesen Text auf Enz §§ 549f. In diesen Paragraphen wird gerade die Verschiedenheit und gegenseitige Ablösung der Völkerverfassungen behandelt. Ein entscheidendes Konstituens der Sittlichkeit liegt darin: Sittlichkeit ist eine Dimension, welche verschiedene Gestaltungen hat.

3.1.3 Sittlichkeit und unmittelbares Individuum

Die objektive Sittlichkeit hat eine „subjektive Seite" (Enz § 552), d. h. sie ist die Lebenstotalität, in welche sich die unmittelbaren Individuen einfügen müssen. Solange das Individuum in der Sittlichkeit noch nicht den Ausdruck seines eigenen Wesens zu erblicken gelernt hat, ist ihm seine Einheit mit der Sitte nicht wirklich gegenwärtig; die Sitte ist „bewußtlose Sitte". Ebensowenig ist dem unmittelbaren Individuum der geschichtliche Ort der Sitte seines Volkes bewußt. Die Eigenart der Sitte seines Volkes ist dem unmittelbaren Individuum ein zufällig „zeitlich Vorhandene[s]". Das unmittelbare Individuum weiß sich so nur ganz äußerlich auf die Sitte bezogen. Desgleichen begreift es das genaue Verhältnis der Sitte zur Natur nicht, und so erscheint ihm die Sitte als eine Sphäre neben der Natur („gegen eine äußerliche Natur und Welt").

Wir haben nun drei Konstituentia der Sittlichkeit kennengelernt: (a) die objektive Sitte und ihre Mehrgestaltigkeit (Geschichte), (b) das unmittelbare Individuum, (c) die äußere Natur als solche. Diese drei sind aber in ihrem Verhältnis noch nicht wirklich begriffen bzw. zum Ganzen des entfalteten Geistes integriert, weil das Individuum als unmittelbares sich noch nicht zur Höhe dieser geistigen Integration gebracht hat.

3.2 Der Volksgeist

Der zweite Teil des § 552 formuliert die Integration zwischen (objektiver) Sitte, äußerer Natur und unmittelbarem Individuum, wobei er aber diese Integration nur in der spezifischen Weise eines bestimmten Volkes, also ohne Einbeziehung der Dimension des Geschichtlichen, sondern nur als einzelnen Volksgeist darstellt. Hegel sagt, der in der Sittlichkeit denkende Geist hebe die *Endlichkeit,* die in der spezifischen Volkssittlichkeit liegt, auf. Worin liegt hier eine Endlichkeit? Es kann nicht die

Endlichkeit der einzelnen Sittlichkeit gegen die Sittlichkeit anderer Völker gemeint sein, weil diese Endlichkeit erst im dritten Teil des Paragraphen aufgehoben wird, wo der denkende Geist der Weltgeschichte thematisch wird. Hier im zweiten Teil des Paragraphen handelt es sich um den (so wäre zu ergänzen) *innerhalb* der einzelnen volksspezifischen Sittlichkeit denkenden Geist. Welche Endlichkeit aber hebt dieser auf? Hegel sagt, der Volksgeist hebe die Endlichkeit „in seinem Staate und dessen zeitlichen Interessen, dem Systeme der Gesetze und der Sitten" auf. Die Endlichkeit liegt hier darin, daß von der Sittlichkeit unter Abstraktion von unmittelbarem Individuum und Natur als solcher geredet wird. Die *spezifisch* sittlichen Institutionen („System der Gesetze") sind in dieser Isoliertheit unangemessen, einseitig oder endlich erfaßt, weil der Vollsinn des objektiven Geistes auch die Natur als solche und das unmittelbare Individuum einschließt. Indem der denkende Geist nun aber diesen Zusammenhang von Natur, spezifischer Sittlichkeit und unmittelbarem Individuum erkennt, überwindet er die Endlichkeit der isoliert betrachteten Sittlichkeit. In der Entfaltung und Erfassung dieses Zusammenhangs liegt das Bewußtsein von der Entfaltetheit der Geisttotalität, weil der Zusammenschluß aller Momente gedacht ist. Dies nennt Hegel die „Wesentlichkeit" des Geistes, weil der Geist als der Zusammenhang aller Momente die Einheit ist, die in ihren einzelnen Momenten „erscheint". Die Dimension der sich in ihrer Auslegungsbewegung als Einheit erfassenden Totalität ist die Dimension des Absoluten. In jeder historischen Epoche war diese Einheit der Geisttotalität gegenwärtig, und so ist von jedem Volksgeist aus ein Übergang möglich zum absoluten Geist. Worin die „immanente Beschränktheit" der vom Volksgeist geleisteten Erfassung der Absolutheit des Geistes liegt, wird uns bei der Behandlung der Religionsgeschichte noch im einzelnen beschäftigen. Dabei wird sich zeigen, daß wegen der inneren Komplexität der in ihrer doppelten Auslegungsbewegung einen Totalität sich diese Einheit in historisch nacheinander auftretenden, jeweils verschiedene Aspekte der Komplexität betonenden Gottheiten zur Darstellung bringt, deren Integration (im Christentum) erst die Absolutheit der Geisttotalität *angemessen* zum Ausdruck bringt. Diese Integration deutet der letzte Abschnitt unseres Paragraphen an.

3.3 Der Übergang zum absoluten Geist

Der denkende Geist der Weltgeschichte erhebt sich zum „Wissen des absoluten Geistes". Dieser Ausdruck besagt einerseits das Wissen *vom* absoluten Geist, andererseits besagt er, daß der absolute Geist nicht nur Gegenstand dieses Wissens, sondern dieses Wissen selber ist. Es handelt sich um das Wissen *des* absoluten Geistes *vom* absoluten Geist. Als *was* aber weiß sich der Geist, wenn er sich als absolut weiß? Unser Paragraph gibt folgende Antwort: Der Geist weiß sich dann als absoluten Geist, wenn er sich weiß als die (a) „ewig wirkliche *Wahrheit,* in welcher (b) die wissende Vernunft *frei* für sich und (c) die Notwendigkeit, Natur und Geschichte nur seiner *Offenbarung* dienend und Gefäße seiner Ehre sind" (Hvm). Gehen wir diese Punkte durch.

(a) Wahrheit ist der Geist, insofern er die in sich differenzierte Totalität, d. h. der letzte, alles umfassende Rahmen ist, innerhalb dessen alles und jedes Bestimmte seine Identität oder Wahrheit hat. Dabei ist der Geist als Geist der Weltgeschichte nicht mehr nur die alle Inhalte auf die bestimmte Weise nur eines Volkes (einer Kultur) umfassende Totalität, sondern er ist der eine Geist, der sich in viele Volksgötter (bzw. Volksgeister) auslegt.

(b) Als diese Totalität ist der Geist nicht nur das von der Sache getrennte und „bloß subjektive" *Wissen,* sondern er ist als wissende Vernunft in der Sache bzw. in den bestimmten Sphären bei sich selbst, also frei. Hier spielt die im Ersten Kapitel erörterte Grundorientierung des hegelschen Denkens die entscheidende Rolle.

(c) Die bestimmten Sphären oder Inhalte der Totalität werden schließlich in drei große Rubriken zusammengefaßt. Diese drei Hauptsphären sind einmal die Natur als solche (die in der Naturphilosophie entfaltet wurde), zum anderen die Geschichte als das Insgesamt der völkerspezifischen Totalitätsgestaltungen. Das Lehrstück „Objektiver Geist" legt dies dar, indem es mit der Entfaltung der neuzeitlichen Gestalt des objektiven Geistes die darin aufgehobenen früheren Gestaltungen implizit miterfaßt. Die eigentlich historische Darstellung bleibt im Rahmen der Enzyklopädie aber nur angedeutet. Als dritte große Sphäre nennt Hegel die „Notwendigkeit". Was ist damit gemeint? Es kann nicht die Notwendigkeit gemeint sein, von der im ersten Satz des Paragraphen die Rede war. Dort handelte es sich um Natur-Notwendigkeit, und die Natur steht ja als eigene Rubrik der jetzt gemeinten Notwendigkeit gegenüber. Folgender Text kann uns hier weiterhelfen: „Die Freiheit, zur Wirklichkeit einer Welt gestaltet, erhält die *Form von Notwendigkeit,* deren substantieller Zusammenhang das System der Freiheits-Bestimmungen und der erscheinende Zusammenhang als die Macht, das *Anerkanntsein,* d. i. ihr Gelten im Bewußtsein ist" (Enz § 484). Notwendigkeit bezeichnet demnach das Anerkanntsein der objektiven Sittlichkeit im Bewußtsein des unmittelbaren Subjekts. Die Einheit von objektiver Sittlichkeit und unmittelbarem Subjekt ist es, welche mittels der Kategorie („Form") „Notwendigkeit" artikuliert wird. Das *unmittelbare subjektive Bewußtsein,* die in diesem lebendige objektive Sittlichkeit in der Ausbreitung ihrer ganzen *Geschichte* und die *Natur als solche* – dies sind die drei großen Bereiche, in die die Totalität innerlich ausdifferenziert ist[12]. Hegel charakterisiert den absoluten

12. Der „subjektive Geist" wird hier nicht als eigene Bestimmtheit oder Sphäre innerhalb der Totalität genannt. Dies ist dann möglich, wenn man ihn gemäß seiner *Sonderstellung* betrachtet, d. h. (im Verein mit der Logik) als programmatische Totalität. Er ist die „wissende Vernunft" und „Wahrheit" selbst, innerhalb welcher die bestimmten Sphären (und er selbst, insofern er als bestimmte Sphäre gedacht wird) Gegenwärtigkeit haben.

Geist als die „Wahrheit, in welcher ... die Notwendigkeit, Natur und Geschichte nur *seiner* [= des Geistes] *Offenbarung dienend* und Gefäße seiner Ehre sind". Wir sehen hier die vorhin besprochene Umwendung der Perspektive: Ausgangspunkt sind jetzt nicht mehr die einzelnen Sphären, sondern ist die Totalität, als deren Offenbarung die einzelne Sphäre dann begriffen wird. Da im enzyklopädischen Gang, der unserem Paragraphen vorausliegt, die Sphären aber schon „aufsteigend" dargestellt sind, ist die erreichte Wahrheit die *Einheit beider Bewegungen.* Damit ist die Thematik des absoluten Geistes erreicht: die Einheit der Geisttotalität in ihrer gegenläufig-doppelten Auslegungsbewegung durch die Konkretionsstufen.

Drittes Kapitel. Der absolute Geist als das Wissen von der Einheit der Geisttotalität in ihrer in sich gegenläufigen Entfaltungsbewegung

Das Lehrstück „Absoluter Geist“ legt das Wissen des Geistes von seiner Absolutheit dar. Wir haben hier vor allem zu klären, *was* der Geist weiß, wenn er seine Absolutheit weiß; welches *Subjekt* diese Absolutheit weiß; das *Verhältnis* des als absolut gewußten, also gegenständlichen, und des wissenden Geistes. Terminologisch ist zu berücksichtigen, daß Hegel sowohl den gegenständlichen absoluten Geist allein, als auch das ganze Verhältnis „absoluter Geist“ nennt[1].

1 Der Gegenstand des Wissens des absoluten Geistes

1.1 Die „Bewegung, welche die Philosophie ist“ (Enz § 573)

Die Geisttotalität läßt sich nur sukzessive darstellen. Anders gesagt: Die Geisttotalität erfaßt sich selbst nur sukzessive. Dies ist deswegen so, weil sowohl die vielen einzelnen Sphären, als auch die beiden geforderten Entfaltungsbewegungen in ihrer Differenziertheit nur nacheinander erfaßt werden können; nur Ununterscheidbares

1. „Der absolute Geist ist ... die Eine und allgemeine Substanz als geistige, das Urteil in sich und in ein Wissen, für welches sie als solche ist“ (Enz § 554). Hier wird der absolute Geist als das Gesamtverhältnis von wissendem und gewußtem Geist verstanden. Dagegen: „Die Religion, wie diese höchste Sphäre im allgemeinen bezeichnet werden kann, ist ebensosehr als vom Subjekte ausgehend ..., als objektiv von dem absoluten Geiste ausgehend zu betrachten“ (Enz § 554). Hier wird offensichtlich nur der absolute Geist qua Objekt des Wissens angezielt.

ist gleichzeitig darstellbar. Dieses Nacheinander muß nun aber auf einer höheren, auf einer Metaebene als Einheit gedacht bzw. zur Einheit integriert werden, wenn anders die Einheit der Totalität nicht verfehlt werden soll. So thematisiert der Geist auf der Höhe seiner Absolutheit, d. h. auf der höchsten und letzten Integrationsebene, die *Einheit* der Geisttotalität als eine *sich in gegenläufiger Entfaltungsbewegung auslegende.* Damit sind die einzelnen Sphären und Entfaltungsrichtungen aus ihrer Isolierung oder Endlichkeit befreit: sie werden jetzt nicht mehr für sich, sondern stets in ihrer Einheit, d. h. in ihrem Zusammenspiel gesehen. Diese letzte Einheit der Geisttotalität nennt Hegel den „absolute[n] Inhalt" (Enz § 566). Den absoluten Geist wissend, hat man das „Bewußtseyn des ganz allgemeinsten speculativen Inhalts – überhaupt nicht *eines* Wahren – dieses oder jenes – ..., sondern des absolut Wahren; ... sich selbst schlechthin bestimmenden Wahren" (Rel Ms 105). Indem der „absolute Inhalt" *für sich,* d. h. als eigenes Lehrstück, thematisiert wird, erhält er freilich den Anschein einer bestimmten Sphäre. Im absoluten Geist sind jedoch alle Bestimmtheiten (wie eine bestimmte Sphäre oder Entfaltungsbewegung) in ihrer Einheit und Gesamtheit thematisch. Ist aber der Geist als alleseinschließende Totalität entfaltet, dann ist er nicht mehr „nach außen", sondern nur gegen Teilmomente seiner selbst bestimmbar, weil alle Bestimmtheit des absoluten Geistes nichts in Anspruch nehmen kann, was nicht schon ausdrücklich in ihm selbst eingeschlossen wäre. So ist der absolute Geist schlechthin nur in und durch sich selbst bestimmt.

Der absolute Geist ist der einende Rückblick des Geistes auf seine als gegenläufige Auslegungsbewegung gegenwärtige Einheit: „Diese Bewegung, welche die Philosophie ist, findet sich schon vollbracht, indem sie am Schluß ihren eigenen Begriff erfaßt, d. i. nur auf ihr Wissen zurücksieht" (Enz § 573)[2]. Die Bewegung ist erst vollbracht oder absolut, wenn sie an ihrem Ende, rückblickend, sich selbst gegenwärtig und durchsichtig bleibt. Die Einheit der gegenläufigen Auslegung formuliert Hegel so: „Der absolute Geist ist ebenso ewig in sich seiende als in sich zurückkehrende und zurückgekehrte Identität; die Eine und allgemeine Substanz als geistige, das Urteil in sich

2. Dieser Text bezieht sich auf die Anerkennungs- und Aufhebungsbewegung der Philosophie der Religion gegenüber. Aber er spricht eben doch von einer Bewegung, welche die Philosophie überhaupt oder als ganze ist, und auch vom Wissen der Philosophie überhaupt oder als ganzer. Deshalb schließen wir uns Theunissen an, der besagten Text folgendermaßen deutet: „Die Bewegung, von der er handelt, ist ... die des in der Enzyklopädie entwickelten Systems" (Theunissen [1] 307). Unter dieser Bewegung ist aber nicht nur die enzyklopädische „Aufwärtsbewegung", sondern auch die von der Totalität ausgehende umgekehrte Bewegung zu verstehen. Drückt Theunissen aaO. diese Doppeltheit nicht aus, so formuliert er an anderer Stelle ausdrücklich einseitig: Es „wiederholt die spezielle Religionsphilosophie das Ganze derart, daß sie die ‚in den andern Teilen der Philosophie' eingeschlagene Richtung umkehrt" (Theunissen [1] 80). Der absolute Geist kann weder als nur die enzyklopädische Bewegung, noch als nur deren Umkehrung, sondern er muß als die gegenläufige *Einheit beider* gedacht werden.

und in ein Wissen, für welches sie als solche ist" (Enz § 554). Hegel bestimmt den absoluten Geist hier als Wissen. Darüber wird noch zu reden sein. Im Augenblick interessiert uns der absolute Geist als *Gegenstand* seines Sichwissens. Als was weiß er sich? Obiger Text sagt: als *in sich seiende,* in sich *zurückkehrende* und als in sich *zurückgekehrte* Identität.

(a) Die Insichdifferenziertheit der Totalität bedingt es, daß sie nur mittels einer „Bewegung", nicht aber unmittelbar und auf einen Schlag zur Darstellung gebracht werden kann: die bestimmten Sphären wollen sukzessive je für sich entfaltet werden, weil sie sonst nicht als differenzierte erfaßt wären. Ist der Geist im Laufe der Entfaltungsbewegung *thematisch* beim einzelnen Bestimmten, so ist er dabei *unthematisch* doch das Ganze. Nur deshalb, weil der Geist über das Einzelne an sich immer schon hinaus ist, kann er zu anderem Einzelnen fortschreiten. So ist die Totalität selbst in der Entfaltung der Sphären als differenter gegenwärtig. Beim einzelnen Bestimmten verweilend, ist der Geist doch auch bei sich selbst als der Totalität. So ist er „ewig in sich seiende ... Identität" oder Einheit. Dies ist er auf verschiedenen Konkretionsstufen als programmatische oder objektiventfaltete Totalität.

(b) Die Vermittlung dieser Stufen und damit die Auslegung des Geistes als in sich differenzierte Totalität vollzieht sich in gegenläufiger Bewegung, welche unser Text „zurückkehrende ... Identität" nennt. In der Auslegungsbewegung erreicht der Geist erst sich selbst ausdrücklich: er kehrt aus dem unthematischen zum expliziten Selbstsein zurück. So wie der Geist durch den „aufsteigenden" Gang zu sich als der einen Totalität zurückkehrt, kehrt er im „absteigenden" Gang zu sich als dem innerlich Differenzierten zurück. Von *Rück*kehr ist die Rede, weil die jeweiligen Ausgangspunkte gleichursprünglich und somit sich gegenseitig voraussetzend sind: In jeder der beiden Bewegungen kehrt der Geist nur zur unthematischen Voraussetzung dieser Bewegung ausdrücklich zurück. Die Einheit dieser beiden, für sich endlichen (einseitigen) Bewegungen oder Perspektiven ist es, welche Hegel dann „absoluten Geist" nennt: „Der Begriff des Geistes hat seine Realität im Geiste. Daß diese in der Identität mit jenem als das Wissen der absoluten Idee sei, hierin ist die notwendige Seite, daß die an sich freie Intelligenz in ihrer Wirklichkeit zu ihrem Begriffe befreit sei, um die dessen würdige Gestalt zu sein" (Enz § 553). Die freie Intelligenz ist die programmatische Totalität oder der Begriff des Geistes. Die Wirklichkeit des Geistes, d.h. die enzyklopädische Entfaltung der Geisttotalität, aber muß, wie wir gesehen haben, erst zu diesem Begriffe „befreit" d.h. sie muß unter der Perspektive der Totalitätseinheit selbst erst noch ausdrücklich gedacht werden. Erst wenn diese von der Totalitätseinheit ausgehende Sicht der Wirklichkeit oder Entfaltetheit des Geistes unterstellt wird, hat die Wirklichkeit oder Entfaltetheit der freien Intelligenz die „Gestalt" des Begriffs der freien Intelligenz. Der zweite Satz des § 553 der Enzyklopädie von 1830 ist daher so zu lesen (kommentierende Paraphrase): Daß die Identität (Einheit) von Begriff und Realität des Geistes *vollständig* (d.h. als absolute Idee) gewußt werden kann, dazu ist notwendig, daß die im gerade vollzogenen enzyklopädischen Gang unter der Perspektive der Differenziertheit (Realität) entfaltete Totalität nun *zweitens* auch unter der Perspektive des Begriffs (d. h. der Totalität selbst) gesehen werde. Diese beiden Richtungen oder Perspektiven zusammen ergeben den vollständigen Begriff der Totalität, die nichts mehr außer sich hat, weil jede Äußerlichkeit, von der angefangen werden kann (Totalität als dominierende Perspektive, Differenziertheit als dominierende Perspektive), entfaltet und zur Einheit mit der anderen geführt wurde. Die Äußerlichkeit der einen Richtung oder Perspektive ist eine solche, die von der anderen Richtung oder Perspektive in ihrer Äußerlichkeit schon aufgehoben ist.

(c) „In sich zurückgekehrte" Totalität ist der Geist, insofern er durch den Vollzug jener doppelten Bewegung seine jeweilige Unausdrücklichkeit aufgehoben bzw. sich selbst in ausdrücklicher Weise als in sich differenzierte Totalität eingeholt hat.

Die in dieser dreifachen Charakterisierung erreichte komplexe Gestalt des Ganzen nennt Hegel „Substanz als geistige" (Enz § 554); diese ist es, als was der Geist sich weiß, wenn er seine Absolutheit weiß. Mit dem genannten Ausdruck wollen wir uns nun näher beschäftigen.

1.2 Die „Substanz als geistige"

Der Zusatz „als geistige" hebt auf ein Zweifaches ab. Darauf, daß die Geisttotalität in sich differenziert ist, und darauf, daß die Totalität (d. h. die „Eine und allgemeine Substanz" [Enz § 554]) der Geist ist. Letzteres braucht uns hier nicht mehr zu beschäftigen, weil auf das Erste Kapitel gegenwärtigen Teils verwiesen werden kann.

Wenn der Text Hegels lautet: „die Eine und allgemeine Substanz als geistige, das Urteil in sich und in ein Wissen, für welches sie als solche ist" (Enz § 554), so könnte der vom Urteil redende Satzteil als Erläuterung dafür angesehen werden, was „Geistigkeit" der Substanz besagt. Geistig wäre demgemäß die Substanz dadurch, daß sie, nach wie vor Substanz bleibend, bloß zusätzlich noch gewußt würde[3]. „Geist" meint bei Hegel ja tatsächlich die Einheit von Wissen und Gewußtem. Mit dem Hinzutreten des Gewußtwerdens zur Substanz scheint so in der Tat die Dimension des Geistes erreicht. Hier zeigt sich aber auch sogleich die Fragwürdigkeit dieser Deutung. Das Wissen tritt Hegel zufolge an eine Sache niemals erst äußerlich heran, so wenig wie die Sache erst ins Wissen hineingebracht werden müßte. Die Sache ist immer schon gedacht, und das Denken ist immer schon sachhaltig. Anders gewendet: Die Geistdimension muß bei Hegel nicht erst erreicht werden, sondern sie ist die ursprüngliche Dimension, in der sich der Mensch immer schon bewegt. Die Substanz, von der unser Text redet, ist schon gewußt dadurch, daß von ihr geredet wird. Die Welt der Inhalte wird am Ende der Enzyklopädie rückblickend als Substanz ge-

3. So interpretiert D. Sölle (vgl. F. Wagner [6] 86f).

wußt. Das Wissen von der Substanz als einer solchen gehört schon der Dimension des Geistes als der Dimension des sachhaltigen Wissens an. Was erhält aber dann die Substanz durch den ausdrücklichen Zusatz „als geistige“ für eine besondere Qualität? Eine Antwort hierauf läßt sich Hegels anderweitigen Äußerungen zur Substanz entnehmen. In der PhG heißt es bekanntlich: „Es kommt ... alles darauf an, das Wahre nicht als Substanz, sondern eben so sehr als Subjekt aufzufassen“ (PhG 19). „Das Wahre“ ist das Gesamtgefüge aller einzelnen Dinge oder Bestimmtheiten. Dieses Ganze, die Welt aller Inhalte, dürfe man, so sagt der Text, nicht als Substanz, sondern man müsse es bzw. sie als Subjekt wissen oder denken. Die Frage ist also nicht, ob die Substanz gewußt werde oder nicht, sondern die Frage ist, ob das Ganze als Substanz oder als Subjekt gewußt werde. „Subjekt“ ist nun nicht als Bezeichnung für ein menschliches denkendes Subjekt zu nehmen, sondern im Sinne der WL als eine bestimmte *logische Struktur* zu verstehen: „Die lebendige Substanz ... ist als Subjekt reine einfache Negativität“ (PhG 20). Ebenso bezeichnet „Substanz“ eine bestimmte logische Struktur von allerdings geringerer Komplexität als die Struktur „Subjekt(ivität)“. Substanz und Subjekt stellen verschiedene komplexe Strukturen des Ganzen aller Inhalte dar, und die Frage ist, ob die innere Struktur dieses Ganzen angemessen als Substanz oder aber als Subjekt anzugeben ist. Wenn man nun bedenkt, daß dieses Ganze der *Geist* ist als die gewußte Welt der Inhalte bzw. als das von aller Sache gesättigte Wissen, so kann man sagen, die Frage sei die, ob die innere Struktur der Geisttotalität angemessen als Substanz oder als Subjekt zu denken sei. Es ist bekannt, daß nach Hegel die Geisttotalität nur dann angemessen in ihrer inneren Struktur erfaßt ist, wenn sie als „Subjekt“, und nicht bloß als „Substanz“, gewußt wird. Die Formulierung „Substanz als geistige“ deutet genau auf diese Unangemessenheit. Weil sich die Geisttotalität mittels der Bestimmung „Substanz“ nicht angemessen artikuliert finden kann, muß diese Bestimmung der Struktur von Geistigkeit erst angemessen gemacht werden: Die Substanz muß erst noch „als geistige“ gedacht werden. Dieser Zusatz bezeichnet die Korrektur bzw. Weiterentwicklung, welche nötig ist, um die Bestimmung „Substanz“ zur angemessenen Artikulation der Struktur der Geisttotalität zu machen. Diese Weiterentwicklung besagt ein Verlassen der ursprünglichen Substanzstruktur. Welches ist dann aber die neue (wenn auch aus der „Substanz“ selbst entwickelte) Struktur? Es ist, wie wir sahen, die Struktur „Subjektivität“. Dies sagt Hegel zwar nicht ausdrücklich in der Formulierung „Substanz als geistige“, es ließ sich aber aus den eben untersuchten anderweitigen Überlegungen Hegels zur „Substanz“ leicht entnehmen und ergänzen. „Substanz als geistige“ besagt also, daß die Substanz zur Struktur der Subjektivität weiterentwikkelt werden muß, um die Struktur der Geisttotalität angemessen zu artikulieren. Jener Ausdruck scheint letztlich nur verständlich zu werden, wenn man das Verhältnis von „Substanz“ und „Subjekt“ erörtert und zeigt, wie beide Bestimmungen zusammenhängen und man von der ersten zur zweiten geführt wird. Es muß der berühmte Übergang von der Substanz zum Subjekt betrachtet werden.

Einen direkten Übergang von der Substanz zum Subjekt vollzieht Hegel weder in der WL noch in der Logik der Enzyklopädie. Vielmehr geht die logische Entwicklung folgendermaßen vor sich: Substantialität-Kausalität-Wechselwirkung-Begriff (Subjektivität) (WL II 184–205; Enz §§ 142–159). Daß der terminus ad quem von Hegel als „Subjekt" bezeichnet werden kann, ist leicht zu sehen. Die Begriffssphäre, innerhalb welcher die Subjektivität zwar nur eine Dimension ausmacht, ist doch in ihrer Gesamtheit (Begriff bis Idee) „subjektive Logik" (vgl. WL II 205; 209). Weiterhin ist leicht zu sehen, daß der hier zu betrachtende Übergang nicht nur die Bestimmung „Substanz" in die subjektive Logik überführt, sondern die ganze „objektive Logik": „Substantialität" gehört als dessen erste Gestaltung dem „Absoluten Verhältnis" an, welches den Übergang zur „subjektiven Logik" darstellt[4]. Der terminus a quo des Übergangs wird vom Endstadium der übergehenden Sphäre her benannt.

Ohne eine Interpretation der genauen logischen Gestalt des Überganges bieten zu wollen, muß nun kurz die Grundidee, welche in jenem Subjektwerden der Substanz steckt, erläutert werden. Hegel selbst hat dies unabhängig von genauer logischer Explikation im Jahre 1817 anläßlich seiner Besprechung des dritten Bandes von Jacobis Werken (VI 313–347) getan. Auf diesen Text beziehen wir uns. Hegel geht aus von der Einsicht, daß das einzelne Bestimmte eines Bestimmungsrahmens, d.h. der Einbeziehung in ein Gefüge von Bestimmten bedarf, mithin nicht für sich allein bestehen kann: „Alle Bestimmtheit ist ... Bestimmtheit nur gegen eine andere Bestimmtheit" (X 20 = Enz § 381 Zus). Jede Bestimmtheit ist nur innerhalb eines Bestimmungs*gefüges* konstituiert. Die Identität oder Wahrheit des Bestimmten ruht nicht in diesem selber, sondern in dessen Bezug nach außen auf andere Bestimmte. Nun gibt es aber keine „letzten" Bestimmten, die das ganze Gefüge tragen und auf die letztlich alle Beziehungen zurücklaufen würden. *Als* Bestimmte weisen solche angeblich „letzten" Bestimmten schon wieder auf ein Außerhalb ihrer selbst, auf ein Bezogensein auf wiederum andere usf. ins Unendliche. Das ins Unendliche immer umfänglicher werdende Bestimmungsgefüge verläuft sich letztlich in eine bestimmungslose Dimension von unterschiedsloser Einheit überhaupt, in welche Bestimmtheit allererst eingeschrieben, aus welcher sie ausgegrenzt werden kann. Analysiert man ein beliebiges Bestimmtes, so wird man zwangsläufig auf diesen letzten Rahmen oder Horizont, auf diese letzte Dimension als das der Möglichkeit von Bestimmtheit überhaupt letztlich Zugrundeliegende geführt. Die Identität oder Wahrheit des Bestimmten beruht im Letzten auf dieser Dimension. Diese letzte Dimension ist *ein und dieselbe* für alle Bestimmten, weil sie ja nichts anderes als das selbst Bestimmungs- und Unterschiedslose ist. Nur durch Ausgrenzung aus diesem Bestimmungslosen bzw. durch Einschreiben in dieses Leere ist Bestimmtheit möglich.

4. Eine knappe Darstellung dieses Übergangs, wie ihn die WL vollzieht, findet sich bei F. Wagner [5] 204–207.

Die Dimension des ganz-Unbestimmten ist so aber auch der *Inbegriff* aller möglichen Ausgrenzungen oder Bestimmungen: Der letztumfassende Rahmen schließt in seiner Unbestimmtheit alle möglichen Bestimmungen in sich. Dieser Rahmen oder Horizont, diese alle Bestimmtheiten in sich schließende Dimension ist die *Substanz* Spinozas. Wenn die Philosophie „die gediegene [d. h. von einzelnen Bestimmtheiten absehende] ... Anschauung und Erkenntniß des Einen Substantiellen, welche der Spinozismus ist, ... nicht zu [ihrer] Grundlage hat ..., so fehlt diejenige Beziehung, durch welche alle Erkenntniß-Bestimmungen allein Wahrheit erhalten" (VI 316). Entscheidend ist, daß *allein* durch die Substanz die Bestimmtheiten solche sind, d. h. daß allein die Substanz ihre Wahrheit ist. Diese Überlegung kann schließlich dazu führen, *nur* die bestimmungslose Substanzeinheit für wichtig anzusehen und die vielfältigen Bestimmungen „als nichtige, als Formen bloß der Erscheinung" (VI 316) auszugeben. So ginge alles in der Substanz sozusagen unter. An diesem Punkt setzt Hegels Kritik und seine Überführung der Substanz in das Subjekt an. Dabei bleibt der Gedankengang, so wie er bisher vollzogen wurde, vollständig unberührt. Der Gedanke der Alleingeltung der Substanz ist notwendig und richtig; aber er wird sich als einseitig insofern erweisen, als etwas noch nicht ausdrücklich gemacht ist, was in ihm doch schon impliziert ist. Die Explikation dieses Implikates des Substanzgedankens läßt die Substanz als Subjekt erkennen: Wird die Substanzstruktur vollständig expliziert, so entsteht ein höherer Komplexitätsgrad der Struktur, und diese höhere Struktur ist die der Subjektivität.

Welches ist nun jenes Implikat? Es ist das *Bestimmte,* welches in der Substanz zunächst untergegangen scheint, sich aber nun als ein Moment an der Substanz selber, mithin als Selbstbestimmtheit (Hegel sagt: Selbstbestimmung) der Substanz zeigen wird. Hegel führt den Aufweis so: „Es ist aber in der That eine einfache Betrachtung, welche in der Substanz selbst das Princip der Abscheidung [des Bestimmten] erkennen läßt, – eine Betrachtung nur dessen, was die Substanz, faktisch so zu sagen, enthält. Indem sie nämlich als die Wahrheit der einzelnen Dinge, welche in ihr aufgehoben und ausgelöscht sind, erkannt worden, so ist die *absolute Negativität* ... die in sie selbst bereits gesetzte Bestimmung" (VI 318). Hegels Argument läuft folgendermaßen. Die Substanz ist, wenn man sie vollständig expliziert, „absolute Negativität" und in ihr als solcher ist die Bestimmtheit nicht nur ausgelöscht, sondern vielmehr „in sie selbst gesetzt". Diesen Gedankengang erläutern wir in zwei Schritten.

(a) Die Substanz ist zunächst *einfache* Negation (Aufhebung, Auslöschung) der einzelnen Bestimmten. Nun können die einzelnen Bestimmtheiten selber aber nur als Negationen, nämlich als Ausgrenzungen der Substanzdimension gedacht werden. Als Negation der Bestimmtheiten negiert die Substanz also dasjenige, durch welches sie selbst negiert wird. So ist sie Negation der Negation oder „absolute Negativität".

(b) Hegel behauptet nun, als diese absolute Negativität sei „die Substanz hiermit die absolute Affirmation, und ebenso unmittelbar Freiheit und Selbstbestimmung" (VI

319). Wieso? Insofern die Bestimmtheiten die *eigenen* Negationen der Substanz, d. h. in der Tat Negationen *der Substanz,* sind, gehören sie ihr selbst an. Dies, daß die Bestimmtheiten Negationen oder Bestimmtheiten der Substanz selber sind, ist die Implikation, von der oben die Rede war. Macht man diese Implikation ausdrücklich, so sind die Bestimmtheiten im Gedanken der Substanz nicht einfachhin ausgelöscht und verschwunden, sondern vielmehr *analytisch* („faktisch so zu sagen", wie Hegel formuliert) in ihm enthalten. Die Substanz ist zwar Aufhebung der Bestimmtheiten, das Aufgehobene ist aber Moment der Aufhebungsbewegung selber. So ist die Substanz keine reine Leere, sondern sie ist als Aufhebungsbewegung nur „greifbar" in den Bestimmtheiten, die sie aufhebt: Sie ist die Aufhebung, welche *gerade diese* Bestimmtheiten aufhebt, und hat somit ihre eigene Identität in den Aufgehobenen[5]. Das aber besagt, daß das Bestimmtsein *der Substanz selber zukommt.* Sie ist an ihr selbst Bestimmtheit; die Bestimmung gehört ihrem eigenen Selbst an, weil sie sich, wenn man „Substanz" analysiert, in ihrem Begriff impliziert findet. Daß die Bestimmung oder Bestimmtheit zum Selbst der Substanz gehört, nennt Hegel die Selbstbestimmung (Selbstbestimmtheit) der Substanz. Da die Bestimmtheiten der Substanz nicht fremd und äußerlich sind, bezieht sich die Substanz in den Bestimmtheiten auf sich selbst, wie auch umgekehrt die Bestimmtheiten in der Substanz gerade ihre eigene Identität ermöglicht sehen. Was wir hier von uns haben, ist ein komplexes Ganzes, dessen Momente „Bestimmungslosigkeit" und „Bestimmtheit" für sich isoliert genommen unfähig sind, das Ganze angemessen zu artikulieren. Wegen ihrer Unterschiedenheit muß man aber beide Momente je für sich thematisieren. Thematisiert man aber das eine der Momente für sich allein, so ist man, weil die Absicht war, das Ganze beider Momente zu artikulieren, sogleich auf das andere verwiesen und umgekehrt. Diese selbstbezügliche Struktur, welche ein sich „in sich bewegende[s] Unterscheiden" (VI 319) besagt, nennt Hegel „Subjektivität". So ist die in ihrer inneren Struktur vollexplizierte Substanz zum Subjekt geworden: „Denn eben durch ... die wissende *Bewegung in sich selbst* unterscheidet sich allein der absolute Geist von der absoluten Substanz" (VI 322 Hvm). Der eben dargelegte Übergang läßt sich kurz auf folgende Weise zusammenfassen. Die Sache bzw. die Welt der Inhalte ist nicht nur bestimmungslose Einheit (Substanz), sondern auch das Bestimmte. Den notwendigen Gedanken der Dimension bestimmungsloser Einheit für sich zu denken, heißt, momentan von den Bestimmtheiten zu abstrahieren. Erkennt man den Gedanken bestimmungsloser Einheit aber als notwendiges *Teilmoment* des komplexen Ganzen, das man denken will, so erfaßt man ihn als Abstraktion, und eine solche verweist von ihrem Begriff selbst her auf das, wovon abstrahiert wurde: Zur bestimmungslosen Einheit gehören *von dieser selbst her* folglich die Bestimmtheiten.

Es darf freilich nicht verhehlt werden, daß diese aus der Substanz herausanalysierte Selbstbezüglichkeit hier (wie auch in dem kommentierten Text Hegels) nicht nach ih-

5. Diesen Gedanken findet W. Cramer (34f) schon bei Spinoza selbst impliziert.

rer detaillierten logischen Struktur entfaltet wurde. Die Selbstbezüglichkeit wird logisch exakt erst über die Analyse des in jener Selbstbeziehung implizierten Verhältnisses, das als „Kausalität“ und „Wechselwirkung“ thematisiert wird, erreicht. Vorliegende Arbeit will aber keine Untersuchung der logischen Details bieten, sondern den Ort der hegelschen Rede von Gott innerhalb der enzyklopädischen Disziplinen klären. Hegel selbst unterläßt im angezogenen Text tiefergehende logische Entwicklungen zugunsten einer Exposition, welche ein überblickshaftes Problembild gibt. Dem entspricht unser Vorgehen, das eine in logischer Hinsicht weniger detailliert entwickelte Einsicht zur Verwendung in weiteren Zusammenhängen bereitstellen wollte.

1.3 Das Leitwort zum Ersten Teil

Das Leitwort des Ersten Teiles drückt die Einheit der Geisttotalität als innere Entfaltungsbewegung aus. Die Totalität ist einerseits das alle Bestimmtheit übersteigende, weil in sich fassende „Grenzenlose“, andererseits ist sie bestimmt in sich. Goethes Wort spricht über die persische Dichtkunst (es handelt sich um einen Satz aus den „Noten und Abhandlungen zum besseren Verständnis des West-östlichen Divans“, Abschnitt „Endlicher Abschluß“) und formuliert die geistige Bewegung, welche sie vollzieht. Unschwer erkennen wir darin die doppelte Bewegung, in der allein sich die Totalität angemessen erfassen läßt, die Bewegung nämlich, die vom Bestimmten weg hin zu der die Bestimmtheit erst ermöglichenden grenzenlosen Einheit von allem, und *ineins damit* („gleich wieder“) als umgekehrte Bewegung von der unbestimmten Einheit weg hin zum einzelnen Bestimmten verläuft. Diese Bewegung ist das Thema, der Gegenstand des Wissens, das den Geist in seiner Absolutheit weiß.

2 Der absolute Geist als das Wissen des Geistes von seiner Absolutheit

Den absoluten Geist formuliert Hegel als Wissensverhältnis: „Der absolute Geist ist ... die Eine und allgemeine Substanz als geistige, das Urteil in sich und in ein Wissen, für welches sie als solche ist“ (Enz § 554)[6]. Wer ist der Träger dieses Wissens, das

6. Theunissen [1] 124 bezieht „für welches sie“ nicht auf „Substanz“, sondern auf das im Zitat ausgelassene Wort „Identität“. Der Bezug auf „Substanz“ ist aber nicht nur „auch möglich“, wie Theunissen (ebd.) einräumt, sondern von Hegel ursprünglich beabsichtigt. Dies zeigt § 455 der Heidelberger Enzyklopädie (VI 302).

wissende Subjekt? „Subjekt" meint hier nicht mehr nur die logische Struktur, sondern das geistige Subjekt, welches allerdings die komplexe Struktur von Subjektivität aufweist. Die Struktur „Subjektivität" oder „Begriff" meint Selbstbezüglichkeit. Sie *vollzieht* sich aber nur als Denken eines geistigen Subjektes. So kann Hegel sagen: „Ich ist der reine Begriff [die reine Selbstbezüglichkeit] selbst, der als Begriff zum *Dasein* gekommen ist" (WL II 220). In diesem Sinne des „daseienden" Begriffs ist jetzt wieder vom Subjekt die Rede. Jedes solche geistige Subjekt, das sich von der Absolutheit des Geistes Rechenschaft gibt, ist Träger jenes Wissens von der „Substanz als geistiger".

Das einzelne Subjekt weiß sich als geistig; dieses Wissen ist aber zunächst nicht absolut, sondern *unmittelbar,* insofern das einzelne Subjekt in seinem Lebensvollzug, also in seiner empirischen Selbstgegebenheit, es stets nur mit einem *Ausschnitt* der Geisttotalität ausdrücklich zu tun hat. Ein jeder derartige Ausschnitt ist zwar seinerseits *an sich* durch die Totalität vermittelt, das Subjekt reflektiert aber im alltäglichen Lebensvollzug nicht auf diesen konstituierenden Rahmen oder Horizont, sondern beschäftigt sich *unmittelbar* nur mit den partiellen Zusammenhängen und Inhalten, in die es verflochten ist. Das unmittelbare Subjekt ist „das Subject nach seiner Unmittelbarkeit als Dieses, – nicht allgemeines sondern mit, nach seinen Bedürfnißen, Zuständen, Sünden u. s. f. überhaupt nach seinem ganz empirischen, zeitlichen Charakter" (Rel Ms 115). Der „empirische" Charakter des Subjekts ist darin zu erblicken, daß es um seine unmittelbare Selbst*erfahrung* geht, die aber freilich auch geistige Inhalte einschließt. Hegel nennt nun dieses unmittelbare Subjekt die Dimension „der Bestimmtheit" (Rel Ms 115), weil es die Bestimmtheiten in ihrer Mannigfaltigkeit gegenwärtig hat, ohne darauf zu reflektieren, daß deren Gefüge von der Totalität konstituiert ist. Das unmittelbare Ich ist „das Bewußtsein seiner als unendlich *mannigfaltiger* Welt" (WL I 60 Hvm). Die Totalität *als solche* fällt nicht in die Selbsterfahrung des unmittelbar erfahrenden Subjektes. Der unmittelbare Geist ist also dadurch charakterisiert, daß in seiner Selbsterfahrung der Totalitätscharakter des Geistes abgeblendet, unausdrücklich bleibt. Nun wird, Hegel zufolge, im menschlichen Geistesleben stets auch das Bewußtsein von der Absolutheit oder dem Totalitätscharakter des Geistes bewahrt. Dies geschieht für das unmittelbare Subjekt in der Religion. Die beiden Dimensionen (Unmittelbarkeit einerseits und Totalität andererseits) fallen aber zunächst auseinander. Weil nämlich die Totalität in der unmittelbaren Selbsterfahrung unthematisch bleibt, gilt ihre religiöse Vergegenwärtigung („Gott") als ein dem sich unmittelbar selbst erfahrenden Subjekt gegenüber Fremdes und Jenseitiges, als ein äußerer Gegenstand. Der unmittelbare Geist führt seine partielle Erfahrung nicht explizit zurück auf die sie konstituierende Totalität und begreift umgekehrt seine alltäglich-partielle Erfahrung nicht als Manifestation der Totalität. Er nimmt also genau die „absolute Ebene" nicht ein, die ja gerade diese gegenläufige Einheit zum Thema hat. Beide genannten Dimensionen stehen, vom unmittelbaren Geist her gesehen, unverbunden nebeneinander: der eigenen unmittelbaren Geistigkeit gegenüber ist dem Subjekt die Absolutheit des Geistes ein anderer (fremder, jenseitiger) Geist, den es in seiner unmittelbaren Selbsterfahrung nicht findet und in dem es letztere nicht findet.

Nun zeigt der „aufsteigende“ Entfaltungsgang der hegelschen Philosophie, daß von irgendeinem beschränkten Einzelzusammenhang systematisch aufgestiegen werden kann zur Absolutheit des Geistes, wenn man sich nur der sachlichen Vermittlungsbewegung überläßt. Vom Ende dieser Bewegung, also vom absoluten Geist her gedacht, handelt es sich daher nicht um einen Hiatus zwischen der Absolutheit und der Unmittelbarkeit des Geistes, sondern um zwei Extreme eines Geist*kontinuums*, dessen innere Einheit dem unmittelbaren Geist bloß noch nicht explizit bzw. durchsichtig geworden ist. Freilich ist diese Kontinuitätseinheit keine platte Selbigkeit, sondern vermittelt zwei Extreme, die durch einen äußerst mühsamen und weiten Weg verbunden sind: das unmittelbare, empirische Subjekt ist weit entfernt davon, absoluter Geist zu sein[7]. Diese Unterscheidung ist aber innerhalb des *einen* Geistkontinuums zu machen, und das besagt: das einzelne Subjekt ist auch als unmittelbares eine noch wenig explizite Selbsterfassungsstufe des Geistes im Vollsinn. Diese Selbigkeit des einen Geistkontinuums am Orte seines Vollsinns, wie am Orte seiner Unmittelbarkeit besagt, daß das unmittelbare Subjekt selbst Geist und daher *an sich* oder unthematisch schon Geist im Vollsinn ist. Diese Spannung zwischen dem unthematischen Ganzen des Geistes und seiner beschränkten thematischen Selbstgegenwart treibt den Geist zur schrittweisen Aufhebung bzw. Überwindung seiner Unmittelbarkeit. Diese vollzieht sich dadurch, daß die unthematische Implikation, welche in der Unmittelbarkeit selbst liegt, nämlich ihre Konstituiertheit durch die Totalität, expliziert wird. Sofern das unmittelbare Subjekt sich gegen diese sachlich notwendige Explikationsbewegung nicht sperrt, sondern sich ihr überläßt, vollzieht sich an ihm die Überwindung seiner bloßen Unmittelbarkeit. Dieser Überwindungs- oder Aufhebungsprozeß wird von Hegel im Einleitungstext zum „Absoluten Geist“ für alle drei Formen des absoluten Geistes als *„Kultus“* bezeichnet (Enz § 555). Bei der separaten Behandlung der Kunst (Enz § 557) und der Religion (Enz § 565) spricht Hegel wiederum ausdrücklich davon. Bezüglich der Philosophie findet sich das Wort „Kultus“ in den entsprechenden Paragraphen der Enzyklopädie nicht verwendet, wohl aber heißt es an anderer Stelle bei Hegel: „Die Philosophie ist daher Theologie, und die Beschäftigung mit ihr – oder vielmehr in ihr ist für sich Gottesdienst“ (Rel Ms 5 Anm 5).

7. Wenn G. Siewerth feststellt, bei Hegel falle „die Differenz zwischen dem Denken des Menschen und Gottes dahin“ (68), so ist dies insoweit richtig, als sich das Denken im und durch den Menschen vollzieht: „Der höchste Akt menschlichen Erkennens und das göttliche Sicherkennen ist eines und dasselbe. Eben dies, so streng wie möglich genommen, ist für den Idealismus der Sinn des Satzes, daß Gott Geist ist“ (Hirsch 52). Die Differenz zwischen Vollsinn und Unmittelbarkeit des Geistes vernachlässigt Siewerth allerdings.

Ist die Unmittelbarkeit des Subjektes, seine Endlichkeit, aufgehoben, so hat es sich als Geist im Vollsinn realisiert. Daß das den absoluten Geist zunächst als Jenseitiges wissende Subjekt nun sich selbst als jenen Geist weiß oder daß umgekehrt jetzt nicht mehr der gegenständliche absolute Geist von einem außer ihm liegenden Subjekt gewußt wird, sondern er sich selbst im bzw. als Wissen jenes Subjektes weiß oder gegenständlich ist, darin ist die komplexeste Gestalt des absoluten Geistes erreicht.

Der Kult macht gewissermaßen eine Implikation ausdrücklich, die in der Totalität, auch sofern sie als Gegenstand des religiösen oder philosophischen Wissens betrachtet wird, schon liegt: die Zugehörigkeit des unmittelbaren Subjekts zur Totalität. Diese Zugehörigkeit ist in der Logik des Begriffs der allesumfassenden Totalität impliziert. In der Lehre von Gott als der gegenständlichen oder gewußten Totalität ist daher das Kultverhältnis immer schon einschlußweise mitgesetzt. Deshalb werden die weitaus längeren Ausführungen des nun folgenden Zweiten Teiles sich mit Gott als dem Gegenstand des absoluten Wissens befassen. Das Vierte Kapitel jenes Teiles wird dann kurz auf den Kult und den daraus entspringenden Problemkreis zu sprechen kommen.

Zweiter Teil

Gott als das Absolute

Das Gewoge lullt uns ein in einen müden Rausch von leeren, halb bewußtlosen Grübeleien, bis wir von uns selbst nichts mehr wissen. Die unergründliche See zu Füßen wird zur tiefen, blauen, unermeßlichen Seele der Welt, und all das Flüchtige, blinzelnd Wahrgenommene, eine aufzuckende Erscheinung, ein sekundenschnelles Bild, die Flosse eines Traumwesens sind wie Gedanken, die sich nicht fassen lassen, und fluten ohne Unterlaß. So verzaubert, ebbt der Geist zu seinem Ursprung zurück und löst sich auf in Zeit und Raum, bis er schließlich in allen Küsten des Erdballs aufgeht.

(Hermann Melville, Moby Dick, 35. Kapitel: Im Topp)

Nicht das Licht, welches von aussen die Welt beleuchtet, ist Gott, sondern das Licht welches wir aus unserem Inneren auf sie werfen: d. i. Erkenntniss durch Mitgefühl.

(Richard Wagner [1] 241)

Ewig wird er euch sein der Eine,
der sich in Viele
Teilt, und Einer jedoch,
ewig der Einzige bleibt.
Findet in Einem die Vielen,
empfindet die Vielen wie Einen;
und ihr habt den Beginn,
habet das Ende der Kunst.

(J. W. v. Goethe I 251: Weissagungen des Bakis, Nr. 32)

Erstes Kapitel. Der trinitarische Gott

1 Gott als in sich differenzierte Totalität

1.1 Gott und Geist

Das Zentrum und der Höhepunkt „aller Bildung und Philosophie, ... Religion und Wissenschaft" (Enz § 384 Anm) ist nach Hegels eigenem Bekunden in dem Satz ausgedrückt: „Das Absolute ist der Geist" (Enz § 384 Anm). Religiös gesprochen lautet dieser Satz, anschließend an die Formulierung der Vulgata: „Spiritus est Deus" (Joh. 4, 24), bei Hegel: „Gott ist der Geist" (XVI 228; vgl. PhG 530; Rel Ms 69). Weil Hegels Geistbegriff nur von seiner Weiterführung und Überwindung der Transzendentalphilosophie her zu verstehen ist, vereinigt die Identifizierung von Gott und Geist zwei Traditionen: die biblische und die im Deutschen Idealismus kulminierende philosophische Tradition des Abendlands. Diese Verbindung von frühchristlichen Spekulationen und neuzeitlicher Philosophie formuliert Hegel ausdrücklich (Enz § 384 Anm) und in seinem religionsphilosophischen Manuskript verwendet er das Wort „Idealismus", um den Totalitätscharakter Gottes zu benennen (Rel Ms 47 Anm 65). Diese Verbindung von Geist und Gott ist schlechthin zentral für Hegels Auffassung der religiösen Dimension und beruht auf folgendem Gedankengang, der somit den Nerv und Grundansatz der hegelschen Religionsphilosophie ausmacht: (1) Alle Religionen zielen mit ihrer Rede von Gott den Gedanken der *Totalität* an: „die Religion ist die allgemeine Sphäre, in welcher die eine konkrete Totalität dem Menschen ... zum Bewußtseyn kommt" (XII 147). (2) Totalität im strengen Sinne ist gerade nur der *Geist*, die idealistische Subjektivität. (3) Daraus ergibt sich nun, daß Gott, weil und insofern er Totalität sein soll, nichts anderes sein kann, als der Geist, die Subjektivität selber. Hat aber der Geist unter dem Titel „Gott" seinen Totalitätscharakter oder seine Absolutheit zum Gegenstand, so fragt sich, warum die Religionen nicht gleich vom Geist reden, sondern von Gott. Die Unterscheidung von Geist und Gott hat nach Hegel ihren Grund darin, daß es das *unmittelbare* Subjekt ist, das in der Religion ein Bewußtsein vom Vollsinn des Geistes erlangt. Geht aber der Geist von dieser seiner unmittelbaren Selbsterfahrung aus, so erscheint ihm der Vollsinn des Geistes als ein Fremdes und Jenseitiges: „Gott ist ... an sich die Totalität – vorgestellt als fremdes die Totalität" (Hegels Notizen zum absoluten Geist. Hrsgg. von H. Schneider. In: Hegel-Studien Bd. 9, S.

32). Bei den Religionen, in denen der Mensch sein Bewußtsein vom Höchsten noch nicht als Bewußtsein vom Vollsinn *des Geistes* identifiziert hat, sieht es so aus, daß bloß natürliche Gegenstände als das Höchste verehrt werden. Diese bringen in ihrer räumlichen Äußerlichkeit die Fremdheit dem Menschen in seiner Unmittelbarkeit gegenüber sinnfällig zum Ausdruck. In der vollendeten Religion ist diese Äußerlichkeit überwunden: der unmittelbare Geist weiß vom Vollsinn des Geistes *als* Geist (nicht mehr als einem bloß natürlichen Höchsten), und er weiß von sich als der *demselben Geistkontinuum angehörigen* Unmittelbarkeit des Geistes. Es ist also erst „das Ziel, die vollendete Religion, daß Gott als diese Totalität welche der Geist ist – gewußt werde" (Rel Ms 69).

1.2 Der „Standpunkt ... der Religion" (Rel Ms 135)

Die als Gegenstand gedachte oder „objektive" Totalität ist es zunächst, was „wir Gott nennen" (Rel Ms 139). Zu dieser gegenständlichen Totalität aber gehört, wenn auch noch unausdrücklich, insofern sie als Totalität alles in sich befaßt (Rel Ms 137), auch das unmittelbare Subjekt, das sich mithin selbst in dem vermeintlich bloß objektiven Gott finden könnte, wenn es diesen voll entfaltete: „zur objectiven Totalität gehört ebenso die geistige Welt" (Rel Ms 137). Unter geistiger Welt ist hier die Welt des Subjektes zu verstehen, weil die „objektiven" geistigen Gehalte (Recht, Freiheit) zur objektiven Totalität gerechnet werden (Rel Ms 137). Die subjektive Welt aber ist eben die noch nicht in ihrem Zusammenhang oder als Totalität erfaßte Mannigfaltigkeit natürlicher und geistiger Phänomene, mithin der objektiven Totalität. Um die Analyse des gegenständlichen Gottes, die auf das immer auch schon implizierte einzelne Subjekt führt, ist nicht herumzukommen, wenn die Totalität vollständig expliziert werden soll. Ebenso aber führt umgekehrt die Analyse des totalitätsvergessenen Subjektes zur Totalität, weil das unmittelbare Subjekt unausdrücklich immer schon Totalität ist: „die geistige Welt ist diß [= das, was sie ist], indem sie die Welt in ihr Vorstellen und Denken eingebildet und aufgenommen denn das subjective Bewußtseyn bildet und vertieft sich in sich, durch die Wechselwirkung auf seine Welt" (Rel Ms 137).

Das Subjekt ist solches nur, indem es die vielen Bestimmtheiten zur Einheit gebracht („in sein Denken aufgenommen"), mithin als Totalität erfaßt hat. Hat das Subjekt durch diese „Wechselwirkung" seine Unmittelbarkeit verlassen und sich ausdrücklich auf die Welt oder Totalität als den es selbst erst konstituierenden Rahmen besonnen, so hat es das, was vorhin der gegenständliche oder abstrakte Gott war, an sich selbst, und so ist es zu seiner *wahrhaften* (weil nicht mehr unmittelbaren, sondern in ihrer Vermitteltheit durch die Totalität ausdrücklich gemachten) Wirklichkeit gekommen (Rel Ms 139). Jene gegenständliche Totalität oder Gottheit ist nunmehr für das Subjekt *„seine*

Substanz, ... ist sein Wesen, nicht das Wesen eines andern" (Rel Ms 71). Objektive und subjektive Seite bilden also eine Einheit, die von beiden Seiten her ausgedrückt bzw. entwickelt werden kann. Die gegenständliche oder objektive Welt bildet die wahrhafte Wirklichkeit oder wahre Objektivität des Selbstbewußtseins; oder (von der subjektiven Seite aus die Einheit formuliert) im Selbstbewußtsein ist die gegenständliche oder objektive Wahrheit subjektiv „empfundene, bewußte Wahrheit" (Rel Ms 139).

Unschwer erkennen wir in dieser doppelten Richtung, in der die Totalität sich als in sich differenziert darstellt, die doppelte Vermittlungsbewegung der geistigen Substanz. Dies wird noch deutlicher an folgendem Text Hegels: „Hier Begriff der Religion zunächst abstracter – Die zwey Momente in ihrem Begriffe – des Gegensatzes α.) absolute Allgemeinheit – reines Denken β.) absolute Einzelnheit – Empfindung" (Rel Ms 107). Hier wird unter α.) die abstrakte oder von aller Bestimmtheit noch freie Totalität thematisiert und als Denken identifiziert. Das Denken ist das Medium der Gegenwärtigkeit von allem und jedem. *Als* Medium oder in seiner Reinheit betrachtet, kommen die Bestimmtheiten nicht zur Sprache, und so ist das reine Denken noch „nicht objectiv sich entwickelndes, in ihm sich zu Inhalt und Bestimmungen Denkverhältnißen sich in sich und durch sich ausbreitendes Denken" (Rel Ms 115). Dieser erst abstrakten Totalität fehlt „das Moment der Bestimmtheit, des in sich unendlich bestimmtseyns" (Rel Ms 115). Wenn die abstrakte Totalität mit dem Moment der Bestimmtheit versehen sein würde, dann wäre sie „unendlich in sich bestimmte", d. h. in sich differenzierte Totalität. Das unmittelbare Selbstbewußtseyn als seiner selbst unbewußte Totalität ist der Inbegriff aller Bestimmtheiten oder Differenziertheiten. Wir haben eben gesehen, wie, ausgehend von ihm, die Totalität als solche erreicht wird. Umgekehrt wird von der objektiven Totalität her das unmittelbare Selbstbewußtsein als die totalitätsunbewußte Bestimmtheitsmannigfaltigkeit erreicht. Weil es genau diese gegenläufige Bewegung ist, welche die „*Eine* und allgemeine Substanz als geistige" (Enz § 554 Hvm) meint, ist es geraten, anstelle von zwei „Totalitäten" (Rel Ms 137) von der *einen* Totalität in ihrer *doppelten Vermittlungsrichtung* zu sprechen. Die Thematisierung dieser gegenläufigen Einheit von gegenständlichem Gott und unmittelbarem Selbstbewußtsein ist es, welche Hegel den religiösen Standpunkt nennt: „Daß in der Religion das Speculative Einheit dieses harten Gegensatzes ist, diß ist ihr Standpunkt" (Rel Ms 115). Der Begriff der Religion ist genau in dieser Einheit zu erblicken: In der Religion „treffen wir sogleich die 2 Momente an; – α.) den Gegenstand in der Religion und β.) das Bewußtseyn Subjekt – Mensch – der sich zu ihm verhält" (Rel Ms 65).

Der eben zitierte Text spricht vom „Gegenstand *in* der Religion" und setzt diesen dem unmittelbaren Subjekt gegenüber. So besagt der Gegenstand den nur-gegenständlichen Gott. Er meint, qua Totalität, aber *auch* das unmittelbare Subjekt selbst. Dieses gehört nach Vollzug der vorhin skizzierten doppelten Bewegung selbst zur Totalität. Dieser Totalität als der Einheit von gegenständlichem Gott und unmittelbarem Subjekt steht das Subjekt nochmals wissend gegenüber, weil es seine eigene Einheit mit dem Gotte wiederum als Gegenstand hypostasiert. Die eben geschilderte doppelte Vermittlungsbewegung ist dem religiösen Subjekt zunächst ein sich *im Gegenstand* vollziehendes Geschehen. Dieses Geschehen macht den voll bestimmten religiösen Gegenstand aus. So ist das Gegenstandsverhältnis zwischen gegenständlichem Gott und unmittelbarem Subjekt selber Gegenstand: „die Beziehung zwischen diesen beyden so hart gegenüberstehenden Seiten des schlechthin endlichen Bewußtseyns und Seyns – und des Unendlichen – ist in der Religion für mich“ (Rel Ms 115). Freilich wird dies *klar ersichtlich* erst auf der höchsten Stufe der Religionsentwicklung. So kann Hegel von der vollendeten Religion sagen: „Diß ... bestimmt worden – als die Religion in welcher der Begriff der Religion [= das Gegenstandsverhältnis von Gott und Subjekt] ... *Gegenstand* des Bewußtseyns ist“ (Rel Ms 491 Hvm). Der Gegenstand der vollendeten Religion ist der sein Gegenstandsverhältnis zu Gott aufgehoben habende Mensch: der Gottmensch. Dieser ist aber dem unmittelbaren Subjekt noch gegenständlich: „Es muß die menschliche Gestalt, Menschwerdung Gottes als ein wesentliches Moment der Religion in der Bestimmung ihres *Gegenstandes* vorkommen“ (Rel Ms 81 Hvm), d. h. eben im Gottesbild, in der Gotteslehre. In der in sich differenzierten Totalität ist also das wissende Subjekt selber vergegenständlicht, ohne allerdings dies zunächst zu thematisieren. Die Grundbestimmung der Religion, von der sie ausgeht, bleibt dies, daß das Subjekt sein eigenes Wesen als einen fremden Gegenstand vorstellt. Es ist erst der *Kultus,* wo das Gegenstandsverhältnis aufgehoben wird und das Subjekt sich selbst (und nicht mehr ein anderes gottmenschliches Subjekt) in Einheit mit Gott weiß. Diese Einheit ist in der Religion nicht das Dominierende; angefangen wird in der Religion von der Getrenntheit von Gottmensch und Mensch, um die Einheit dann erst herzustellen. Wichtig ist noch der vorwegnehmende Hinweis, daß in *jeder* Religion die Einheit von Totalität und Subjekt der Gegenstand (oder Gott) ist. Freilich ist dies erst in der vollendeten Religion deutlich, während in anderen Religionen diese Einheit sich in Vorstellungen ausspricht, die zwar vorhanden sind, aber nicht zum Zentrum und Hauptinteresse des Lehrsystems gerechnet werden.

Der religiöse Standpunkt ist das Wissen von der alles in sich schließenden Totalität. Letztere ist Gegenstand dieses Wissens: Gott. Das Verhältnis des Wissenden zum Gotte bleibt in diesem ersten Momente der Religion als Gegenstandsverhältnis bestimmt, und die im Begriff der Totalität eingeschlossene Einheit mit dem wissenden Subjekt selbst wird erst im dritten Moment der Religion, dem Kultus, ausdrücklich werden. Der religiöse Standpunkt soll nun aber begründet, gerechtfertigt, als wahr und notwendig aufgewiesen werden. Die Frage ist, „Woher religiöser Standpunkt kommt?“ (Rel Ms 143 Anm 62 a). Gefragt ist also, warum und wie die Thematisierung der allesumfassenden Totalität notwendig ist.

Wenn die Thematisierung der Totalität begründet werden soll, so muß gezeigt werden, wie man von der Thematisierung eines Anderen als der Totalität zur Totalität gedanklich fortschreiten muß (Rel Ms 141). Ausgangspunkt ist also das Andere der Totalität, mithin das Nichttotale oder „das ungöttliche Seyn, die endliche Welt, das endliche Bewußtseyn" (Rel Ms 141/3). Irgendein Einzelnes bzw. Bestimmtes bzw. Endliches ist es, von dem ausgehend die Notwendigkeit der Totalität aufgezeigt werden soll: „Von jeder Einzelnheit kann aufgestiegen werden" (Rel Ms 143 Anm 62 a). Wie dieser Aufstieg sich vollzieht, das haben wir schon gesehen und näher betrachtet: die Vermitteltheit des Einzelnen oder Bestimmten durch die Totalität ist es, die bei der Explikation des Einzelnen notwendig auf die Totalität führt. Es ist nun offenkundig, daß die Explikation der Vermitteltheit des Einzelnen durch die anderen Einzelnen weiter oder weniger weit ausgeführt oder aber auch gar nicht ausgeführt, sondern (so wie eben jetzt geschehen) bloß ganz allgemein festgestellt werden kann. Der Rückgang vom Einzelnen zur Totalität kann also „reicher oder abstracter seyn" (Rel Ms 143 Anm 62 a). Schließlich „würde die ausführliche Betrachtung dieses Rückganges den ganzen Kreis der philosophischen Wissenschaften bilden" (XV 121).

Eine Erhebung zur Totalität begegnete uns vorhin schon, als aus der Analyse des unmittelbaren Selbstbewußtseyns zur Totalität übergegangen wurde. Explizierte man aber diese Analyse *vollständig,* so hieße das, daß man den „ganzen Kreis der philosophischen Wissenschaften", d. h. die gesamte Welt oder Totalität des Selbstbewußtseins expliziert hätte. Eben dieses vollständige Ausschreiten der Totalität oder Explizieren des totalitätsunbewußten Selbstbewußtseins, wodurch es sich zum Bewußtsein seines eigenen Totalitätscharakters erhebt, leistet aber die PhG von 1807 in den Kapiteln (AA.) bis (DD.), die weite Bereiche der realphilosophischen Disziplinen unter ständiger Bezugnahme auf das Bewußtsein behandeln. Hegel weist auf diese *phänomenologische* Perspektive des „reichsten" Ganges durch den „ganzen Kreis" aller Sphären ausdrücklich hin (Rel Ms 149/51 und 151 Anm 71). Der Gang durch die Sphären kann aber auch unter nichtphänomenologischer Perspektive vollzogen werden, indem man nicht das unmittelbare Selbstbewußtsein, sondern die *Sache selbst* zum Ausgangspunkt nimmt. So fängt man von der programmatischen Totalität nicht als dem Bewußtsein, sondern als der Sache selbst *überhaupt* an und entfaltet sie dann nach ihren bestimmten Sphären, bis diese ausgeschritten sind und sich die Thematik des Ganzen als solchen, d. h. der Totalität ergibt. Diesen Gang vollzieht die *Enzyklopädie.*

Bevor Hegel den Gang durch die Sphären kurz im religionsphilosophischen Manuskript resümiert, zeigt er in historisch-polemischer Absicht zwei Grundmodelle auf, wie man diesen Weg als ganzen begreifen kann, nämlich das (wie er es nennt) spinozistisch-schellingsche und sein eigenes Modell von Philosophie. Solche Gesamtbetrachtung der „Bewegung, welche die Philosophie ist", ist ein Vorgriff auf das, was in der Religionsphilosophie selber erst dargelegt und erörtert werden soll, nämlich die Verschiedenheit der Arten des Aufstiegs zur Totalität und damit die Verschiedenheit der Begriffe von Totalität oder Gott. Die Kritik an Spinoza und Schelling, wie Hegel die beiden versteht, liegt in nichts anderem als darin, daß Hegel den Mangel bemerklich macht, der die Weiterexplikation der Substanz zum Subjekt erforderlich machte. Spinoza und Schelling („Spinozismus, Schellingsche Philosophie" [Rel Ms 145 Anm 64]) wird vorgeworfen, sie dächten so, wie die „gewöhnliche Andacht": „man erhebt sich über die Endlichkeit, vergißt dieselbe, aber darum, daß man sie vergessen hat, ist sie noch nicht wahrhaft aufgehoben" (XV 122; vgl. Rel Ms 144). Hegels eigener Anspruch geht dahin, das Bestimmte nicht bloß zu negieren, sondern es als „Fortgang ... durch eine Stuffenleiter" (Rel Ms 147) zu denken. Deren höchste Ebene ist dann der Geist: „Aussereinander – Sonnensystem – Erde, Pflanzen, empfindendes Thier, Mensch Denkendes" (Rel Ms 147 Anm 66). Der denkende Geist aber hat alle die vorhergehenden bestimmten Sphären als Differenzierungen in sich selbst gegenwärtig. Die Totalität im hegelschen Sinne ist nicht das bestimmungslose Eine, sondern sie ist nur als die Entfaltung, als der Vollzug der bestimmten Sphären.

Nach dieser grundsätzlichen Charakterisierung der Totalität resümiert das religionsphilosophische Manuskript kurz den ausführlichen wissenschaftlichen Gang durch die bestimmten Sphären, wie er in enzyklopädischer oder phänomenologischer Perspektive durchgeführt wird. Hegel hebt die wesentlichen Übergänge zwischen den großen Sphären hervor. (a) Die *Natur* hebt sich in den Geist auf (Rel Ms 145/7). (b) Der *Geist,* der sich zunächst als eine bestimmte Sphäre neben der Natur und unterschieden von ihr erfaßt, überwindet diese „Trennung" (Rel Ms 149 Anm 69), indem er das ihm entgegenstehende Andere erkennend in sich selbst einbezieht und andererseits praktisch handelnd sich selbst in die „Nothwendigkeit" „einer objectiven Welt" (Rel Ms 151) einbezogen weiß, die ihm aber nicht fremd und äußerlich ist, weil er gerade nur in ihr bzw. als sie seine eigene Entfaltung, seinen eigenen Lebensvollzug hat (Rel Ms 149/51). (c) Somit ist der Geist entfaltet als die Einheit, welche das Nichtgeistige wie auch die einzelnen geistigen Inhalte als innere Differenzierungen in sich trägt. So ist der entfaltete oder „objektive" Geist erreicht; die *Sittlichkeit,* wie diese Dimension bei Hegel auch heißt. Diese ist die „substantielle Grundlage des Geistes" (Rel Ms 151). In dieser sind unmittelbares Subjekt oder totalitätsvergessene Mannigfaltigkeit und abstrakte Totalität in Einheit: „Hier gleichen sich Bewußtseyn Fürsichseyn – und das substantielle Wesen aus" (Rel Ms 151). Dieser Text nennt die Sittlichkeit den Ausgleich von substantiellem Wesen und unmittelbarem Subjekt. Das substantielle Wesen wird hier mithin nur als *eine* Seite verstanden, während die Heidelberger Enzyklopädie die *ganze* Sittlichkeit, in der Terminologie des religionsphilosophischen Manuskripts also die *Einheit* von Subjekt und substantiellem Wesen, als „Substanz" und „Wesen" bezeichnet: Es „hat die sittliche *Substanz* die Bedeutung der absoluten Macht und absoluten Seele, und des *Wesens* der Natur ebensowohl als des Geistes erhalten" (VI 302 § 454 Hvm).

Auch das Manuskript von 1821 (so zeigt das eben dargelegte Resümee Hegels) beruft sich „auf den Gang, den die Philosophie – Hegels Philosophie! – bis hin zur Religion genommen hat"[1], und man wird nicht sagen können, daß es sich hierin grundsätzlich von der Vorlesung des Jahres 1824 unterscheide[2].

1. Jaeschke [1] 407
2. ebd. 406 wird dies insinuiert

1.3 Der einseitige Gott

Ganz entsprechend dem Ende des enzyklopädischen und phänomenologischen Ganges durch die bestimmten Sphären vermerkt Hegel im religionsphilosophischen Manuskript, daß die Sittlichkeit als objektiv entfaltete Totalität doch noch endlich ist. Von dem (mit dem Bewußtsein der phänomenologischen Perspektive ausgeglichenen) substantiellen Wesen heißt es: „und es ist nur noch die Endlichkeit an demselben – Göttliche[s] Leben, Daseyn in der Endlichkeit" (Rel Ms 151. Eckige Klammer vom Herausgeber). Dieser Text endete ursprünglich mit dem Gedankenstrich. Nach diesem erwartet man eine Erklärung, um *welche* Endlichkeit es sich denn nun handle. Darauf gibt aber auch die nachträgliche Einfügung Hegels (der Text nach dem Gedankenstrich) keine Antwort, sondern wiederholt nur, daß einerseits die göttliche Dimension erreicht sei, andererseits aber eine Endlichkeit weiterbestehe. Die göttliche Dimension ist insofern erreicht, als die *Totalität* thematisch ist. „Gott" meint gerade die Totalität. Worin aber liegt die Endlichkeit? In welchem Sinn die objektiventfaltete Geisttotalität endlich ist, haben wir schon im Ersten Teil herausgearbeitet. Es zeigte sich dort, daß zwar alle Inhalte expliziert vorliegen, daß aber die Vermitteltheit der Inhalte durch die Totalität nicht ausdrücklich dargestellt, nicht zum Prinzip der Darstellung der Inhalte gemacht wurde. Dargestellt wurde nur der Gang durch die Sphären. Die Endlichkeit liegt also darin, daß mit der Sittlichkeit zwar alle bestimmten Inhalte, welche die Totalität ausmachen, „vorhanden" bzw. expliziert sind, die innere Vermitteltheit dieser in sich differenzierten Totalität aber erst nach einer Richtung dargelegt ist. Betrachten wir in diesem Zusammenhang folgenden Text: „Und wenn wir Gott sagen, so hat diß die Bedeutung dieser absoluten, allbefassenden Erfüllung; es mag nun sonst das Verhältniß dieser Erfüllung zur Einheit seines Wesens bestimmt werden, wie es sonst sey ... Das Absolute also darzustellen als die absolute Macht und concrete Befassen dieses Reichthums diß liegt hinter uns; ... Dieser Gang *einseitig* / Ausgang von einem Seyenden – / dieses selbst nur als ein Gesetztes" (Rel Ms 153 und Anm 75). Dieser Text hebt zunächst sicher einmal darauf ab, daß die Totalität in ihrer inneren Differenziertheit auf verschiedene Weise, d. h. unter Anziehung verschiedener logischer Bestimmungen, gedacht werden kann. Zweifellos impliziert der Text, wie sein Ende deutlich zeigt, aber auch folgendes: Gott wird als „allbefassende Erfüllung" gedacht, wobei dieser Begriff Gottes vermittelt ist durch den Gang durch die einzelnen Sphären; Ausgangspunkt ist ein bestimmtes „Seyendes". Diese Darstellung ist aber *einseitig*, weil die bestimmte Sphäre ihrerseits noch nicht als vermittelt durch Gott (durch die Totalität), d. h. als gesetzt oder erschaffen, dargestellt wurde. Damit ist genau die Endlichkeit beschrieben, wie sie der Sittlichkeit oder dem objektiv entfalteten Geist zukommt. Die Sittlichkeit ist in der Tat „allbefassende Erfüllung", die inneren Vermittlungsverhältnisse dieser Totalität aber sind erst einseitig in einer Richtung dargelegt.

Der weiter oben zitierte Text, dem entsprechend sich das unmittelbare Selbstbewußtsein und die objektive Totalität ausgleichen, gibt eine Wechselseitigkeit zu verstehen, so als wäre vom unmittelbaren Selbstbewußtsein zur objektiven Totalität aufgestiegen *und ebenso* umgekehrt abgestiegen worden. Der Ausdruck, beide Seiten „gleichen sich aus“ (vgl. Rel Ms 151) scheint keine der beiden Bewegungen zu vernachlässigen. In der Tat aber spricht Hegel gerade im Anschluß an diese Stelle von der Endlichkeit, die er dann im eben erörterten Text genau als die Einseitigkeit beschreibt, die darin liegt, daß nur eine der beiden Bewegungen, nämlich der Aufstieg vom unmittelbaren Subjekt zur objektiven Totalität, vollzogen wurde. Die sowohl von der objektiven Totalität zum unmittelbaren Selbstbewußtsein als auch umgekehrt geführte Analyse, welche Hegel in jenem früheren Zusammenhang andeutet, würde den Gegenstand des absoluten Wissens, nämlich Gott in seiner inneren Differenziertheit, schon vollständig nach beiden Richtungen denken. Die angedeutete doppelte Analyse bleibt aber ein Vorausdeuten Hegels. Am Ende des Ganges durch die Sphären ist erst ein einseitiger Gott erreicht bzw. die innere Differenziertheit der Totalität erst in einer Richtung ausgeschritten.

Der abstrakte Gott ist die reine Einheit der Totalität bei völliger Unexpliziertheit der Bestimmtheiten. Von letzteren ausgehend, wird zwar zur göttlichen Totalität aufgestiegen, aber wenn die Totalität dann expliziert wird, werden nicht zugleich wieder die Bestimmtheiten von dieser her in den Blick genommen und dargestellt unter dieser neuen Perspektive. Dies rührt daher, daß einseitig an der Verschiedenheit von einzelnen Sphären in ihrer Vereinzelung und Totalität festgehalten wird. So kann von beiden Seiten je nur eine in den Blick kommen.

2 Die Formulierung der Trinität in der Enzyklopädie von 1830

Die Gotteslehre hat die Aufgabe, die verschiedenen Momente bzw. Bewegungen, die in der differenzierenden Entfaltung der Totalität auseinandergelegt wurden, aufeinander zu beziehen und in ihrer Einheit darzustellen. Der Gottesbegriff wird daher komplex und in sich differenziert sein müssen. Hegel sieht in der christlichen Trinitätslehre diese Komplexität angemessen dargestellt. Die enzyklopädische Formulierung des trinitarischen Gottes folgt hier nach Explikationsschritten gegliedert und wird dementsprechend dann kommentiert.

Es ist „der absolute Geist, welcher ... [1] als substantielle Macht ... [2] nur sich selbst als seinen Sohn erzeugt, ebenso in ursprünglicher Identität mit diesem Unterschiedenen bleibt, als diese Bestimmung, das von dem allgemeinen Wesen Unterschiedene zu sein, sich ewig aufhebt und durch diese Vermittlung der sich aufhebenden Vermittlung [3] die erste Substanz wesentlich als konkrete Einzelheit und Subjektivität, – der Geist

ist“ (Enz § 567). Dieser Text formuliert die dreimomentige Explikation der Totalität, wie wir sie im Ersten Kapitel des Ersten Teil ausbreiteten. Sehen wir im einzelnen zu.

(1) Die Totalität ist als Gegenwärtigkeit von allem und jedem zunächst *reine* Allgemeinheit, das unterschieds- und bestimmungslose Medium, in das alle (im enzyklopädischen Gang eben entfaltete) Bestimmtheit erst eingeschrieben werden konnte. Dies ist das erste Moment des Geistes, abstrakte Totalität unter Absehung (noch) von aller Bestimmtheit zu sein. Es nennt dies Moment unser Text „substantiell“, eben weil die innere Differenziertheit des Allgemeinen noch unexpliziert ist.

(2) Nun ist aber die Totalität nicht nur abstrakte, differenzlose Einheit, wie im Ersten Teil dargelegt werden konnte. Auf den Wendepunkt in der Analyse der Totalität, der die abstrakte Totalität oder Substanz als in sich differenzierte Totalität oder Subjekt sichtbar werden läßt, braucht hier nur verwiesen zu werden[3]: Von den Bestimmtheiten wird zur Totalität aufgestiegen, worin die Bestimmtheiten verschwunden scheinen. Die Bestimmtheiten sind aber nur denkbar als Ausgrenzungen *innerhalb* der Totalität. Weil diese Ausgrenzungen also *der Totalität selber* zukommen, deshalb erfordert die Explikation der Totalität, wenn anders sie vollständig sein soll, auch die Explikation bzw. das „Setzen“ bzw. „Entwickeln“ ihrer Ausgrenzungen oder Bestimmtheiten. Die Explikation Gottes bzw. der Totalität muß daher über das erste Moment hinausgehen. Die Thematisierungsdefizienz, die über das erste Moment hinausdrängt, faßt Hegel an anderer Stelle in folgende Worte: „Aber indem diß Allgemeine zunächst nur die *Bedeutung* hat, das Allgemeine An und für sich bestimmte zu seyn, – und indem diß Allgemeine als Concretes als Idee selbst diß ist, sich von sich abzustoßen *setzt* es, *entwickelt* es die Bestimmtheiten“ (Rel Ms 153. Zweite und dritte Hvm). Gott ist die Totalität nicht nur als abstrakte, sondern als „an und für sich bestimmte“ oder in sich differenzierte Totalität oder „concrete Allgemeinheit“ (XVI 232). Da in (1) aber Gott nur als abstrakte Totalität (als Endpunkt der Bewegung durch die Sphären) dargestellt ist, hat er erst die noch nicht explizierte und durchgeführte „Bedeutung“, in sich differenziert zu sein. So nicht mehr als leere oder abstrakte Totalität, sondern als Totalität aller bestimmten Sphären gedacht, ist Gott „Sohn“. Als solcher ist Gott nicht bloß als Totalität oder Wahrheit gedacht, sondern das Moment ist ausdrücklich gemacht, daß Wahrheit (Totalität) immer Wahrheit (Totalität) *von bestimmten Inhalten* ist: „der Sohn ist die Wahrheit der endlichen Welt“ (Rel Ms 157). Gott ist Zusammenhang von Zusammenhängenden, d. h. von solchen, die selbst nicht Zusammenhang, sondern Zusammenhängende (und daher vom Zusammenhang unterschieden) sind[4]. Wenn in dem uns be-

3. An verschiedenen Stellen des religionsphilosophischen Manuskripts weist Hegel auf die innere Differenziertheit Gottes hin, ohne sie aber ausdrücklich herzuleiten: „in ihm selbst bestimmt“ (Rel Ms 47 Anm 66); „Totalität welche der Geist ist“ (Rel Ms 69); „sich selbst schlechthin bestimmenden Wahren“ (Rel Ms 105); „das Andre in ihr selbst enthaltend“ (Rel Ms 107) und passim.

4. Zum Verhältnis von trinitarischem Sohn und endlicher Welt vgl. in diesem Kapitel Abschn. 3.

schäftigenden Text nicht vom „Vater" die Rede ist, sondern vom Geist als der Substanz, so ist es bei der Nennung des zweiten *Geist*momentes (des Bestimmten), daß Hegel seine Exposition in die *religiöse* Sprechweise hinüberspielt und vom „Sohn" spricht. Die Bestimmtheiten machen das Andere oder Unterschiedene zur abstrakten Totalitätseinheit aus. Diese beiden jetzt explizierten Momente sind *gleichursprünglich* und deshalb stets in Einheit zu denken[5]. Wenn man eines der Momente abstrakt, d. h. isoliert für sich, auffaßt, führt die Analyse auf das implizit doch schon in Anspruch genommene andere Moment. Diesen (im Ersten Teil erörterten) Sachverhalt formuliert der Rest des Abschnitts (2) in unserem Text, der durch das „ebenso ... als" gegliedert ist und paraphrasiert besagt: Es bleibt *ebenso* der substantielle Geist mit dem Anderen seiner in Einheit, *wie umgekehrt* (Hegels „als") dieses Andere (= die „Bestimmung, das von dem allgemeinen Wesen Unterschiedene zu sein") von sich selbst her mit dem Allgemeinen oder substantiellen Geist in Einheit bleibt. Jedes Moment führt also von sich her zum anderen. Vermittelst dieser wechselseitigen Inanspruchnahme hebt sich die Vermittlung als eine solche, die stets auf weitere Andere zurückführt, auf und wird zum in sich ruhenden Kreis: Jedes Moment setzt ein Anderes voraus, dem es selbst zur Voraussetzung dient.

(3) Vermittelst (= „durch diese Vermittlung") der Aufhebung jener Vermittlung nunmehr als Einheit von abstrakter Totalität und Bestimmtheitenmannigfaltigkeit expliziert, ist Gott nicht mehr als Substanz, sondern als in sich differenzierte Totalität gedacht. Diese aber ist der *Geist*. Von dieser Einsicht lebt die idealistische Philosophie, die es mithin ist, wodurch für Hegel der Sinn des trinitarischen Dogmas durchsichtig wird[6].

5. Eine eigenartig angesetzte Kritik an Hegels Auffassung des christlichen Gottesbegriffs trägt Jäger vor. Er stellt drei „Identitäten" im Denken Hegels fest: (1) Sein = Nichts (294); (2) Denken = Absolutes (296); (3) Gott = Absolutes (297). Aus (1) und (3) folgert Jäger, daß Gott „pantheistisch in sich auch das Negative, den Schmerz und das Leiden, ... das Kreuz trägt" (298). Abgesehen davon, daß das Negative im Sinne Hegels *alles* Bestimmte (also auch die Lust und die Freude) ist, wird es ziemlich problematisch, wenn Jäger fragt, ob ein solcher, das Negative in sich schließender Gott „wirklich Gott genannt, als Gott angesprochen und geliebt werden" (298) könne. Jäger würde wohl eher Koslowski zustimmen, der den Tod Jesu als einen „Prozeß" ansieht, der „nicht ... im Absoluten selbst" (Koslowski [1] 110) vor sich geht. Ist es nicht eine eigenartige christliche Theologie, die das Kreuz nicht Gott selber zuschreiben will? Dies klingt eher nach einem Arianismus der anhomöischen Spielart (vgl. Rahner/Vorgrimler 31). Ein Gott, der „Licht und nur Licht *ohne* alle Finsternis in ihm" (Jäger 299 Hvm) ist, schließt etwas aus sich aus, und so ist man einem abstrakten Dualismus verfallen.
6. Man kann also nicht sagen, daß „Gott als *ganzer* ... das *Werden* der Substanz zum Subjekt" (Koslowski [1] 111 Hvm) erleide. Gott in seiner Ganzheit, d. h. nach allen Momenten aufgefaßt, *ist* Subjekt und „wird" es nicht. Was erst zum Subjekt „werden" muß, ist der abstrakte Gott bzw. der noch nicht voll explizierte Gott. Man könnte sagen, ein Explikationsstadium

3 Die Konkretionsstufen Gottes: Immanente und ökonomische Trinität

Die Konkretionsstufen der Geisttotalität finden sich selbstverständlich auch in deren religiöser Erfassung, nämlich als Konkretionsstufen Gottes. Auf einer ersten Konkretionsstufe wird die Geisttotalität als Einheit von abstrakter Totalität und der Dimension von Differenziertheiten *überhaupt,* mithin als programmatische Geisttotalität gedacht. „Die Wahrheit ist die Enthüllung dessen, was der Geist an und für sich ist ... Diese Wahrheit, diese Idee ist das Dogma der Dreieinigkeit genannt worden – Gott ist der Geist, die Thätigkeit des reinen Wissens" (XVI 228). „Das Denken, das sich selbst denkt ... Das sind drei, das Eine und das Andere und die Einheit Beider. Diese konkrete Idee ist ... in der Ausbildung des Christenthumes ... als die Dreieinigkeit gewußt" (XIX 13). Philosophisch gedacht (und nicht mehr religiös vorgestellt) wird Gott als der Geist selbst ausgesprochen: „Gott ist allein im reinen spekulativen Wissen erreichbar, und ist nur in ihm und ist nur es selbst, denn er ist der Geist" (PhG 530). Gott wird hier als Geisttotalität bestimmt und diese wiederum als Wissen qualifiziert. Dieses Wissen ist „rein", weil die in ihm enthaltene Sache noch nicht nach ihren Bestimmtheiten entfaltet ist. Das reine spekulative Wissen ist die programmatische Geisttotalität oder, im Anschluß an eine traditionelle religiöse Bezeichnungsart geredet, die *immanente* Trinität. Diese Immanenz meint Gott an bzw. in sich selbst; im Unterschied zur *ökonomi-*

Gottes „wird" zu einem anderen, angemesseneren, Explikationsstadium, nicht aber wird der „ganze", vollexplizierte, Gott zu etwas. Der trinitarische Vater ist abstrakte Einheit, der trinitarische Sohn ist die Dimension der Differenz(iertheiten). Der Geist ist die Einheit beider. Man kann aber nicht sagen, daß nach Hegel „die Identität zwischen den Termen der Differenz ... im *Dritten* gegeben" (Koslowski [1] 121) sei. Das Dritte ist weder bloße Einheit (dies ist das Erste, der Vater), noch bloße Differenz (dies ist das Zweite, der Sohn), sondern beides. Das Dritte ist *absolute* Einheit oder *absolute* Differenz, weil die Absolutheit gerade das Losgelöstsein vom Gegensatz gegen die jeweils korrelative Bestimmung besagt. Gerade darin beruht das Charakteristische des idealistischen Subjekt- oder Geistbegriffs (vgl. Erster Teil), den Koslowski vernachlässigt, wenn er Vater, Sohn und Geist als „dem göttlichen Wesen subordiniert" (Koslowski [1] 118) betrachtet. Das göttliche Subjekt ist Geist, und diesem sind abstrakte Einheit (Vater) und abstrakte Differenz (Sohn) nicht „subordiniert", sondern letztere *konstituieren* den Geist; der Geist ist nicht *über* Vater und Sohn, diese einschließend, sondern er ist nichts außer und unabhängig vom Zusammen des Vaters und des Sohnes. Der Sündenfall bzw. Luzifer ist nichts anderes als die Fixierung des Momentes der Differenz (Sohn) (XVI 250 vgl. IX 57), nicht aber ein zusätzliches, viertes, Moment. Der Quaternitätsvorwurf von Koslowski [1] 109f trifft also nicht Hegel.

schen Trinität, welche den Bezug Gottes zur außergöttlichen Wirklichkeit meint[7]. Die programmatische Geisttotalität ist insofern „immanent", als die von der abstrakten Totalitätseinheit unterschiedene (und insofern „außerhalb" der reinen Einheit Gottes liegende) Mannigfaltigkeit der Bestimmtheiten nicht expliziert ist. Erst auf der zweiten Konkretionsstufe wendet sich der Blick den Differenziertheiten als solchen zu und betrachtet sie nicht mehr als Dimension der *einen* Totalität, sondern als *viele* bestimmte Sphären. So ist es hier das „Moment der Trennung, der Verschiedenheit" (Rel Ms 81), das zum Tragen kommt, weil die Differenziertheiten in ihrer von der Totalitätseinheit verschiedenen Mannigfaltigkeit gedacht und entfaltet werden. Darauf hebt Hegel ab, wenn er von endlichen „Gestaltungen und Sphären" (Rel Ms 155) spricht. Die große Aufteilung der Totalität in die Sphären Logik, Natur und Geist ist ein Beispiel für solche Entfaltung der Differenziertheit. Der Totalitätscharakter ist ganz in den Hintergrund getreten, weil die *eine* Totalität als *drei* Sphären gedacht ist. Diese Sphären können offensichtlich immer weiter parzelliert werden. Die zweite Konkretionsstufe ist in sich selbst insofern wiederum gestuft, als sie in beliebig vielen Konkretions*graden* entfaltet werden kann. Wir fassen alle diese Konkretionsgrade zusammen und unterscheiden mit Hegel zwei Hauptkonkretionsstufen der Totalität bzw. Gottes: Wir haben auf der ersten Stufe die Dimension der Differenziertheiten *überhaupt,* auf der zweiten Stufe die bis zu irgendeinem Grad getriebene Entfaltung dieser Dimension in ihrer *Mannigfaltigkeit.* Bei Hegel finden sich diese Konkretionsstufen folgendermaßen.

Die erste Stufe, auf der ohne weitere Entfaltung von der in sich differenzierten Totalität die Rede ist, nennt Hegel „Gott ... in seiner Ewigkeit" (Rel Ms 523). Diese Stufe[8] ist dadurch charakterisiert, daß „hier ... der Schein der Endlichkeit, der Entäusserung und sein [=Gottes] Erscheinen, an einer für sich selbständigen Realität nicht vorhanden" (Rel Ms 525/7) ist. Was hier noch nicht vorhanden ist, ist die *Entäußerung* der Totalität. Das besagt, daß die Dimension der Differenziertheit noch ganz nur als Dimension der *einen* Totalität, nicht aber in ihrem davon momenthaft auch unabhängigen Selbstsein („selbständige Realität") als Mannigfaltigkeit von bestimmten Sphären expliziert und dargelegt wird. Dies ist die Stufe der immanenten Trinität: Der Sohn als die Dimension der Differenziertheiten bzw. als Welt überhaupt ist nur Moment in der Geisteinheit mit dem Vater. Der Sohn wird *nur von dieser Einheit her* als Bestimmtheitsdimension der *einen* Totalität gedacht, für sich allein, isoliert, d. h. als *Vielheit* von Bestimmten, ist er nicht denkbar in der Stufe, die Hegel „Gott in seiner Ewigkeit" nennt.

7. Vgl. Rahner [2] 1016f. Diese traditionelle Terminologie verwendet auch F. Wagner [5] 198, 226, 226 Anm. 29 zum Zwecke der Hegelinterpretation.
8. Hegel spricht von „Sphären" (Rel Ms 525) bezüglich der Konkretionsstufen. Weil wir aber von Sphären bezüglich der großen Bereiche der Totalität sprechen, verwenden wir die Bezeichnung Konkretions-„Stufen", deren jede alle Bereiche oder Sphären der Totalität (aber eben in je verschiedener Entfaltungsbreite) enthält.

Die zweite Konkretionsstufe ist die „Welt – als Natur – endliche Welt – geistige, physische Natur – die Eröffnung eines ganz andern Bodens, – die Welt der Endlichkeit" (Rel Ms 545/7). Das Charakteristische an dieser Stufe ist das „Festhalten der bestimmten Unterschiede" (Rel Ms 547 Anm 82), was eben besagt, daß die Totalitäts*einheit* nun in den Hintergrund tritt und die Dimension der Differenziertheiten in ihrer *Vielheit* entfaltet wird. Es geht hier um die Unterschiede und die Selbständigkeit der einzelnen Inhalte bzw. Sphären gegeneinander: „ökonomische" (entfaltete) Geisttotalität.

Dadurch, daß die beiden Konkretionsstufen verschiedene Entfaltungsgrade derselben Dimension ausmachen, sind sie identisch und different zugleich: „Das Verhältniß dieser zweyten Sphäre [= Stufe] zu[r] ersten ist hiemit bestimmt – daß es *dieselbe* Idee an sich ist, aber in dieser *andern* Bestimmung" (Rel Ms 547 Hvm. Zweite eckige Klammer vom Herausgeber). Die Differenz der beiden Stufen liegt darin, daß „der ewige Sohn des Vaters" (Rel Ms 549) nicht dasselbe ist, wie die „Welt, wie sie *unmittelbar* ist" (Rel Ms 549). Es wurde schon erwähnt, daß dem unmittelbaren Subjekt die Welt gerade als totalitätsvergessene Mannigfaltigkeit gegenwärtig ist. So ist die Welt in ihrer Unmittelbarkeit als Mannigfaltigkeit bestimmter, und das heißt endlicher, Sphären, nicht aber als göttliche Totalität oder „Welt *überhaupt*" gegeben. Es mag nun freilich problematisch dünken, den trinitarischen Sohn als unentfaltete „Welt überhaupt" zu deuten, weil Hegel mit dem Ausdruck „Welt überhaupt" gerade das „Moment ... der Verschiedenheit" (Rel Ms 81; vgl. ebd. Anm 15), d. h. die in ihrer endlichen Mannigfaltigkeit explizierte Welt, bezeichnet. Nun scheint aber der Ausdruck „Welt überhaupt" doch eher die Welt als Ganzes und Unentfaltetes, weniger aber die differenzierte Entfaltetheit ausdrücken zu können. Das „überhaupt" zeigt doch gerade pauschalen, kaum aber detaillierten Charakter an. Außerdem wird der trinitarische Sohn von Hegel als „Wahrheit der endlichen Welt" (Rel Ms 157) bestimmt. In verschiedenen Zusammenhängen wurde schon gezeigt, daß die einzelnen bestimmten Sphären ihre Identität oder Wahrheit darin haben, daß sie ein Totalitätsgefüge ausmachen, innerhalb dessen allein jedes Bestimmte seine Bestimmtheit, Identität oder Wahrheit hat. Die Wahrheit der endlichen Sphären ist es also, der Totalität anzugehören bzw. die Bestimmtheitsdimension der Totalität auszumachen. Diese Zugehörigkeit zur Totalität ist es, die in dem Moment des trinitarischen Sohnes gedacht wird. Die Wahrheit der endlichen Welt steht also der Endlichkeit der endlichen Welt gegenüber. Der Inhalt (die Sphären) *innergöttlich,* d. h. in seiner Einheit mit der Totalität, verstanden, unterscheidet sich von diesem Inhalt in seiner endlichen Ausbreitung. Der Inhalt als trinitarischer Sohn aber ist gerade „das absolut Allgemeine *überhaupt,* – dort [= bei der endlichen Welt] aber [sind es] die bestimmten Gattungen, Sphären" (Rel Ms 155). Es ist ganz deutlich, wie die Wahrheit der Welt, der trinitarische Sohn in der Allgemeinheit des „überhaupt" angesiedelt wird und die Endlichkeit der Welt darin besteht, daß sie als *Vielheit* bestimmter (und deshalb endlicher) Sphären gedacht wird. Das „absolut Allgemeine überhaupt", das der trinitarische Sohn ist, ist mithin aber nichts anderes als die Welt selbst, *insofern* sie nicht als Mannigfaltigkeit bestimmter bzw. endlicher Sphären, sondern als noch unentfaltete Ganzheit bzw. als noch unentfaltete Dimension von Differenziertheit überhaupt aufgefaßt wird: „Gott ist die Wahrheit ... des Universums – nicht bloß ein abstract Anderes – Es ist daher *derselbe Stoff* ... Thun seines Lebens, ist dasselbe – als das Leben der Welt" (Rel Ms 155). Der Unterschied zwischen Sohn und Welt liegt demnach genau in folgendem: Wird die Welt als unentfaltete „Welt überhaupt" aufgefaßt, so ist sie trinitarischer Sohn. Die Welt nicht entfaltet, ist strenggenommen freilich nicht *Welt*, sondern bloß Anderes überhaupt zur reinen göttlichen Einheit. Der trinitarische Sohn ist daher eigentlich nur im Hinblick auf die folgende Sphärenentfaltung „Welt überhaupt". Rein „immanent"-trinitarisch (also auf der ersten Konkretionsstufe) kann von der Welt gar nicht die Rede sein. Dies erklärt Hegels entsprechende Formulierungen, daß der Sohn *nicht* die Welt sei. Wird die Welt entfaltet und in ihrer Mannigfaltigkeit dargestellt, so ist sie endlich und ungöttlich, weil in der Entfaltung des einzelnen Bestimmten bzw. Endlichen das Nichttotale oder Nichtgöttliche thematisch ist. Das den Blick von den einzelnen Bestimmtheiten wegwendende „überhaupt" ist der Punkt des Übergangs von der Ungöttlichkeit der Welt zur Welt als trinitarischem Sohn. Von Gott her gedacht ist das „Welt überhaupt" der Punkt des Übergangs von der ersten Konkretionsstufe zur zweiten Konkretionsstufe. Der trinitarische Sohn ist also einerseits nicht die Welt, andererseits ist gerade und nur der trinitarische Sohn es, als welcher sich der Übergang von der ersten göttlichen Konkretionsstufe zur zweiten, das Endliche als Welt entfaltenden Konkretionsstufe vollzieht. Bei der Unterscheidung von trinitarischem Sohn und Welt handelt es sich also um eine sehr differenzierte „Wendung der Speculation" (Rel Ms 545)[9], oder anders gesagt, um eine Wendung in der Perspektive, die beim Betrachten der Welt einmal die Totalitätseinheit, das andere Mal die Sphärenmannigfaltigkeit unausdrücklich läßt: „z. B. endliche Welt, Natur und endliches Bewußtseyn – ist der Gegensatz das Andre der Idee, in Gott ist wie es die Religion vorstellt – das andre Gottes – sein *Sohn* – d. i. er als Andres, das in der Liebe, in der Göttlichkeit bleibt" (Rel Ms 157). Dieser Text unterscheidet deutlich die zwei Konkretionsstufen. Das Andere Gottes, als solches expliziert, sind die Sphären in ihrer Bestimmtheit (Natur und Bewußtsein werden als Beispiele für solche Sphären angeführt). In Gott, d. h. auf der ersten Konkretionsstufe, aber ist das Andere der eine Sohn, der in keine Sphärenmannigfaltigkeit zerfällt, sondern wie Hegel formuliert, „in der Liebe, in der Göttlichkeit bleibt". „Liebe" ist in diesem Zusammenhang ein metaphorischer Ausdruck für die alle Bestimmtheit in sich schließende Geisttotalität[10]. Die

9. Diese Wendung und Differenzierung der Spekulation vollzieht Kant nicht. Ihm gilt der trinitarische Sohn nur als das „Urbild[e] *der Menschheit*" (Kant VI 145 Hvm). Der Sohn wird nicht auch als Differenz überhaupt zur reinen göttlichen Einheit ohne nähere bzw. weitere Konkretion („Menschheit"), mithin ausschließlich „ökonomisch", nicht aber „immanent" gedacht. Kant übersieht, daß die Menschwerdung Gottes in einem Urbild eine Selbstunterscheidung überhaupt Gottes von sich voraussetzt.

10. Vgl. Zweiter Teil, Zweites Kapitel, Abschn. 1.

„Göttlichkeit" ist ebenfalls nichts anderes als die Totalität. Daß der Sohn in der Liebe und Göttlichkeit bleibt, heißt folglich, daß er stets ineins mit der Totalität bzw. stets nur als Bestimmtheitsdimension *der einen Totalität* expliziert wird, nicht aber unter Abblendung des Totalitätscharakters als Mannigfaltigkeit einzelner Sphären[11].

4 Immanente Trinität (programmatische Geisttotalität) und Logik

Aus den vorstehenden Ausführungen ergibt sich, daß die immanente Trinität als die programmatische Geisttotalität anzusehen ist. Mit der *logischen* Gestalt der programmatischen Geisttotalität wurde auch tatsächlich in der Hegelinterpretation Gott öfters identifiziert. Dagegen wird festzuhalten sein, daß die programmatische Geisttotalität nicht einfachhin mit der Logik zusammenfällt. Bevor wir darauf näher eingehen, seien einige kurze Hinweise auf Interpreten eingeschaltet, die hier eine einfache Identität ansetzen. „Die Logik als ganze ist also die Darstellung der spekulativen Wahrheit dessen, was die christliche Dogmatik als ‚immanente Trinität' bezeichnet"[12]. Die Idee in ihrem Begriffe ist „Gott-in-sich"[13]. Auch für Küng ist die Logik „die Entwicklung der ewigen göttlichen Seinsweisen"[14]. Am „bedeutendsten"[15] in dieser Tradition der Hegel-Deutung ist Iljin, auf dessen Werk sich etwa auch Küng stützt. Iljin unterscheidet drei *Epochen* des göttlichen Lebens, die als *reales* „Zuerst", „Nachher" und „Zuletzt" bezeichnet werden[16]. Das „Zuerst" ist dabei die Logik[17]. Was bedeutet der Hinweis auf die „Realität" des Unterschiedes der Epochen? Iljin will in den Epochen wohl keine in ihrer Isolation *unselbständige*, sich aufhebende Entfaltungsstadien der Totalität, sondern in sich selbst abgeschlossene Lebensbereiche Gottes sehen. Dies bestätigt seine Deutung, derzufolge er die erste Epoche Gottes „im klaren und schlichten Elemente der vorweltlichen ‚Einsamkeit'"[18] ansiedelt, in der es „noch kein menschliches Bewußt-

11. Den Unterschied zwischen trinitarischem Sohn und Welt sieht auch Chapelle darin, ob die Perspektive der Totalität („identité spirituelle") oder umgekehrt die Perspektive der totalitätsunbewußten Mannigfaltigkeit („non-identité naturelle") das Herrschende ist (Chapelle II 163).
12. Splett 78
13. Kern 151
14. Küng [1] 318
15. Puntel [1] 102
16. Vgl. Iljin 224
17. Vgl. ebd. 209 und 224
18. Vgl. ebd. 208

sein"[19] gibt. Daß im Sinne Hegels ein solcher Gott nur ein Durchgangsstadium der Explikation des angemessenen Gottesbegriffes sein kann, wurde schon gezeigt. Freilich könnte man die Einsamkeit oder Weltlosigkeit Gottes als die erste Konkretionsstufe der Geisttotalität verstehen. Aber damit bestünde kein „realer", sondern ein lediglich explikationsstufenmäßiger Unterschied zwischen der ersten und der zweiten Stufe (Epoche).

Hegel bestimmt Gott als *Geist.* Der Geist ist aber nicht einfachhin mit der Logik identisch, vielmehr ist die Logik ein Moment bzw. eine Dimension des Geistes. Die Logik ist die inhaltslose Dimension, wenn man unter „Inhalten" *realsystematische* Inhalte, also all das, was nicht logische Struktur ist, versteht. Die Logik legt die verschiedenen Gestaltungen oder Formen des Mediums der Gegenwärtigkeit von allem und jedem, d. h. die Kategorien, dar, ohne aber dasjenige zu thematisieren, *was* in diesen Gestaltungen oder Formen gegenwärtig werden kann. Schon in der Heidelberger Enzyklopädie wird nicht einfachhin die Logik als Darstellung Gottes bezeichnet, sondern erst die im „Reichthum der sinnlichen so wie der concretern, der intellectuellen Welt" (VI 37 § 17 Anm) durchgeführte bzw. „bewährte" (VI 309 § 474) Logik „erhält ... die Bedeutung speculativer Theologie" (VI 38 § 17 Anm)[20]. Dem entspricht es, wenn am Ende der Enzyklopädie von 1830 erst „das Logische mit der Bedeutung, daß es die im konkreten Inhalte als in seiner Wirklichkeit *bewährte* Allgemeinheit ist" (Enz § 574), „als das *Geistige*" (Enz § 574) bezeichnet wird. Der Geist, und damit Gott, ist *nicht nur Logik*[21]. Gegen Iljin besteht daher Puntel zu Recht darauf, daß Gott „weder nur das logische noch nur das realsystematische Ganze, sondern die Einheit der beiden ist"[22].

Die Logik ist die Entfaltung der Strukturen, als welche die Geisttotalität sich gegenwärtig ist. Das besagt, daß alles, was immer zur Gegenwärtigkeit kommt, logisch strukturiert ist. Es gibt nichts, was außer der oder ohne die Logik dem Geist zur Gegenwärtigkeit käme. Die Geisttotalität kann sich nun in zwei Konkretionsstufen gegenwärtig sein, wie eben gezeigt wurde. Sie kann sich einerseits gegenwärtig sein als eine (oder mehrere) *begrenzte einzelne* Sphäre(n) und andererseits als die *Totalität* aller Sphären. In beiden Fällen begreift der Geist das je Gegenwärtige mittels logischer Strukturen. Im ersten Fall ist die Logik die Struktur einer bestimmten einzelnen Sphäre, im zweiten Fall ist sie die Struktur der Totalität aller Sphären, und das heißt dann: die Struktur Gottes oder des absoluten Inhaltes. Die logischen Strukturen werden aber beidemale als Strukturen *von etwas* gedeutet bzw. verwendet. In keinem der beiden

19. ebd.
20. Dies übersieht Splett, wenn er einfachhin die „Logik als ganze" (Splett 78) unter Berufung auf § 17 Anm der Heidelberger Enzyklopädie (Splett 78 Anm 10) als Darstellung der immanenten Trinität versteht.
21. Der selbstbewußte Geist wird „als solcher nicht in der logischen Wissenschaft betrachtet" (WL II 224).
22. Puntel [1] 107

Fälle werden die logischen Strukturen *als solche*, d. h. unter Abstraktion davon, *wovon* sie Strukturen sein können, gedacht. Die abstrakte Betrachtung der logischen Strukturen legt diese nicht als Strukturen, die *an einer Sache* zu finden sind, dar, sondern die Strukturen nur „an ihnen selbst". Dies ist die eigentlich logische Betrachtung der logischen Strukturen. Als solche reinen Strukturen sind die logischen Bestimmungen einerseits von jedem Bezug auf eine Sache frei, andererseits aber sind sie prinzipiell auf jede Sache anwendbar bzw. mit jeder Sache erfüllbar bzw. in jeder Sache bewährbar. Werden die logischen Strukturen aber „an ihnen selbst" erörtert, so sind sie dargestellt als *indifferent* dagegen, *worauf* sie bezogen oder angewendet werden möchten bzw. dagegen, was mittels ihrer artikuliert oder zur Gegenwärtigkeit gebracht werden soll. Deshalb ist die Logik *nicht unmittelbar als solche* schon Darstellung Gottes. Dies ist sie erst, wenn die in ihr entfalteten Strukturen ausdrücklich als Strukturen *der Geisttotalität* gedacht oder gedeutet werden. Die Angabe, als Strukturen *welcher* Sache die logischen Bestimmungen betrachtet bzw. verwendet werden, ist selbst *kein innerlogisches* Tun. Wenn Hegel die Logik als gedachte Sache oder sachhaltiges Denken, d. h. als Struktur der Sache selbst bestimmt (WL I 30ff), ist diese Feststellung des universalen Sach*bezuges* der Logik keine innerlogische Strukturerörterung, sondern eine Verortung der Logik in bezug auf das, wovon sie Struktur, was aber eben deswegen nicht unmittelbar sie selbst ist. Daß die Logik die Sache in sich enthält bzw. die reine Ausgelegtheit der Sache ist (weil sie das Insgesamt der Strukturen darstellt, innerhalb welcher allein die Sache zur Gegenwärtigkeit kommen kann), ist selbst kein logischer Satz, sondern er charakterisiert die Logik von einer umfassenderen als der nur-logischen oder nur-strukturellen Perspektive her, in welche die Logik einbezogen, in welcher sie verortet werden soll. Im Rahmen der hegelschen Ausführungen in WL I 27–31 ist diese umfassendere Perspektive die *Geisttotalität,* im Sinne Kants verstanden als Dichotomie von Subjekt und Objekt. Die Charakterisierung der Logik als Struktur oder reine Ausgelegtheit der Sache selbst gibt die Funktion der Logik innerhalb der Geisttotalität an. Die Perspektive der Frage ist: Gehören die logischen Strukturen innerhalb des Geistes der Subjekt- oder aber der Objektdimension (im kantischen Sinne) an? Die Perspektive der Frage ist also nicht auf die logischen Strukturen als solche gerichtet. Es wird nicht logisch gefragt, wie die logischen Strukturen „an ihnen selbst" beschaffen seien. Begreift man die Logik (wieder mittels logischer Bestimmungen) von der Geisttotalität her, so wird sie als *eine* Dimension bzw. als eine Entfaltungsstufe des Geistes sichtbar und weist so über sich hinaus auf die mittels ihrer zu entfaltenden realsystematischen Inhalte. Dieses Hinausweisen ist aber nur der Fall, wenn die Logik schon nicht mehr nur als Logik betrachtet wird, sondern als Logik *von etwas.* Diese unterschiedlichen Perspektiven, unter denen man logische Strukturen betrachten kann, vernachlässigen jene Interpretationen, die Gott und Logik einfachhin identifizieren.

Wird die programmatische Totalität mittels logischer Bestimmungen in ihrem Totalitätscharakter begriffen, so ist eben dasjenige begriffen, was religiös „Gott" (im Sinne der „immanenten Trinität") heißt, nicht aber die endliche Welt als solche, weil diese nur in der Entfaltetheit der einzelnen Sphären besteht. Wird aber die Logik nicht auf die einzelnen Sphären, sondern auf die Totalität als solche bezogen, so begreift sie Gott im Unterschied zur endlichen Welt, sie begreift die Totalität als programmatische oder unentfaltete: „Man kann sich deswegen ausdrücken, daß dieser [= der logische] Inhalt die Darstellung Gottes ist, wie er in seinem ewigen Wesen vor der Erschaffung der Natur und eines endlichen Geistes ist" (WL I 31). Es ist uns schon geläufig, daß „Erschaffen" bei Hegel so viel wie „Entfalten" besagt. Nach den vorstehenden Ausführungen über die Konkretionsstufen erhellt nun von selbst, daß „Gott in seinem ewigen Wesen" nichts anderes meint als die *immanente Trinität,* d. h. die in ihrer Bestimmtheitsdimension noch unentfaltete in sich differenzierte Totalität. Weiterhin ergibt sich aus unseren Überlegungen zur Logik, wie es zu verstehen ist, daß die Logik hier als „Darstellung Gottes" bezeichnet wird: Die Logik ist insofern Darstellung Gottes, als die in ihr exponierten Strukturen es sind, denen gemäß die Geisttotalität in ihrer Ganzheit begriffen werden kann und muß. Artikuliert man mittels logischer Bestimmungen die immanente Trinität (oder programmatische Geisttotalität), so ist die Logik Darstellung Gottes; artikuliert man mittels logischer Bestimmungen einzelne Sphären der Geisttotalität, so ist die Logik Darstellung der endlichen Welt.

Es kann *jede* Stufe der Logik als Struktur der programmatischen Totalität interpretiert bzw. zur Artikulation derselben herangezogen werden: „die logischen Bestimmungen *überhaupt* [,] können als Definitionen des Absoluten, als die metaphysischen Definitionen Gottes angesehen werden" (Enz § 85 Hvm). Der Ausdruck „in sich differenzierte Totalität" bezeichnet mit Termini, die in Hegels Logik selbst keinen festbestimmten Platz und Sinn haben, auf allgemeine und unbestimmtere Weise dasjenige, was von den als Artikulationen der Totalität gedeuteten verschiedenen logischen Strukturen auf je verschiedener Bestimmungshöhe gedacht wird. „In sich differenzierte Totalität" oder auch „immanente Trinität" sind somit *Kurzformeln* all der verschiedenen Weisen, die Totalität in ihrer inneren Differenziertheit zu denken, d. h. die logische Struktur der Totalität zu explizieren. Damit ist die Logik (sofern sie zur Artikulation der in sich differenzierten Totalität herangezogen wird) die Darstellung der verschiedenen Strukturen, mittels derer (auf unterschiedlicher Bestimmungshöhe) die Totalität bzw. die Trinität artikuliert wird. Als Strukturen der Totalität bzw. Trinität aufgefaßt, ist die Logik also die Darstellung der verschiedenen Weisen von trinitarischer Struktur, d. h. der verschiedenen Weisen von Göttlichkeit. Hegel gibt bezüglich der Entsprechung zwischen Gott und den Kategorien noch einen detaillierteren Hinweis: „die logischen Bestimmungen überhaupt [,] können als Definitionen des Absoluten, als die metaphysischen Definitionen Gottes angesehen werden; näher jedoch immer nur die erste einfache Bestimmung einer Sphäre, und dann die dritte, als welche die Rückkehr aus der Differenz zur einfachen Beziehung auf sich ist" (Enz § 85). Dieser Satz führt eine Differenzierung ein, die bedacht sein will. Während der oben zitierte WL-Text die *gesamte* Logik als Darstellung Gottes anspricht, kennt der Enz-Text offenbar Kategorien, die *nicht* als Darstellungen Gottes (der immanenten Trinität) aufzufassen sind, nämlich die „zweiten" oder „mittleren" Kategorien einer logischen Sphäre: „Die zweiten Bestimmungen, als welche eine Sphäre in ihrer Differenz sind, ... sind die Definitionen des *Endlichen*" (Enz § 85). Die „zweiten" Kategorien werden also mit der Dimension der endlichen Sphären in Parallele gesetzt, d. h. mit der zweiten trinitarischen Person, dem Sohn. So sind in der Tat auch sie Moment an der Darstellung Gottes. Der Enz-Text differenziert nur genauer als der WL-Text. Es ist die *ganze* Logik Darstellung Gottes als der immanenten Trinität, und zwar so, daß die Kategorien auf steigender Bestimmungshöhe je komplexere Dreiergruppen bilden, innerhalb deren sie das Verhältnis abstrakte Totalität-abstrakte Differenz-Einheit beider bzw. das Verhältnis Vater-Sohn-Geist jeweils vollziehen. Es wäre so in der Interpretation der logischen Strukturen als Strukturen Gottes zu unterscheiden zwischen Vater-Kategorien, Sohn-Kategorien und Heiliggeist-Kategorien. Die logischen Bestimmtheiten stellen also nicht in gleicher Weise Gott dar, sondern entsprechen genau der innergöttlichen (innertrinitarischen, innertotalen) Differenziertheit. Die „zweiten" Kategorien stellen Gott in seiner Selbstunterscheidung, d. h. die Geisttotalität im Moment ihrer inneren Differenziertheit dar, nichtsdestoweniger sind sie Darstellungsmomente des Göttlichen bzw. der Geistttotalität[23]. Jede logische Stufe ist eine Gestaltung der Struktur der konkreten, d. h. unterschiedene Seiten in sich schließenden und deshalb dreimomentigen oder trinitarischen Geisttotalität.

Mittels der Logik kann die Totalität, es können aber auch die bzw. eine einzelne(n) Sphäre(n) mittels der Logik begriffen werden. Weil die Logik das *universale* Artikulationsmedium ist, sind *dieselben* Denkbestimmungen auf Gott, wie auch auf endliche Dinge anwendbar. Man kann ebensogut Gott als Substanz denken, wie einen endlichen bestimmten Gegenstand. Man kann noch weiter gehen und sagen: Die Totalität aller Sphären ist in sich differenziert; ebenso aber ist *jeder einzelne* Inhalt und *jede einzelne* Sphäre ein Ganzes, das in sich differenziert ist. Die Totalität ist lediglich das umfassendste Ganze, das selbst nicht mehr aus umfassenderen Ganzheiten ausgegrenzt ist; die innere Differenziertheit aber kommt dem kleinsten Ganzen so gut zu, wie der Totalität. Dieser Überlegung zufolge sind die kategorialen Dreiergruppen nicht nur als Definitionen Gottes, sondern ebensosehr als Definitionen *irgendeines beliebigen endlichen Inhaltes* anzusehen, weil auch dieser in sich differenzierte Ganzheit ist. Diese Strukturgleichheit von Gott und endlichen Dingen drückt Hegel so aus, daß er sagt, Gott sei „das Wahre selbst, von dem alles Andere *ein Beispiel* ist" (VG 58 Hvm). Noch deutlicher heißt es bei Hegel an anderer Stelle: es „enthält alles, was im Besonderen das Wahre [d. h. begriffen] ist, diese Bestimmung [der Dreieinigkeit]" (XVI 246). Dreieinig ist also nicht nur Gott, sondern auch das „Besondre", d. h. die einzelnen Sphären,

23. Die Entsprechung zwischen Kategorien und immanenter Trinität klärt Koch nicht. Ihm ist aber darin recht zu geben, daß das Absolute nicht nur in der ersten Bestimmung einer kategorialen Sphäre zu erblicken ist (101). Das Absolute ist die Einheit seiner und seines Anderen, also die *ganze* Trinität, nicht nur deren erstes Moment.

wenn sie in ihrer inneren Differenziertheit begriffen werden. Deshalb ist die „Dreieinigkeit in Allem, überall zu erkennen“ (XVI 246), eine Einsicht, die Hegel vor allem Jakob Böhme zuschreibt (XVI 246). So ist alles als „vestigium trinitatis“ deutbar. Begreift man (was stets nur antizipativ möglich ist) *alle* endlichen Inhalte *nacheinander* mittels einer bestimmten Kategoriendreiergruppe, so hat man lauter (auf einer gewissen logischen Bestimmungshöhe gedachte) in sich differenzierte Ganzheiten vor sich. Will man nun eine mehrere solcher Ganzheiten umfassende Ganzheit denken, so wird wegen dieses Perspektivenwechsels die einzelne in sich differenzierte Ganzheit selber zu einer *einzelnen Sphäre* innerhalb der größeren Ganzheit. Diese umfassendere Ganzheit kann (muß freilich nicht) wieder mit *derselben* kategorialen Dreiergruppe als in sich differenzierte Ganzheit begriffen werden, wie vorher die weniger umfängliche Ganzheit. So kann man aufsteigen bis hin zu Gott als der umfassendsten Ganzheit, der Totalität, in der alle bisher in Betracht genommenen Ganzheiten als innere Differenzierungen erscheinen.

5 Zu Hegels Interpretation der klassischen Gottesbeweise

Die Gottesbeweise sind für Hegel die „Verstandesform“ (Rel Ms 155) der doppelten Vermittlungsbewegung der in sich differenzierten Totalität. Sie sind nichts anderes als die Explikation des trinitarischen Gottesbegriffs, dessen Komplexität sie in die doppelte Vermittlungsbewegung auseinanderlegen. Der von einzelnen endlichen (bestimmten) Inhalten ausgehende *kosmologische* Beweis formuliert die Erhebung des Gemütes über die Mannigfaltigkeit einzelner Bestimmter hin zu Gott als der Totalitätseinheit. Der Beweis vollzieht diese „Erhebung ... in Gedanken, in bestimmte Form gebracht“ (Rel Ms 209). Die Form, von der hier die Rede ist, ist die jeweils in Anschlag gebrachte Gedankenbestimmung oder logische Struktur. Von hier aus erhellt, daß es im Sinne Hegels *mehrere* kosmologische Beweise, mehrere, auf verschiedener logischer Höhe vollzogene, Ausgestaltungen des einen kosmologischen Beweis*typs* geben kann, je nach dem, ob nun z. B. vom *Vielen* zum *Einen,* vom einzelnen *Dasein* zum *Sein,* vom *Endlichen* zum *Unendlichen,* vom *Zufälligen* zum *Notwendigen* (und so weiter) aufgestiegen wird: „Die Verschiedenheit der Beweise vom Dasein Gottes besteht bloß in der Verschiedenheit ihrer [logischen] Bestimmung“ (BDG 159). Selbst der teleologische oder physikotheologische Beweis teilt mit dem kosmologischen Beweistyp die Grundstruktur, daß von einem Endlichen oder Bestimmten ausgegangen wird: „und was dadurch vermittelt wird, ist Gott“ (BDG 159). Beiden Beweisarten gemeinsam ist die aufsteigende Bewegung, die Gott als das Resultat der Vermittlung erscheinen läßt. Der teleologische Beweis bezieht seine Eigenart aus der Form bzw. der logischen Struktur, nach der er sich vollzieht. Es ist dies die Kategorie des *Zweckes.* Nur durch diese „Verschiedenheit der Bestimmung", nicht durch den grundsätzlichen Duktus des Aufsteigens zu Gott unterscheidet sich der teleologische Beweis vom kosmologischen Beweistyp. Man könnte daher den teleologischen Beweis seinem Grundcharakter nach dem kosmologischen Beweistyp zurechnen.

Grundsätzlich unterscheidet sich vom kosmologischen Beweistyp nur der *ontologische* Gottesbeweis, weil letzterer dem ersten gegenüber „umgekehrt" (Rel Ms 505 Anm 34) verläuft. Ausgangspunkt ist hier nicht ein Endliches, von dem eine Erhebung zu Gott ihren Ausgang nimmt, sondern Ausgangspunkt ist hier der *Begriff Gottes selbst,* dessen Sein nun vermittelt, bewiesen werden soll. Der dunkle Sinn dieses „Seins" Gottes ist das eigentliche Problem für eine Interpretation der hegelschen Deutung des klassischen ontologischen Beweises. Versuchen wir, den Sinn herauszufinden, den Hegel dem Wort „Sein" in Verbindung mit Gott zulegt. Dies geschieht in zwei Schritten, einem negativen und einem positiven.

In der Tradition wurde unter dem durch den ontologischen Beweis erschlossenen Sein eine außergedankliche bzw. außersubjektive Instanz verstanden, die den bloß gedachten oder bloß vorgestellen Gottesgedanken verifizieren sollte. Auch Kants Kritik des ontologischen Beweises hat ganz ein derartiges Sein im Auge[24]. Die Schwierigkeit bezüglich Hegels Position zum ontologischen Beweis liegt nun darin, daß Hegel *nicht* diesen Sinn mit dem „Sein Gottes" verbindet, gleichwohl aber in vielen seiner Äußerungen zum ontologischen Beweis ein solches Verständnis trotzdem voraussetzt oder es mindestens nicht ausdrücklich abweist. Besonders deutlich ist dies im Manuskript zur Religionsphilosophie von 1821, wo der Nerv des anselmschen Beweises so skizziert wird: „ α.) concreter empirischer Mensch – vernünftig sinnlich – Einheit β.) *nur* Begriff – bey diesem soll stehen geblieben werden – Widerspruch gegen α) unaufgelöst" (Rel Ms 515 Anm 43). Der Beweis wird hier so verstanden, als sollte er sagen: Weil die *Einheit* von Denken („vernünftig") und Sein („sinnlich") wahrer oder konkreter ist als die Abstraktion des bloßen Denkens („nur Begriff"), wäre es ein Widerspruch, bei einem bloß gedachten Gott stehenzubleiben: „Warum Begriff Gottes *nur* Begriff? Moderne Frage und Antwort: Weil Mensch concrete Identität ist Einheit des Begriffs und Seyns, α) Folge: Also müssen wir beym *Nur* stehen bleiben. Im Gegentheil, das *Nur* aufgeben" (Rel Ms 509 Anm 38). Das Sein ist hier ganz im Sinne der metaphysischen Tradition und Kants als eine (im Falle Gottes: übersinnliche) Empirie verstanden. Nun weist Hegel an anderer Stelle aber ein derartiges Verständnis von Sein ausdrücklich ab: der Begriff steht nicht „dem Sein gegenüber" (WL II 355). Was besagt „Sein" aber dann? „Sein" ist bei Hegel eine *logische Bestimmung,* „das unbestimmte, einfache Unmittelbare" (Enz § 86). Auf der Basis dieses logischen Verständnisses von „Sein" läßt sich die Einheit von Denken und Sein leicht erweisen: „Betrachten wir nunmehr das

24. Zur Problematik des Seins Gottes bei Kant vgl. Huber [2].

Denken, so kann es uns nicht entgehen, daß dasselbe wenigstens gleichfalls das schlechthin mit sich Identische ist. Beiden, dem Seyn und dem Denken, kömmt somit dieselbe Bestimmung zu" (VIII 214 = Enz § 88 Zus). Insofern also Denken und Sein *dieselbe logische Struktur* aufweisen, unterscheiden sie sich nicht und sind folglich identisch. Man beachte, daß hier nicht einmal vom Gedanken „Gott", sondern bloß vom Denken überhaupt ausgegangen wird. Sein ist „nur diese Einfachheit ..., die Identität mit sich" (XVI 543). Solches Sein, d.h. solche *Struktur,* kommt allem und jedem zu, denn es ist die „allerärmste" (Enz § 51 Anm) Bestimmung. Und so müßte es tatsächlich „sonderbar zugehen, wenn ... die konkrete Totalität, welche Gott ist, nicht einmal so reich wäre, um eine so arme Bestimmung ... in sich zu enthalten" (Enz § 51 Anm). Nun ist der genaue logische Ort, an dem die Struktur des ontologischen Beweises expliziert wird, bei Hegel bekanntlich der Übergang von der Subjektivität zur Objektivität des Begriffs (WL II 353–356). Auf eine Interpretation dieser Partie der WL ist es hier nicht abgesehen. Wie „Sein" als eine Gestalt der Unmittelbarkeit auf der Ebene der Objektivität auftritt, und somit, wie der an den klassischen ontologischen Beweis erinnernde Übergang von Hegel vollzogen wird, hat D. Henrich ausführlich dargestellt[25]. Kein Zweifel sollte aber darin bleiben, daß Hegel den anselmschen Beweis *umdeutet.* Es geht Hegel nicht um den Erweis einer außersubjektiven, d.h. einer „nicht bloß in eurem Gehirne" (B 512) gegebenen Existenz Gottes, worum es aber gerade Anselm und der ganzen (zustimmenden und ablehnenden) Tradition bis hin zu Kant ging. Das Denken ist für Hegel immer schon sachhaltig und die Sache immer schon gedacht. Der Tradition ging es mit dem ontologischen Beweis gerade um die Überwindung der Abstraktheit des „bloß gedachten" Begriffs und um die Erreichung der Sachhaltigkeit des Denkens bzw. der Gedachtheit der Sache[26]. Das, was im Gegenzug hierzu Hegel irreführenderweise „ontologischen Beweis" nennt, hat die Überwindung der Dichotomie von Denken und Sein, und damit das von der Tradition des ontologischen Beweises Angezielte, *schon hinter sich.* Was ist aber dann das „Sein", von dem Hegel bezüglich des ontologischen Beweises spricht? Die Klärung dieser Frage kann unabhängig von einer ausdrücklichen Erörterung des Übergangs zur Objektivität des Begriffs erfolgen, weil Hegel selbst logisch weniger genau an mehreren Stellen den grundsätzlichen Sinn seines Beweises von „Sein", „Dasein", von der „Existenz" oder „Realität" Gottes angibt. Die eben genannten Termini sind sozusagen defiziente Erfassungen dessen, worauf es bei der Objektivität des Begriffs ankommt; diese Differenzierungen sind aber für unsere Zwecke vernachlässigbar, weil es nur um das ganz Grundsätzliche und Allgemeine der Struktur geht, welche Hegel „ontologischer Gottesbeweis" nennt.

Thetisch sei nun folgendes festgestellt und anschließend an Texten Hegels belegt: „Sein", „Dasein", „Realität" meint bei Hegel die *inneren Differenziertheiten einer Einheit:* (1) „das Gute enthält in seinem Begriff ... das Moment der *Realität,* welche ... in ...

25. Henrich [4] 189–219
26. Vgl. Schurr

der in sich reflectirten Subjectivität des Ich ... liegt" (VI 289 § 421 Hvm). (2) „Durch dies Setzen seiner selbst als eines *bestimmten* tritt Ich in das *Dasein* überhaupt; – das absolute Moment der *Endlichkeit* oder Besonderung des Ich" (Rph § 6). (3) „Der göttliche Begriff ist der reine Begriff, der Begriff ohne alle Beschränkung; die Idee enthält, daß der Begriff sich *bestimmt*, ... und weil der denkende ... Geist diesen Inhalt vor sich hat, so liegt darin das Bedürfniß dieses Übergangs, dieser Fortbewegung [des ontologischen Beweises]" (XVI 231 Hvm). (4) „indem das Unterschiedene ... als das Andre ihrer [= der Macht], wie sie in sich reflectirt ist, als *Realität* erscheint" (Rel Ms 281 Hvm). (5) „Seite der *Bestimmung*, der *Realität*" (Rel Ms 281). Es ergibt sich aus diesen fünf Texten: „Realität" (Text 1, 4, 5) oder „Dasein" (Text 2) meint das „Bestimmte" (Text 2, 3, 5) bzw. „Endliche" (Text 2). Der „Begriff" Gottes (Text 3) hingegen meint die reine, nicht nach ihrer inneren Differenziertheit betrachtete abstrakte Totalitätseinheit. „Abstrakte Totalität" einerseits und die „vielen Bestimmten" andererseits können als die (ohne weitere logische Präzisierung bezeichneten) beiden Seiten angesehen werden, deren Einheit der ontologische Beweis im Sinne Hegels formuliert (als einen „Übergang"). Realsystematisch handelt es sich bei den vielen Bestimmten um die einzelnen Sphären oder Disziplinen des Systems der Wissenschaften. Indem diese als innere Differenzierungen *der einen Totalität* entwickelt und dargestellt werden, wird das „Sein" der zunächst nur abstrakten Totalität bzw. des zunächst nur einseitigen Gottes expliziert. Diese Explikation kann auf den beiden herausgearbeiteten Konkretionsstufen statthaben. Schon der Übergang vom Vater der immanenten Trinität zum Sohn kann daher als ontologischer Gottesbeweis aufgefaßt werden. Auf der die Mannigfaltigkeit der Sphären entwickelnden Konkretionsstufe sieht dies so aus: Wenn man den realsystematischen Gang der Enzyklopädie durch die einzelnen Sphären *von seinem Ende her* deutete, dann hätte man den Vollzug des ontologischen Gottesbeweises auf dieser ausgeführten Konkretionsstufe. Es muß aber nochmals in Erinnerung gerufen werden, daß Hegel eine solche „absteigend-ontologische" Darstellung der Einzelsphären nicht ausgeführt hat.

Die *logische Struktur*, der entsprechend der „ontologische" Übergang von der abstrakten Totalität zur Dimension der bestimmten Sphären artikuliert wird, kann dabei auf verschiedene Weise, d. h. auf verschiedener logischer Höhe oder mit mehr oder weniger Komplexität angesiedelt oder ausgestattet sein. Grundsätzlich aber denkt *jede* Stufe der Logik (wenn auch mit steigender Angemessenheit oder Komplexität) die Einheit von abstrakter Totalität und Bestimmtheitsmannigfaltigkeit. Hegel drückt dies so aus, daß er jede logische „Sphäre" oder Stufe als Dreiheit betrachtet: (1) als „einfache Beziehung auf sich", (2) als „Sphäre in ihrer Differenz" und (3) als „Rückkehr aus der Differenz zur einfachen Beziehung auf sich" (vgl. Enz § 85). Demnach müßte auf *jeder* logischen Stufe ein ontologischer Beweis im Sinne Hegels möglich sein, weil die „Rückkehr aus der Differenz" auf jeder Stufe nur dann vollständig begriffen ist, wenn diese Rückkehr nicht nur als Verschwinden der Differenz, sondern als *eine* Richtung der doppelten Vermittlungsbewegung in sich differenzierter Ganzheit gedacht wird:

Rückkehr aus der Differenz zur Einheit bedeutet eo ipso das Erzeugen oder Erschaffen der Differenz durch die Einheit, weil die Einheit als eine durch die Differenz vermittelte begriffen ist und so die Explikation der Einheit von selbst auf die Differenz führt. Hegel deutet dies an, wenn er Gott als „Seyn in allem Daseyn“ (Rel Ms 215) denkt. Hier läuft die Bewegung des Satzes vom Sein zum Dasein, d. h. von der abstrakten Totalität zu den Bestimmtheiten oder (im Sinne des ontologischen Beweises geredet) vom Begriff (hier: „Seyn“) zum Sein (hier: „Daseyn“).

Entsprechend dem ontologischen Beweis kann auch der kosmologische Beweis nicht nur von einem Inhalt oder von der unexlizierten Gesamtheit aller Inhalte überhaupt aus geführt, sondern zur Darstellung der ganzen Sphärenmannigfaltigkeit ausgebreitet werden. Als „aufsteigend“ zur Totalität ist der enzyklopädische Gang ausgeführter kosmologischer Gottesbeweis. Beide Beweise ergänzen sich gegenseitig oder setzen sich gegenseitig voraus und bilden so die gegenläufige Auslegung der einen Totalität: „hier vom Begriff ausgegangen / früher vom Daseyn ... Diß beydes, nothwendig damit beydes sey als ein gesetztes – d. h. seine Einseitigkeit aufgehoben – jedem der Schein des Unmittelbaren genommen“ (Rel Ms 505 Anm 34). Fängt man nämlich vom einzelnen Bestimmten an, so ist dies das Unmittelbare, das erst noch zu begreifen, d. h. als ein „Gesetztes“ in einem Bezugsrahmen zu verorten ist. Diese Verortung, die das Bestimmte, von dem man anfängt, erst ein solches sein läßt, ist nur von der Totalität her, also nur vermittelst eines „ontologischen Beweises“ möglich. Fängt man umgekehrt von der Totalität an, so ist diese das Unmittelbare, von dem man noch nicht weiß, wie man überhaupt dazu gekommen ist. Man ist aber dazu nur vermittelst des Bestimmten gekommen, von dem (um seiner Bestimmtheit willen) notwendig zur Totalität aufgestiegen werden muß, also vermittelst eines „kosmologischen Beweises“. So implizieren beide Seiten einander, weil sie sich wechselseitig vermitteln: Expliziert man die Bestimmtheit vollständig, so gelangt man notwendig zur Totalität und umgekehrt[27].

27. Diese gegenseitige Ergänzung übersieht Koslowski, wenn er Hegel vorwirft, dieser hätte im „System ... das Absolute ... genetisch-*subordinatianisch* aufgefaßt“ (Koslowski [1] 117). Diese Deutung rührt daher, daß Koslowski *einseitig* darauf abhebt, daß bei Hegel das „ganze System ... als ontologischer Gottesbeweis aufgefaßt werden“ (Koslowski [1] 107) muß, ohne umgekehrt zu bedenken, daß die aufsteigende enzyklopädische Bewegung ein kosmologischer Beweis ist, ja daß Hegel sein System *nur* als kosmologischen, nicht aber als ontologischen Gang *dargestellt* hat, wenn es auch „ontologisch“ *gedeutet* werden kann. Das subordinatianisch zum Ausgangspunkt genommene Absolute ist selbst Resultat des kosmologischen Aufstiegs.

Zweites Kapitel. Zur Diskussion um die hegelsche Trinitätslehre

1 Die theologische Beurteilung der Trinitätslehre Hegels

Die traditionelle Trinitätslehre spricht von drei göttlichen *Personen.* Wovon spricht Hegel bezüglich der Trinität? Es gibt bei Hegel zwei Aussagengruppen, deren eine nicht von drei Personen, sondern von drei Momenten der einen Subjektivität Gottes redet, deren andere aber an der Dreipersönlichkeit in Gott festzuhalten scheint. W. Pannenberg und L. Oeing-Hanhoff sehen in der ersten Aussagengruppe, welche die Dreipersönlichkeit nicht wörtlich, sondern als „Metapher für die innere Differenzierung seiner [= Gottes] Subjektivität"[1] versteht, eine häretische Umdeutung[2] der orthodoxen Lehre. Im Sinne dieser theologischerseits beanstandeten Lehre Hegels reduziert sich die Dreipersönlichkeit Gottes auf eine Einpersönlichkeit, deren drei Momente lediglich bildhaft als „Personen" vorgestellt werden. Pannenberg sieht nun in der zweiten Aussagenreihe Hegels, welche die innertrinitarische Gemeinschaft nicht als Dreiheit der die eine Persönlichkeit konstituierenden Momente, sondern als Dreiergemein-

1. Pannenberg [4] 39
2. „Vielleicht muß man die Auffassung des einen göttlichen Wesens als Person im Sinne von Selbstbewußtsein als die Häresie des christlichen Theismus beurteilen" (Pannenberg [4] 39). Zustimmend, wenn auch bezüglich des Häresiebegriffs etwas zurückhaltender, äußert sich hierzu Oeing-Hanhoff 402. Den Häresievorwurf ziehen sich auch Theologen wie K. Barth und K. Rahner zu, insofern sie die Dreipersönlichkeit in ein einziges göttliches Selbstbewußtsein umdeuten (vgl. Oeing-Hanhoff 400). Es kann nicht unsere Aufgabe sein, über den rechten Begriff von Orthodoxie zu entscheiden. Pannenberg jedenfalls vermutet in dieser (westlichen) Tradition der Trinitätslehre von Augustinus an über die Hochscholastik bis zum neuzeitlichen Theismus einen „problematische[n] Irrweg" (Pannenberg [4] 39).

schaft von Personen, nämlich als Liebesgemeinschaft, deutet, eine (in seinem Sinne wohl orthodoxe) „Alternative zur Herleitung der trinitarischen Bestimmungen aus dem Subjektbegriff"[3]. Diese These Pannenbergs beinhaltet eine doppelte Behauptung. (1) Die Dreipersönlichkeit kann, wenn man sie orthodox, d. h. wörtlich, versteht, *konsistent* gedacht werden. Diese Behauptung impliziert nicht notwendig eine Hegelinterpretation. (2) Die orthodox oder wörtlich verstandene Dreipersönlichkeitslehre stellt in den Augen Hegels eine *philosophisch gültige Alternative* dar zu der Umdeutung der Dreipersönlichkeitslehre in eine Metapher für die innere Struktur der Einpersönlichkeit Gottes. Diese zweite Behauptung Pannenbergs stellt offensichtlich eine Interpretationsthese zur Religionsphilosophie Hegels auf. Beiden Behauptungen muß nun kurz nachgegangen werden.

1.1 Die Problematik der Dreipersönlichkeit

Bei Pannenberg bleibt unklar, wie der Heilige Geist, den er als „Gemeinschaft der Liebe, die Vater und Sohn verbindet"[4], denkt, eine eigenständige, in diese Gemeinschaft selbst nochmals einbezogene Person sein kann. Der Bitheismusvorwurf, den bezüglich einer Position wie der genannten schon F. v. Baader erhoben hat[5], ist durch Pannenbergs Versicherung[6] nicht abgewiesen. Ebensowenig kann Pannenbergs Verwahrung gegen den Verdacht des Tritheismus[7] überzeugen. Denkt man nämlich Gott als Gemeinschaft dreier Personen, so denkt man ihn nicht mehr als Geist, sondern als *drei Geister*. Ist Gott Geist (Joh. 4, 24), so können seine drei Personen nur entweder bildhaft als nichtpersonale Momente der *einen* göttlichen Geistigkeit gedeutet oder aber wörtlich als *drei* eigenständige Geister bzw. Götter aufgefaßt werden[8]. Pannenberg will zwar die Identität der einzelnen Personen erst aus ihrer Gemeinschaft konstituiert sein lassen und damit ihre tritheistische Selbständigkeit umgehen[9]. Andererseits soll die Einheit, um nicht in einen Quatuortheismus zu verfallen, den Personen auch nicht vorgegeben oder ihnen gegenüber irgendwie selbständig sein[10], sondern jeder

3. Pannenberg [4] 37
4. ebd.
5. Vgl. Oeing-Hanhoff 392
6. Pannenberg [4] 37
7. ebd.
8. Pannenberg [4] 37 behauptet auch: „Subjektivität kommt ... allenfalls den trinitarischen Personen zu, nicht der Einheit der Liebe, die sie ... verbindet". Gleichwohl ist aber erst der „ganze" Gott Geist, nicht jede trinitarische Person für sich: „la tradition biblique designe du même nom d'Esprit Celui qu'envoient le Père et le Fils, et l'Essence du Dieu vivant" (Chapelle II 103).
9. Pannenberg [4] 37–40
10. ebd. 40

göttlichen Person nur vermittelst ihres Verhältnisses zu den anderen Personen erscheinen[11]. F. Wagner wendet hiergegen aber ein, daß auch so das Zerbrechen der göttlichen Einheit nicht verhindert werden könne, weil die durch die innertrinitarischen Relationen vermittelte „Einheit ... für Vater, Sohn und Geist unterschieden in Erscheinung treten [würde]. Daraus folgt, daß die aus den Beziehungen der trinitarischen Personen aufgebaute Einheit einem unendlichen Regreß anheimfällt, durch den die anfängliche Dreiheit der Beziehungen fortlaufend potenziert wird"[12]: Erscheint nämlich dem Vater die göttliche Einheit als seine Beziehung zu Sohn und Geist, dem Sohn als die Beziehung zu Vater und Geist, dem Geist als die Beziehung zu Vater und Sohn, so hat man drei differente Einheiten. Die Einheit dieser drei Einheiten erschiene dann wiederum Vater, Sohn und Geist auf die nämliche dreifache Weise, die Einheit dieser letzteren Einheiten wieder usf. ins Unendliche. Es soll hier der Frage nicht nachgegangen werden, ob man nicht in diesem unendlichen Regredieren selbst die Einheit des Göttlichen erblicken könnte; schwerlich freilich wäre solche Sichtweise orthodox[13]. Auch Pannenbergs Versuch, durch ein nicht mehr am hegelschen Subjektbegriff orientiertes Verständnis von Person der Dreipersönlichkeitslehre einen orthodoxen und nachvollziehbaren Sinn zu verleihen, kann uns hier nicht weiter beschäftigen[14].

1.2 Hegels metaphorisches Verständnis der Dreipersönlichkeit

Ist nun aber das wörtliche Verständnis der Dreipersönlichkeit Gottes für Hegel tatsächlich eine philosophisch gültige Alternative zum metaphorischen Verständnis? F. Wagner hat vor Jahren den Versuch unternommen, die hegelsche Trinitätslehre als Lehre von einer Personengemeinschaft zu rekonstruieren[15]. Allerdings blieb dabei gerade die *Dreizahl* der Personen unbegründbar: der Begriff einer Personengemeinschaft erfordert nicht notwendigerweise gerade drei Mitglieder, es könnten auch zwei oder vier Personen eine Gemeinschaft bilden. Darauf hat auch W. Jaeschke hingewiesen[16], und

11. ebd. 39
12. F. Wagner [5] 216f
13. Eine wenigstens *drei*perspektivische Einheit Gottes wird allerdings von der Orthodoxie zugestanden: Gott „ist in dieser [trinitarischen] Einheit zugleich in *dreimal* beziehentlich *verschiedener* Weise derselbe" (Schmaus 279 Hvm). Klassische katholische dogmatische Werke nehmen auf Hegel äußerst wenig Bezug. So heißt es über die Trinitätsirrlehren des neunzehnten Jahrhunderts: „rationalistae ac protestantes liberales reiciunt, ut patet, dogma de Sanctissima Trinitate" (Dalmau, Sagüés 226).
14. Pannenberg [5]
15. Vgl. F. Wagner [1] 241–251
16. Jaeschke [1] 412f

F. Wagner selbst kam damals zu dem Ergebnis, daß Hegel die Vorstellung von gerade drei Personen „empirisch, d.h. aus der kirchlichen Tradition aufgreifen“[17] muß, sie aber nicht als eine philosophisch begründbare Notwendigkeit dartun kann. Die hegelsche Trinitätsspekulation erhält damit den Charakter des Aufweises der logischen Struktur einer Vorstellung, deren Sinn und Notwendigkeit denkerisch gar nicht plausibel zu machen, sondern die nur als eben vorhandene Vorstellung hinzunehmen ist. Wenn im Unterschied hierzu die Trinität als metaphorische Darstellung der Geiststruktur gedeutet wird, dann ist sie ein im Zuge der Selbstthematisierung des Geistes philosophisch notwendiger Gedanke. Auch wenn man also Pannenbergs These, daß Hegel selbst in dem Festhalten an den drei (nicht umgedeuteten) Personen in Gott eine echte Alternative zu der Dreieinigkeit als bloßer Metapher für die Einpersönlichkeit gesehen habe, zustimmen wollte, müßte man sehen, daß das metaphorische Verständnis den Vorteil hat, die Dreizahl nicht nur unbegriffen und als ein in seinem Sinn und seiner Bedeutung letztlich nicht durchschaubares religionsgeschichtliches Faktum aufnehmen zu müssen. Ein wörtliches Verständnis muß entweder die Dreipersönlichkeitsvorstellung als ein Geheimnis im unhegelschen Sinn des Undurchdringlich-Undurchschaubaren verstehen, oder aber unter Veränderung des hegelschen Personenbegriffs der Trinität einen Hegel gegenüber kritischen Sinn geben[18]. Beides geht gegen Hegels Denken, und so läßt sich schon deswegen vermuten, daß Hegel in dem wörtlichen Verständnis der Dreieinigkeit keineswegs eine vertretbare Alternative zu dem metaphorischen Verständnis gesehen hat. Das wörtliche Verständnis war ihm nie Alternative, sondern stets nur Metapher. Das soll anhand der hegelschen Texte aus den drei Jahrgängen seiner religionsphilosophischen Vorlesungen dargetan werden.

1821: „Gott ist Geist – Einer – als unendliche Subjectivität – Einer in der unendlichen Subjectivität des Unterschiedes“ (Rel Ms 529). Das Unterschiedene und die darin bleibende Einheit (vgl. Rel Ms 527) werden hier eindeutig als innere Struktur der *einen* Subjektivität Gottes angesprochen. Für mehrere Personen oder Subjektivitäten bietet der vorliegende Text keinen Anhalt. In der Tat aber nennt Hegel andererseits Gott auch „die ewige Liebe“ (Rel Ms 527) und führt den Gedanken dreier Personen in der Gottheit durch (Rel Ms 537/9), wobei er ausdrücklich feststellt: „jedes Moment [der Trinität ist] als Subject“ (Rel Ms 537 Anm 69) zu denken. Hegel weist aber diesem Reden von Personen (a) ausdrücklich metaphorischen Charakter zu und stellt (b) fest, daß der Personenbegriff nicht in der Lage sei, das auszudrücken, was in der Trinität gedacht werden müsse:

(a) Von „Person“ ist die Rede, „um anzuzeigen, daß der Gegensatz [der trinitarischen Momente] absolut zu nehmen seye“ (Rel Ms 537 Anm 71). Die Rede von „Person“ zeigt also etwas an, ist selbst aber nicht sensu stricto zu verstehen. Nur dies, daß die trinitarischen Momente wirklich unterschieden sind, soll durch den Personenbe-

17. F. Wagner [1] 250. Vgl. F. Wagner [5] 215
18. So eindrucksvoll Pannenberg [5]

griff, insofern der „wesentlich ausschließend“ (Rel Ms 537) ist, ausgedrückt werden.

(b) Gerade in dieser letzten Ausschließlichkeit des Personenbegriffs liegt aber seine Unfähigkeit, dem trinitarischen Gedanken angemessenen Ausdruck zu verleihen: „Aber Person noch das Extrem in seiner Abstraction – nur als *aufgelöst* – wesentlich nicht isolirt festhalten ... Vorstellung Sinnlichkeit drey Götter – Subjectivität wäre verloren“ (Rel Ms 537 Anm 71). Dieser Text besagt: Die Vorstellung von Personen in Gott muß aufgelöst werden, weil diese vorstellungshafte, sinnliche Metapher einseitig auf die Unterschiedenheit der drei Momente abhebt und so lediglich drei Göttersubjekte, nicht aber den einen geistigen oder subjektiven Gott ausdrücken würde. Die „Auflösung der Person“ kann in diesem Kontext nicht die Eingebundenheit der Person in eine (die Selbständigkeit ja auch aufhebende) Persongemeinschaft meinen, weil in einer solchen Gemeinschaft die Personen in ihrer Selbständigkeit doch *auch* gewahrt bleiben müssen[19]; der zitierte Text spricht aber *nur* von Auflösung. Auf Gott angewandt würde ein solches Verständnis der „Auflösung der Person“ bloß zur Liebesgemeinschaft dreier Götter führen und im übrigen die Einheit des göttlichen Wesens dem von F. Wagner bemerklich gemachten Regreß ausliefern. Die Rede von „Personen“ in Gott ist und bleibt für Hegel eine Metapher. Er sagt ausdrücklich: „Bey diesen ... reinen speculativen Denkbestimmungen muß es gelassen werden – oder *für den Glauben* diß Aufnehmen nach den gegebenen naiven glüklichen Formen der Vorstellung, Sohn, Erzeugen“ (Rel Ms 529). Hegel unterscheidet hier zwischen der spekulativen Dimension und der vorstellungshaften Dimension des religiösen Glaubens. Nur der letzteren Dimension schreibt er die göttlichen Personen zu, verbannt sie jedoch aus der ersteren. Man kann bezüglich des Manuskripts von 1821 also nicht behaupten, daß das wörtliche Verständnis der göttlichen Dreipersönlichkeit für Hegels *spekulatives Denken* eine Alternative sei. Für das Denken ist die Dreipersönlichkeit *nur* eine Metapher[20].

1824: Die Rede von der göttlichen Personengemeinschaft wird in dieser Vorlesung ausdrücklich als nicht-geistige Redeweise qualifiziert: „dies ist die geistige Einheit in der Form des Gefühls“ (Rel IV 71). Die Funktion solcher Redeweise ist eben die, Metapher zu sein, weil sie zwar etwas ausdrückt, in ihrem Literalsinn aber aufgehoben werden muß: „Persönlichkeit spricht aus, daß der Gegensatz absolut zu nehmen sei, daß er nicht so milde ist ... Wenn man hier in der Religion die Persönlichkeit abstrakt festhält, so hat man drei Götter, und da ist die Subjektivität ... verloren“ (Rel IV 71f). Auch hier wird also entschieden an der einen göttlichen Subjektivität festgehalten: Gott hat drei Momente, „aber alle drei sind *der* Geist“ (Rel IV 72 Hvm), nicht aber ist jedes Moment für sich Geist.

19. Vgl. Jaeschke [1] 413f
20. Für das Manuskript von 1821 hat schon W. Kern 152 Anm 82 festgestellt, „daß Hegel ... den Liebesgedanken nicht gleichrangig neben den Geist- (oder näherhin Erkenntnis-)begriff stellt, sondern ihn diesem doch ... unterordnet“.

1827: Hegel bestimmt in dieser Vorlesung Gott zuerst ohne Verwendung des Ausdrucks „Person" als Einheit dreier Momente: „Gott ... ist dies, ... ein Anderes seiner zu setzen und den Unterschied ebenso aufzuheben, darin bei sich zu sein, und nur durch dies Hervorgebrachtsein ist er Geist" (Rel IV 80). Daraufhin wendet sich Hegel der religiösen Redeweise von den drei Personen zu und charakterisiert sie der Sache nach als eine metaphorische: „Die drei Einsen [die entstehen, wenn der Verstand die Momente zählt] aber werden noch vertiefter ausgesprochen, indem sie als Personen bestimmt werden" (Rel IV 80). Die Rede von Personen leistet also lediglich ein vertieftes Aussprechen, ein besonderes Deutlichmachen der Unterschiedenheit der göttlichen Momente. Die hegelsche Argumentation zeigt dann weiterhin, wie selbst unter Verwendung der Personvorstellung die dem Verstand gänzlich uneinsichtige göttliche Einheit möglich ist, indem er an *Erfahrungsbeispielen*[21], wie „Sittlichkeit, Liebe" (Rel IV 81), die der Verstand anerkennen muß, die Faktizität einer Einheit von solchen, die selbst so stark unterschieden sind wie Personen, aufweist. Dann aber fährt Hegel fort: „*Wir* betrachten die Idee in ihrer Allgemeinheit, wie sie im reinen Denken durch das reine Denken bestimmt ist" (Rel IV 81 Hvm). Die philosophische Betrachtung wird damit von der religiösen Redeweise bzw. von der Ebene der Beispiele, wo von personalen Verhältnissen die Rede war, deutlich abgehoben. Man kann also auch für 1827 nicht behaupten, daß Hegel die Rede von Personen bezüglich Gottes für eine philosophisch gleichrangige Alternative zu der Auffassung Gottes als eines dreimomentigen Subjektes hielte. Wie wenig Hegel die Trinität als Dreipersönlichkeit wörtlich verstand, schlägt sich gerade in einer kleinen Bemerkung aus der Vorlesung von 1827 nieder: „durch die Bestimmung der Person scheint noch unüberwindlicher gemacht zu sein, was die Idee fordert, nämlich diese Unterschiede zu betrachten als solche, die ... schlechthin eins sind ... Zwei [!] können nicht Eins sein" (Rel IV 80). Wieso redet Hegel hier von „Zwei" und nicht von „Drei"? Die Rede von „Person" sieht Hegel eben nicht als angemessenen Ausdruck für die Natur eines jeden der drei göttlichen Momente an, sondern die Rede von „Personen" dient ihm nur zur *Illustration* des *Verhältnisses*, das zwischen den selbst *un*persönlichen trinitarischen Momenten herrscht. Der Ausdruck „Person" besagt also keine sachliche, spekulativ einlösbare Kennzeichnung des einzelnen göttlichen Momentes. Das Wort „Person" betrachtet Hegel mithin „comme étranger au langage spéculatif"[22].

Hegel scheint also keine im Sinn Pannenbergs orthodoxe Trinitätsspekulation anzubieten. Da Pannenberg aber die Orthodoxie der westlichen theologischen Tradition bezüglich der Trinitätslehre für problematisch hält, muß es fraglich bleiben, ob man Hegel einfachhin deswegen als „unorthodox" bezeichnen kann, weil er nicht der von

21. „solche Formen des Verstandes [wie das abstrakte Trennen der Momente einer in sich differenzierten Einheit] zeigen sich unmittelbar in der Erfahrung als solche, die sich selbst aufheben" (Rel IV 81).

22. Chapelle II 89

Pannenberg favorisierten östlichen Trinitätslehre folgt[23]. Bevor theologischerseits nicht geklärt ist, worin nun orthodoxe Trinitätslehre zu erblicken sei, bleibt die Frage nach Hegels Orthodoxie kaum klar beantwortbar. Freilich wäre die Frage nach der Orthodoxie einer vernünftigen Theorie für Hegel widersinnig, weil für ihn umgekehrt die Orthodoxie sich dem vernünftigen Begreifen zu stellen und in letzterem ein Korrektiv ihren eigenen Vorstellungen und Bildern gegenüber anzuerkennen hat[24]. Es ist die Ungenügendheit des Personenbegriffs den *logischen* Strukturen dessen gegenüber, was in der Trinitätsvorstellung angezielt ist und von der Philosophie gedacht werden soll, welche die Dreipersonenvorstellung aufheben läßt[25].

1.3 Gott als einpersönlich?

Wenn die Dreipersönlichkeit bei Hegel Metapher für die Dreimomentigkeit der Subjektivität oder Geistigkeit ist, so ist Gott folglich als *eine Person* zu denken, deren innere Momente in der trinitarischen Vorstellung unangemessenerweise als eigene Personen bezeichnet werden. Gott als einpersönlich: Dies stimmt mit Hegels Betonung des Sachverhalts, daß Gott Geist sei, zusammen. Person ist für Hegel „das Subjekt, *für das* diese Subjektivität ist" (VII 90 = Rph § 35 Zus). Subjekt als Sichaufsichbeziehen ist „jedes Lebendige überhaupt" (ebd.). Erst das sich als solches wissende Subjekt aber ist Person. Dieser Sprachgebrauch entspricht nicht dem, dem Hegel sonst auch folgt. Kants transzendentale Subjektivität besagt Selbstbewußtsein, und so versteht sie auch Hegel. In der WL freilich wird die Subjektivität *als logische Struktur* von dem Selbstbewußtsein unterschieden, das als „daseiender Begriff", d. h. also als daseiende logische Struktur „Subjektivität", verstanden wird (vgl. WL II 220f). Die Frage nach der Personalität Gottes scheint demnach auf die Frage hinauszulaufen, ob Gott, der in seiner Struktur als „Subjektivität" (im Sinne der WL) zu denken ist, *sich selbst weiß* oder nicht. Hegel betont nun, daß der christliche Gott sich selbst wisse, während die griechischen Götter bloß gewußt wurden (VIII 334f = Enz § 147 Zus). Der christliche Gott weiß sich aber im Gott*menschen* und in der *Gemeinde*. Gott in seiner Immanenz kann unter hegelschen Voraussetzungen schwerlich ein Sichwissen zugeschrieben werden. Das

23. Wenn Koslowski behauptet, Hegels Interpretation der Trinität als Bild der Subjektivitätsstruktur sei dem dogmatischen Sachverhalt unangemessen, weil die Trinitätslehre „gerade nicht vom Modell der Subjektivität ausgeht, sondern vom Gedanken der Identität Gottes mit sich" (Koslowski [1] 122), so übersieht er, daß Hegel gerade diese „Identität mit sich" als Subjektivität angesehen hat.
24. „La spéculation détermine ... la vérité de la représentation traditionelle des Trois Personnes" (Chapelle II 109).
25. „die Logik wirkt ... als Korrektiv gegenüber dem Persönlichkeitsgedanken der religiösen Vorstellung" (Jaeschke [1] 413).

Wissen *von* Gott ist Selbstwissen Gottes. Insoweit ist auch der christliche Gott (wie die griechischen Götter) gewußt und nicht wissend. Das spezifisch Christliche ist die Einsicht, daß das Gewußtsein Gottes Gott selbst nicht äußerlich ist und folglich das Wissen, das von Gott weiß, Gottes eigenes Wissen ist. Dies Wissen ist aber nicht in Gottes reiner Immanenz, sondern nur „ökonomisch" im Gottmenschen und in der Gemeinde gegeben. Gott im Sinne der theologia naturalis ohne Gemeinde zu denken (Rel Ms 65f), heißt gerade, „die höchste Bestimmung desselben, realer Geist zu seyn – nicht erkannt" (Rel Ms 73) zu haben.

2 Die logische Struktur der Trinitätsvorstellung bei Hegel

In der vorliegenden Arbeit ist keine Analyse der logischen Bestimmungen beabsichtigt, mittels derer Hegel die Trinität denkt. Es soll lediglich auf einige Hauptschwierigkeiten der Interpretation des hegelschen Versuchs, die Trinitätsvorstellung zu denken, anhand der Diskussion einer Untersuchung von F. Wagner hingewiesen werden.

Am Manuskript von 1821, wie auch an den Vorlesungen Hegels zur Religionsphilosophie „fällt der weitgehende Mangel an spekulativer Begriffsentwicklung ins Auge"[26]. Hegel stellt die Trinitätslehre in ihrer religiösen Gestalt, d. h. in einer der in ihr angezielten gedanklichen Komplexität denkerisch nicht angemessenen Form dar und verweist für das Begriffliche auf die WL[27]. In welcher der logischen Bestimmungen erblickt nun aber Hegel die angemessene Artikulation der in der Trinitätslehre angelegten Struktur? Den detailliertesten Versuch einer Antwort hierauf hat F. Wagner unternommen[28]. Zu diesem Versuch sollen einige Bemerkungen gemacht werden. Drei Problemkreise verdienen dabei besondere Beachtung. (1) Zum einen erhebt F. Wagner gegen bestimmte Formulierungen Hegels den Vorwurf, sie reduzierten die Trinität auf eine Binität und fielen damit hinter die von Hegel selbst angezogene logische Struktur „Allgemeinheit–Besonderheit–Einzelheit" zurück. (2) Zum anderen muß F. Wagners These untersucht werden, die besagt, daß Hegels eigene Zuordnung der Trinität zu den logischen Bestimmungen des allgemeinen, besonderen und einzelnen Begriffs

26. Jaeschke [1] 414
27. Jaeschke [1] 414f
28. A. Chapelle widmet der Frage nach dem „statut logique" (Chapelle II 67) der Trinitätsvorstellung einen eigenen Abschnitt, äußert sich dann aber hauptsächlich über die Erkennbarkeit Gottes, während er zur Frage des logischen Status der Trinität einen einzigen Satz aufwendet: „En celle-ci [= la trinité] se représente l'Idee absolue de la logique" (Chapelle II 70).

unangemessen sei. (3) In einem dritten Punkt müssen Texte Hegels, welche mit der logischen Rekonstruktion F. Wagners nicht verträglich scheinen, kurz namhaft gemacht werden.

2.1 Binität oder Trinität?

F. Wagner zeigt zunächst, daß Hegel in der Vorlesung von 1824 und in der Enzyklopädie von 1830 „die immanente Trinität entsprechend der in sich differenzierten Allgemeinheit des Begriffs als Dreifaltigkeit von Allgemeinheit, Besonderheit und Einzelheit strukturiert"[29]. Im Manuskript von 1821 und in der Vorlesung von 1827 aber denke Hegel „den Geist nicht explizit als Einzelheit, vielmehr bloß als *Einheit* der Momente des Allgemeinen und Besonderen"[30]. Dies laufe auf „eine bloße Zweieinigkeit hinaus"[31], weil die Einzelheit nicht mehr als drittes Moment in die Einheit von Allgemeinheit und Besonderheit einbezogen sei. Die Einzelheit will F. Wagner also von der bloßen Einheit von Allgemeinheit und Besonderheit unterschieden wissen. Worin besteht nun die Einzelheit? Sie ist „von der Allgemeinheit durch ihre Konkretion und von der Besonderheit durch ihre in sich bestimmte Identität mit sich unterschieden"[32]. Ist nämlich die Allgemeinheit *unmittelbare* Beziehung auf sich, so ist die Einzelheit in sich selbst (durch Aufhebung des Besonderen) vermittelte, *konkrete* Einheit[33]. Weil die Einzelheit *in sich* bestimmt ist, unterscheidet sie sich auch von der Besonderheit, die als das Negative des Allgemeinen *außer* dieses fällt. Diese kurzen Angaben sind selbstverständlich sehr ungenügend und geben den Gedankengang F. Wagners nur unvollkommen wieder. Vor allem fällt wohl die seinslogisch anmutende Sprache („außer") auf. Allgemeinheit und Besonderheit fallen nicht auseinander wie Etwas und Anderes. Die bemerklich gemachten Unterschiede zwischen Allgemeinheit, Besonderheit und Einzelheit sind solche innerhalb des Allgemeinen selbst. Nichtsdestoweniger kommt es für unsere Zwecke im Augenblick weniger darauf an, die begriffslogische Nichtäußerlichkeit darzulegen, als vielmehr darauf, den Differenzierungen des Allgemeinen nachzugehen, um die Frage der „dritten Person" in der Trinität klären zu können[34]. Die dritte trinitarische Person ist F. Wagner zufolge als *Einzelheit* zu denken, nicht aber als *Einheit* der beiden ersten Personen (Momente). Offensichtlich erblickt F. Wagner im Begriff der Einheit dasjenige nicht ausgedrückt, was der Begriff der Einzelheit leistet.

29. F. Wagner [5] 202
30. ebd.
31. ebd. Den Binitätsvorwurf erhob auf nicht-logischer Ebene schon Oeing-Hanhoff 392.
32. F. Wagner [5] 210
33. ebd. 209
34. Zur Darstellung der Nichtäußerlichkeit jener Unterschiede vgl. F. Wagner [5] 207ff. Auch F. Wagner aber bezeichnet die innerbegrifflichen Differenzierungen als „Unterschiede", als „Gestelltsein gegen" (F. Wagner [5] 209).

Leider legt F. Wagner keine eigene Kritik des Einheitsbegriffes vor. Den Sinn der Ablehnung des Einheitsbegriffs werden wir in zwei Schritten zu eruieren versuchen, deren ersten man bei F. Wagner selbst findet, deren zweiten wir aus Hegels Äußerungen zum Einheitsbegriff (die F. Wagner wohl unausdrücklich voraussetzt) ableiten.

(a) Der Zweieinheitsvorwurf besagt im Grunde nur dies: Wenn Allgemeinheit und Besonderheit eins sind, so hat man nur *zwei,* die eins sind, nicht aber *drei.* Diese Überlegung liegt bei F. Wagner offenbar zugrunde[35] und führt zu seiner Forderung, das dritte Moment eigens „auszudifferenzieren"[36]. Tut man aber letzteres, und hat man dann drei Momente, die eins sind, erreicht, erhebt sich die Frage, ob man nun nicht anstelle der Dreieinheit eine *Viereinheit* gedacht hat. Hegel zählt ja die Einheit selbst als eines der drei Momente der Trinität: „Das sind drei, das Eine und das Andere und die Einheit Beider" (XIX 13). Dieser Text bezieht sich ausdrücklich auf die Trinitätsvorstellung. Zählt man auf dieselbe Weise die Bestimmungen einer Einheit von drei Momenten, von denen das dritte *nicht* selbst die Einheit ist, hat man in der Tat *vier* Momente. F. Wagners eigene Formulierung macht übrigens diese Problematik deutlich: „die Allgemeinheit ... kann insofern der logisch-strukturellen Explikation der immanenten Trinität genügen, als sie nicht bloß die Momente der Allgemeinheit (Vater) und Besonderheit (Sohn), sondern auch das der Einzelheit (Geist) in sich enthält"[37]. Was wird hier worin „enthalten"? Enthält die Allgemeinheit den Vater, den Sohn und den Geist, so haben wir nach dem hegelschen Zählverfahren eine Viereinheit: die drei Momente, welche die Allgemeinheit in sich enthält, und die Allgemeinheit als die enthaltende Einheit noch dazu. Das will F. Wagner sicher nicht sagen, weshalb er die „enthaltende" Allgemeinheit und das erste enthaltene Moment (Vater) identifiziert. Damit aber ist es der Vater, der den Sohn und den Geist enthält. Müßte F. Wagner nicht nunmehr gegen seine eigene Formulierung den Vorwurf der Zweieinigkeit erheben: der Vater enthält *zwei,* nicht drei Momente – ebenso wie vorhin der Geist. Wenn man keine Viereinheit denken will, dann kann man die Einheit der Dreieinheit nicht als das Vierte zu den drei Geeinten hinzuzählen, sondern man muß die Einheit selber als das dritte Moment zählen. Die Einzelheit darf also nicht als in der Einheit von Allgemeinheit, Besonderheit und Einzelheit *enthalten* gedacht werden, sondern die Einzelheit *ist* selber diese Einheit. Dies entspricht erst dem hegelschen Trinitätsverständnis: Die Trinität „enthält" nicht neben Vater und Sohn auch noch den Geist, sondern die Trinität *ist* der Geist. Gleichwohl ist F. Wagner rechtzugeben, wenn er den Geist nicht als Einheit von Allgemeinheit und Besonderheit, sondern als Einzelheit denken will. Dem liegt eine Kritik am Einheitsbegriff zugrunde, deren Sinn wir im zweiten angekündigten Schritt betrachten wollen.

(b) Hegel formuliert den Mangel des Einheitsbegriffs sehr deutlich: „der Ausdruck für das Absolute: ‚die Einheit des Endlichen und Unendlichen ...' [ist] falsch; denn die

35. Etwa F. Wagner [5] 202; 204 36. Vgl. ebd. 210 37. ebd.

Einheit drückt abstrakte, ruhig beharrende Identität aus ... Das Unendliche erscheint so als mit dem Endlichen nur *neutralisiert* ... Aber in der negativen Einheit der Idee greift das Unendliche über das Endliche hinüber ... [Es ist] diese übergreifende ... Unendlichkeit von ... der einseitigen Unendlichkeit, wozu sie sich urteilend, bestimmend herabsetzt, zu unterscheiden" (Enz § 215 Anm). „Einheit" bezeichnet also *neutrales Nebeneinander.* Die Idee hingegen ist negative Einheit, die kein solches ruhiges Nebeneinander meint: die Idee ist übergreifende Einheit, und das besagt, daß das eine der Geeinten es selbst nur ist im Übergreifen über das Andere. Das Unendliche ist solches nur als in sich differenzierter Prozeß. Das Unendliche (wie Hegel hier für „Subjektivität" oder „Idee" unter Anziehung einer niedrigeren logischen Bestimmung, als sie der Höhe der Idee entspricht, sagt) ist es selbst nur, insofern es die endlichen Bestimmungen nicht aus sich ausschließt, und darin doch von ihnen verschieden bleibt als der von den endlichen Bestimmungen differente Horizont, in den alle Bestimmtheit eingeschrieben ist. Diese *ursprünglich* komplexe, d. h. auf keine einfache Einheit zurückführbare Struktur haben wir schon kennengelernt als die Struktur, welche in der WL „Subjektivität" heißt. Nach Hegel ist das geistige Subjekt nichts anderes als diese Struktur *als existierende* (WL II 220), was soviel besagt, als daß das Ich ein *reales Modell* jener logischen Struktur darstellt, ein „Beyspiel" (Rel Ms 539) jener Struktur, wie Hegel es nennt[38]. Um nun aber die skizzierte komplexe Struktur artikulieren zu können, eignet

38. F. Wagner kritisiert Pannenbergs „Identifizierung von Begriff und Subjekt" (Wagner [5] 212), weil die Struktur des geistigen Subjektes nach der logischen Struktur des Begriffs gedacht werde, nicht aber umgekehrt die logische Struktur des Begriffs von einem vorausgesetzten Subjekt abgeleitet werden könne. Bei aller Berechtigung der Betonung des logischen Charakters der in der WL explizierten Strukturen sollte man nicht übersehen, daß Hegel im Selbstbewußtsein nicht irgendein Beispiel der Begriffsstruktur erblickt, sondern „das *ewige* Beyspiel" (Rel Ms 539 Hvm). Damit ist eine ganz enge Verbindung hergestellt zur logischen Bewegung, die desgleichen als „ewig" (ebd.) charakterisiert wird. Die logischen Strukturen sind dem Geiste ganz innerlich, es sind *seine* Bestimmungen, in denen er seine Wirklichkeit, seinen Vollzug hat. Die Logik ist so in der Tat *Selbstentfaltung* des Geistes, und der Geist (das Ich) nur in einem sehr schwachen Sinn ein bloßes „Beispiel" für logische Strukturen. Mindestens ein Text Hegels identifiziert übrigens die logische Struktur der Subjektivität (des Begriffs) mit dem Selbstbewußtsein: „Es gehört zu den tiefsten und richtigsten Einsichten, die sich in der Kritik der Vernunft finden, daß die Einheit, die das *Wesen des Begriffs* ausmacht, als die ursprünglich-synthetische Einheit der Apperzeption, als Einheit des: Ich denke, oder des *Selbstbewußtseins* erkannt wird" (WL II 221 letzte Hvm). Wird hier wirklich das Selbstbewußtsein nach der Struktur des Begriffs gedacht, oder nicht eher die Struktur des Begriffs eben doch aus dem Selbstbewußtsein erhoben? F. Wagner beharrt darauf, daß der Begriff des Begriffs „keines Subjekts, das der Selbstentwicklung der Allgemeinheit als Voraussetzung vorausgeht" (Wagner [5] 214), bedürfe, und er spricht von der „Eigengenetisierung" (ebd.) der Allgemeinheit. Dennoch soll diese Eigengenetisierung eine solche sein, für die das „Denken des Gedankens" (ebd.) konstitutiv ist. In welchem Sinne ist dann das Genetisierende etwas anderes als ein denkendes Subjekt?

sich der im Sinne von Neutralität verstandene Terminus „Einheit" nicht. In diesem Sinne ist F. Wagner recht zu geben, wenn er den trinitarischen Geist (d. h. die dritte Person) nicht als „Einheit" von Vater und Sohn, sondern als „Einzelheit" gedacht haben will. Nicht folgen kann man ihm aber, wenn er den Eindruck erweckt, als *rede* Hegel in der Vorlesung von 1827 und im Manuskript von 1821 nicht bloß unangemessen, sondern als wolle Hegel *der Sache nach* den Heiligen Geist nicht als Einzelheit, sondern als Einheit in jenem Sinn von Neutralität denken. Tatsächlich ist es so, daß Hegel von „Einheit" redet, aber „Einzelheit" denkt. Sehen wir uns die von F. Wagner beanstandeten Texte näher an.

1821: Von Gott als Geist heißt es hier zwar, daß er als „in seinen Unterschieden in dieser unmittelbaren *Einheit* bleibend" (Rel Ms 527 Hvm) zu denken sei. Andererseits aber heißt es ausdrücklich „Gott ist Einer ... aber *mehr* als Einheit – als unmittelbare Identität nicht als negative Reflexion in sich" (Rel Ms 529 Hvm). Der Text nach dem Gedankenstrich weist ausdrücklich das Verständnis von Einheit als „unmittelbare Identität" ab und formuliert das „Mehr", das der Einheitsbegriff besagt, als negative Reflexion in sich, d. h. eben als Einzelheit.

1827: Der trinitarische Geist ist in dieser Vorlesung dies, daß „diese zwei Unterschiedenen dasselbe sind, daß diese Unterschiede sich aufheben, insofern als dies Unterscheiden ebenso ist den Unterschied als keinen zu setzen, und das eine in dem andern bei sich selber ist" (Rel IV 74f). Eine Einheit als Neutralität ist hier ganz sicher nicht formuliert. Die Prozeßhaftigkeit der Einheit, ihre innere Komplexität wird sehr deutlich, wenn sie auch nicht mit dem Titel „Einzelheit" belegt wird. Es ist ja gerade das innere Entgegengesetztsein, was den trinitarischen Geist ausmacht. Der Geist ist solcher nur als *Vollzug* der Aufhebung der Entgegensetzung, dabei aber trägt er die innere Entgegensetzung auch *stets in sich* (sonst hätte er nichts aufzuheben). Trinitarisch ist gleichzeitig und ineins die *Differenz* von Vater und Sohn wie auch die *Einheit* des Heiligen Geistes zu denken. Der Vater ist nicht ursprünglicher als der Geist, der Geist selbst ist vielmehr die in all ihren Momenten gleichursprüngliche Komplexität. Es ist deshalb aber unangemessen, Hegel (wie A. Chapelle das tut) in die Nähe der griechischen Väter zu rücken, weil diese im Vater ja gerade „l'unité originaire de toute la divinité"[39], also die ursprünglich der Entfaltung der Dreiheit zugrundeliegende Einheit erblicken, Hegel aber, wie Chapelle selbst zitiert[40], das Eine von den Triaden gerade nicht unterscheidet oder es der innertrinitarischen Entfaltung vorgängig zugrundelegt. Chapelle betont übrigens andererseits auch wieder, daß nach Hegel die „universelle unicité" Gottes „irreductiblement identique à la totalité de son mouvement communicatif"[41] sei. Sind aber Einheit und differenzierte Bewegung (mouvement communicatif) *ursprünglich* (irreductiblement) *identisch,* so kann die erstere nicht als „originaire" der

39. Chapelle II 93
40. ebd. 88 Anm 213
41. ebd. 94

zweiten gegenüber bezeichnet werden[42]. Der *Sache* nach denkt Hegel den trinitarischen Geist nie als bloß neutrale Einheit, sondern immer als die gleichursprüngliche Einheit von Einheit und innerer Differenziertheit. Dem *Wort* nach freilich redet Hegel bezüglich der Trinität meist von „Einheit", obgleich er andererseits den unangemessenen Sinn dieses Wortes kritisiert. Dennoch ist diese Sprechweise nicht weiter verwunderlich, wenn man bedenkt, daß Hegel das Wort „Einheit" sogar ausdrücklich abweisen kann, um es im selben Satz dann doch wieder zu verwenden: „In der wahrhaften Dreiheit ist nicht nur Einheit, sondern Einigkeit, der Schluß zur inhaltsvollen und wirklichen Einheit [!], die in ihrer ganz konkreten Bestimmung der Geist ist, gebracht" (WL I 338).

2.2 Immanente Trinität und die „Subjektivität" der WL

Auch die bis zur Einzelheit entwickelte „Vollstruktur der Allgemeinheit [ist] dem Sachverhalt der immanenten Trinität nicht adäquat"[43] – so lautet F. Wagners weitere These. Die Unangemessenheit besteht darin, daß Besonderheit und Einzelheit nicht an ihnen selbst, sondern nur im Hinblick auf die Allgemeinheit entfaltet werden[44]. Denkt man aber (ins Trinitarische übersetzt) Sohn und Geist nicht an ihnen selbst, sondern nur als Momente des Vaters, ist man in einen *Subordinatianismus* verfallen[45]. Um das, was in der religiösen Vorstellung von der Trinität vorliegt, angemessen denken zu können, muß daher das Verhältnis zwischen Allgemeinheit, Besonderheit und Einzelheit anders gedacht werden; es muß so gedacht werden, daß Besonderheit und Einzelheit nicht nur als Momente der Allgemeinheit in den Blick kommen. Vielmehr muß *jedes* der drei die anderen beiden zu Momenten seiner selbst haben. Damit ist dann erst jede „Begriffsbestimmung ... die Totalität des Begriffs, weil sie an ihrer eigenen Stelle zugleich die Stelle der anderen Bestimmungen realisiert"[46]. Diese volle Selbstvermittlung der Begriffstotalität „Allgemeinheit–Besonderheit–Einzelheit" ist F. Wagner zufolge innerhalb der WL erst nach der Explikation von *Urteil und Schluß* dargestellt. Zweifellos sind es diese beiden Lehrstücke, welche in der hegelschen Logik die Allgemeinheit, die Besonderheit und die Einzelheit allwechselseitig in Beziehung setzen. F. Wagners ausführlich begründeter[47] These, „daß der nach Begriff, Urteil und Schluß voll strukturierte Begriff der *Subjektivität* die logische Bestimmtheitsweise darstellt, um den in sich komplexen, weil nach Einheit und Dreiheit differenzierten Gedanken der Trinität

42. Vgl. ebd. 105f
43. F. Wagner [5] 210
44. ebd. 210f
45. ebd. 211
46. ebd. 222
47. vgl. ebd. 218–225

konstituieren zu können“[48], wird man deshalb zustimmen müssen. Beachtet man, daß das Verhältnis von Allgemeinheit, Besonderheit und Einzelheit nicht als das des unmittelbaren Begriffs gedacht, sondern in seiner vollen (durch Urteil und Schluß erreichten) Vermitteltheit unterstellt wird, kann und muß man in den drei Begriffsmomenten die den trinitarischen Personen entsprechenden Strukturen sehen. Es handelt sich bezüglich der Trinität um keine anderen logischen Bestimmungen als Allgemeinheit, Besonderheit und Einzelheit, diese sind lediglich in ihrem *Verhältnis* so zu denken, daß sie je „als Totalitäten manifest“[49] sind. Zwar verändern sich die genannten logischen Bestimmungen insofern auch, als ihnen ihr Verhältnis nicht äußerlich ist. Der logische Gang in Urteil und Schluß macht aber bloß manifest, was jene Begriffsbestimmungen an sich sind. Hegel selbst charakterisiert den Gang der ganzen Subjektivitätslogik mittels der Ausdrücke, welche die Momente des unmittelbaren Begriffs benennen (WL II 238).

2.3 Immanente Trinität und die „Absolute Idee“ der WL

Es gibt in drei Jahrgängen hegelscher Äußerungen zur Religionsphilosophie Texte, welche (entgegen der Interpretation von F. Wagner) die immanente Trinität nicht mit der logischen Struktur „Subjektivität“, sondern mit der „Absoluten Idee“ in Verbindung setzen.

1821: Als Bemerkung zu der Angabe, daß Gott „im Elemente des Gedankens“ (Rel Ms 525), also in seiner „Immanenz“, betrachtet werde, notiert Hegel: „absolute Idee der Philosophie“ (Rel Ms 525 Anm 57).

1824: „Das erste Element, in dem wir die Idee Gottes zu betrachten haben, ist das Element des Gedankens, die Idee ..., wie sie für den freien Gedanken ist“ (Rel IV 67).

1827: „Die absolute ewige Idee ist aber erstens an und für sich: Gott in seiner Ewigkeit“ (Rel IV 30)[50].

48. ebd. 218

49. ebd. 225. Wenn D. Henrich behauptet, Hegels Trinitätslehre wolle „an der selbstbezüglichen Subjektivität aller drei Personen in der Gottheit festhalten“ (Henrich [3] 619), so kann dem nicht zugestimmt werden, wenn darunter drei Subjektivitäten verstanden werden sollen. Die drei Personen bzw. Momente *zusammen* machen die von Hegel „Subjektivität“ genannte Struktur aus. Wohl aber ist freilich jedes Moment als Totalität manifest (um mit F. Wagner zu reden) und in diesem Sinne selbstbezüglich.

50. Auf diese Texte stützt sich Jaeschke [1] 415. Auch Chapelle II 70 sieht die absolute Idee als die der Trinität zuzuordnende logische Struktur an.

Die genaue Analyse, welche F. Wagner vorlegt, gibt Anlaß zu vermuten, daß solche Bemerkungen Hegels problematisch sind. Dazu ist folgendes zu beachten. Gott in seiner Immanenz ist eine *erste* Konkretionsstufe Gottes. Erst im Durchlaufen von Schöpfung, Menschwerdung und Gemeindewerdung gewinnt Gott seine volle Entfaltetheit. Dies wird der weitere Gang der Untersuchung genauer erweisen. Der aus der Vorlesung von 1827 zitierte Text scheint dies ja auch auszudrücken, indem er als *ersten* Sinn der absoluten Idee den immanenten Gott angibt. Wenn man nun bedenkt, daß Hegel in der Enzyklopädie von 1830, wie auch schon im Manuskript von 1821 den über die Immanenz Gottes hinausgehenden Schritten der Vollexplikation des christlichen Gottes die *nach* der Subjektivität behandelten logischen Sphären zuordnet, wird man nicht umhin können, die Zuordnung der absoluten Idee zur *immanenten* Trinität als unsachgemäß zu bezeichnen. Erst die Lehre von der Gemeinde (Pneumatologie) und den Bedingungen ihrer Entstehung (Anthropologie, Christologie) wird 1821 und 1830 „der logischen Sphäre der Idee als solcher“[51] zugeordnet. Dies ist schlüssig: Der vollentfaltete Gott hat zur Struktur die höchste Bestimmtheit, nämlich die absolute Idee. Dem immanenten Gott aber kann diese höchste Komplexionsstufe noch nicht zugeschrieben werden. Hegels zitierte Äußerungen sind also ungenau. Sie finden aber in seinem eigenen Vorgehen ihre Korrektur.

3 Zum Stellenwert des Endlichen bei Hegel

Der trinitarische Gedanke meint die Einheit von abstrakter Totalität und Bestimmtheitenmannigfaltigkeit. Gerade an der Frage des Verhältnisses der endlichen Bestimmtheiten zum Unendlichen (bzw. der vielen Bestimmten zum einen Absoluten) entwickelten sich heftige Disputationen, in deren Zentrum der gegen Hegel erhobene Pantheismusvorwurf stand: „Wo Hegel des Pantheismus verdächtigt wurde, lastete man ihm nicht an, endliches Sein verabsolviert , sondern das Absolute insofern nur *einseitig* als Absolutes expliziert zu haben, als der Erweis seiner Absolutheit durch den Aufweis der *Nichtigkeit* des Endlichen vermittelt sei“[52]. Diese Einschätzung der hegelschen Philosophie findet sich weitverbreitet bei Philosophen und Theologen des 19. Jahrhunderts[53]. Im 20. Jahrhundert findet sich eigenartigerweise gerade umgekehrt eine theologische Hegelinterpretation, die ihm „unterstellt, Gottes Gottsein zugun-

51. F. Wagner [5] 226. Hier auch Stellenangaben
52. Graf 283 Hvm
53. Vgl. die kundige Skizze bei Graf 279–292.

sten der Autonomie bzw. Selbstvergötterung des endlichen Geistes preisgegeben zu haben"[54].

Hegel äußert sich zu dem hier in Frage stehenden Verhältnis mehrfach. Seine Lehre von der zum Subjekt gewordenen Substanz soll gerade Antwort auf das Pantheismus- und (im Sinne der Interpretationstendenz mancher Theologen des 20. Jahrhunderts) Atheismusproblem geben. Den Atheismus versteht Hegel so: es ist „Atheismus, wenn die Menschen die Willkür des Willens, ihre Eitelkeit, die endlichen Naturdinge als das Letzte setzen" (XIX 373). Es ist offenkundig, daß Hegel gerade nicht die Endlichkeiten, sondern deren allesumfassende Totalität als das „Letzte" (oder vom ontologischen Beweis her gedacht: als das Erste) denkt. Der ganze Duktus der hegelschen Philosophie, die zu immer komplexeren Gestaltungen aufsteigt, läßt für den Atheismusvorwurf in der Form, daß Bestimmtes bzw. Endliches zum „Letzten" gemacht werde, keinen Raum. Kaum jemand dürfte größeren Sinn gehabt haben für die Aufhebung jedes Bestimmten in die jeweils nächstumfassendere Ganzheit, als gerade Hegel. Die göttliche Dimension der Totalität, die nicht das Bestimmte als solches isoliert im Blick hat, ist bei Hegel als jene Aufhebungsbewegung stets und überall am Werk. Hegels religionsphilosophische Gedanken sind keinesfalls als ein dem philosophischen Werk im Grunde äußerliches Zugeständnis an irgendwelche Zeitumstände zu verstehen, sondern sie leisten gerade die Explikation derjenigen Dimension, von der Hegels gesamtes Philosophieren „in Gang gehalten" wird: Weil das Bestimmte nur von der letzten Einheit bzw. von der Totalität her möglich ist, kann bei ihm nicht stehengeblieben wer-

54. Graf 295. Vgl. ebd. 292–307. Als Hauptvertreter dieser Kritik sieht Graf W. Pannenberg an. Letzterer attestiert Hegels Versuch, das Absolute zu denken, das Eintragen der „*Endlichkeit* menschlicher Denkbestimmungen in die absolute Wirklichkeit Gottes" (zit. bei Graf 297). Graf hält ein Denken, „welchem die Möglichkeit nicht-endlicher Bestimmungen inhäriert" (Graf 297) für nicht erreichbar, weil „nicht einsichtig [ist], ... wie das antithetisch-trennende und insofern notwendig verendlichende Tun der Reflexion aufgehoben werden kann" (Graf 297). Es stimmt: jede Denkbestimmung ist *eine* unter anderen; auch die absolute Idee ist insofern nur eine, damit aber endliche Denkbestimmung, als sie der Inbegriff der logischen Bestimmungen ist und so von sich wegweisen muß bzw. gar nichts anderes ist, als der Weg, der zu ihr führte. Der Inbegriff als solcher *unterscheidet* sich vom Inbegriffenen und ist so (wenigstens momentan) dagegen bestimmt, mithin endlich. Gott nur mittels *einer* Denkbestimmung zu begreifen, heißt in der Tat, ihn verendlichen. Gott ist zu denken als der Durchgang durch alle Denkbestimmungen. Während des Durchlaufs aber ist man freilich immer nur bei je *einer* Bestimmung, und am Ende des Durchlaufs ist man nicht mehr bei der Explikation der einzelnen Bestimmungen. So entzieht sich Gott der Bestimmung doch immer, weil er beim Exponieren einzelner Bestimmungen auf deren Inbegriff und beim Bedenken des Inbegriffs auf die Explikation der einzelnen Bestimmungen verweist. Freilich hat man aber Gott begriffen, wenn man ihn als dieses Verweisen denkt. Inwiefern solche Überlegungen zu der Hegelkritik des 19. Jahrhunderts bzw. zu Schellings Spätphilosophie oder Fichtes Wissenschaftslehren führen möchten, kann im Rahmen der vorliegenden Arbeit nicht untersucht werden.

den. Die religiöse Thematik artikuliert daher dasjenige *als solches* und *ausdrücklich,* was in der Aufhebungsbewegung des philosophischen Systems unausdrücklich, aber wirksam war. Kann man Hegel daher keinen Atheismusvorwurf machen, geht andererseits aber auch der Pantheismusvorwurf ins Leere. Hegel hat das Endliche nicht abstrakt aufgehoben, d. h. er hat es nicht um des (dann allerdings leeren) Absoluten willen bloß vergessen machen wollen. Wie wir gesehen haben, verläuft die Aufhebung des Endlichen bei Hegel nicht ins Leere. Das Endliche verschwindet nicht einfach, sondern es *bleibt* insofern, als die letzte, das Endliche vermittelnde Totalität immer selbst durch das Endliche (durch den „Aufstieg") vermittelt ist. Die sachliche Konsequenz aus Hegels Vermeidung einer einseitigen Auflösung des Verhältnisses von Gott (verstanden als abstrakte Totalität) und Welt (Bestimmtheitenmannigfaltigkeit) ist dies, daß das Bestehen beider Seiten gewahrt bleiben muß.

Wie denkt Hegel dann aber die Einheit der beiden unaufgelösten Seiten? „Das philosophische Bedürfniß ist daher, die *Einheit* dieser Unterschiede zu fassen, so daß der *Unterschied* nicht weggelassen werde, sondern daß er *ewig* aus der Substanz hervorgehe, aber nicht zum Dualismus *versteinert* werde" (XIX 373 Hvm). In diesem Text steht „Substanz" für „abstrakte Totalität" und „Unterschied" für „abstrakte Bestimmtheitenvielfalt". Zwei Bestimmungen sind es, die Hegel hier angibt, um die Einheit beider Seiten zu denken: (1) Die Substanz soll *ewig* den Unterschied aus sich entlassen; (2) der Unterschied soll nicht zum Dualismus *versteinern.* Die Substanz kennt keinen Zustand, in dem sie nicht Differenz wäre, sie ist immer schon (ewig) nicht nur abstrakte Einheit, sondern auch Differenz. Umgekehrt ist der Unterschied nicht abstrakte Differenz, sondern auch Einheit, wechselseitiger Bezug. Satz (2) meint nicht, daß es keinen Dualismus geben dürfe, sondern sagt nur, daß man ihn nicht „versteinern" solle. Als *Moment* ist der Dualismus nichts anderes als der ernstgenommene Unterschied: Unterschied ist nur da, wo auch echte Differenz in dem Sinne herrscht, daß keines der Unterschiedenen vom anderen abgeleitet werden kann, sondern sie sich in der Tat ausschließen. Deswegen kann Hegel aus der Analyse des Unterschieds den kontradiktorischen Widerspruch entwickeln (WL II 32–58). Letzterer ist ein Moment des Unterschiedes, eben das unterscheidende, trennende Moment. Könnte man eines der Unterschiedenen aus dem anderen ableiten, so wäre das Abgeleitete bloß ein Derivat des ersten, nicht aber dessen Anderes sensu stricto. Dieser notwendige Dualismus begegnete uns schon bei der Analyse der idealistischen Subjektivität. Das denkerische Problem besteht darin, daß die Einheit, die als solche keine Differenz kennt, mit der Differenz, die als solche keine Einheit kennt, sondern eben Dualismus ist, zusammengedacht werden muß. Dies läuft darauf hinaus, zu sagen, man müsse das eine und *auch* das andere denken. Damit scheinen wir dem von Hegel inkriminierten „Auch" verfallen zu sein: „Die Vernunft kann bei solchem Auch, solcher Gleichgültigkeit nicht stehen bleiben" (XIX 373). Man kann aber das „Auch" auf zweifache Weise verstehen. Zum einen kann man in ihm das *gleichgültige Nebeneinander* zweier Seiten sehen. Hegel deutet das von ihm abgelehnte „Auch" ausdrücklich in diesem ersten Sinn als „Gleichgültigkeit".

Zum andern aber kann man das „Auch" als *ursprüngliche Einheit* auffassen. In diesem zweiten Fall werden die beiden Seiten als Einheit gedacht und damit in ihrer Widersprüchlichkeit und gegenseitigen Ausschließung sichtbar. Der Widerspruch impliziert ein „Auch", weil er zwei Seiten zusammenschließen muß (sonst würden sie sich nicht widersprechen, sie wären gegeneinander gleichgültig und gingen sich nichts an) und man daher sagen kann, es sei eine Seite und *auch* eine zweite. Man darf das „Auch" nur nicht so interpretieren, als wäre die Zweiheit der Seiten *nicht notwendig,* sondern als wäre zu der einen zufällig und ohne sachliche Notwendigkeit „auch" noch eine zweite gestellt worden. Diese Gleichgültigkeit zweier Nebeneinanderstehender, die nicht notwendig in ihrem Unterschied zusammengebunden sind, ist es, was Hegel als „unvernünftig" ansieht. Deutet man das „Auch" als unabdingbare und als sachlich notwendige Zweiheit, dann kann auf keine Seite verzichtet und die gegenseitige Ausschließung beider Seiten somit nicht umgangen werden. Einheit und Unterschiedenheit sind dann unauflöslich miteinander verknüpft. Keine der Seiten wird jetzt mehr isoliert für sich genommen, sondern jede wird *ausschließlich* als Moment des Ganzen, das *beide* Seiten umfaßt, gesehen. Damit erscheint das „Auch" als die ursprünglich *eine* Dimension, die ebenso ursprünglich sich auf in sich *entgegengesetzte* Weise entfaltet. Im Sinne dieser ursprünglich komplexen Einheit scheut Hegel selbst das „Auch" keineswegs[55]: „also eben die Einheit der göttlichen und menschlichen Natur ist selbst der absolute Geist – ... Aber in einem Satze läßt sich nicht Wahrheit aussprechen – beyde sind *auch* verschieden" (Rel Ms 503 Hvm). Dieses sozusagen spekulative „Auch" macht die ursprüngliche Komplexität der Geisttotalität sichtbar. In Anbetracht dieses „Auch", das keine der beiden Seiten einseitig auflöst, sondern ihre wechselseitige Vermittlung und damit die in sich ursprünglich eine und ursprünglich entgegengesetzte Totalität denkt, läßt sich abschließend feststellen, daß die beiden eingangs referierten Interpretationstendenzen Hegel jeweils nur einseitig erfassen, weil sie das „spekulative Auch" nicht, sondern nur eine Seite zur Kenntnis nehmen[56].

55. Das von Hegel abgelehnte „Auch" ist nichts anderes, als die von ihm ebenfalls kritisierte bloß als Neutralität verstandene „Einheit". Vgl. Zweiter Teil, Zweites Kapitel, Abschn. 2.1.
56. In einem Punkt freilich scheint Hegel die Endlichkeit *abstrakt* aufzuheben. Das individuelle Subjekt geht nämlich im Tod *nur* zugrunde. Die Unsterblichkeit versteht Hegel im nichtchristlichen, eher im aristotelischen Sinn als Unsterblichkeit der Dimension des Geistigen überhaupt: Unsterblichkeit der Seele besagt, „daß das Selbstbewußtseyn des Geistigen selbst ewiges, absolutes Moment ist" (Rel Ms 85). Hier ist davon die Rede, daß das Geistige immer als Selbstbewußtsein auftreten wird, nicht aber davon, daß jedes einzelne Selbstbewußtsein erhalten bleibt.

Drittes Kapitel. Die Absolutheit des trinitarischen Gottes

Der Ausdruck „absolute Religion" für das Christentum kommt bei Hegel in den Jenaer Manuskripten (JR 267), dann in der PhG vor und findet sich auch noch in den späten Berliner Vorlesungen von 1824 (Rel IV 18) und 1827 (Rel IV 19. Vgl. XVI 192, 197 und passim). Um den Sinn der Absolutheit des Christentums und seines Gottesbegriffes bei Hegel zu klären, muß auf Hegels Konzeption der Religionsgeschichte eingegangen werden. Vorwegnehmend gesagt, besteht nämlich die Absolutheit des Christentums darin, daß in ihm die Momente des komplexen Vollsinns von Gott, die in der Religionsgeschichte sukzessive als jeweils eigenen (einseitigen oder bestimmten) Religionen angehörige Götter auftreten, *zugleich* ausgeprägt und vereinigt sind.

Nach kurzen allgemeinen Hinweisen auf das Konzept von Religionsgeschichte bei Hegel muß der Grundaufbau dieser Geschichte insoweit beleuchtet werden, daß die verschiedenen Gottesvorstellungen in ihrem sich gegenseitig komplementierenden Verhältnis sichtbar werden, wobei wir uns auf das Manuskript von 1821 beschränken[1]. Schließlich kann dann durch die Unterscheidung dreier Götterebenen (im Sinne von aufsteigenden Metaebenen) die Absolutheit des trinitarischen Gottes erfaßt werden.

1. Im Rahmen gegenwärtiger Arbeit kann und soll keine detaillierte Untersuchung und Kritik der hegelschen Religionsgeschichtskonzeption geboten werden. Zu den diesbezüglichen Aufgaben vgl. Jaeschke [3] 75–78. Zum Aufbau des historischen Teils in seinen Variationen durch die verschiedenen Vorlesungsjahrgänge vgl. Heede 112ff und Leuze.

1 Zur Religionsgeschichte bei Hegel

1.1 Allgemeine Hinweise zum Aufbau

Der trinitarische Gott ist dasjenige, was im Ersten Teil als „geistige Substanz" behandelt wurde, nämlich die in sich differenzierte und daher in zwei Richtungen zu durchlaufende bzw. zu explizierende Geisttotalität. Dieser Gottesbegriff ist nach Hegel der höchste, der der absoluten oder vollendeten Religion. Von diesem Gottesbegriff ausgehend erstellt Hegel eine *Hierarchie* der historisch auftretenden Religionen, indem er jede dieser Religionen mit jenem Begriff vergleicht und dabei feststellt, welche Momente des vollexplizierten oder christlichen Gottes der Gottesvorstellung der jeweils untersuchten nichtchristlichen Religion fehlen. Dabei ist natürlich vorausgesetzt, daß es keine Religion gibt, die einer kulturellen Tradition entstammt, welche mit derjenigen Kultur, innerhalb derer das Christentum entstand, gänzlich inkommensurabel ist. Dieser Frage nachzugehen, ist nicht Aufgabe unserer Untersuchung, es muß aber auf sie hingewiesen werden, weil sie eine grundsätzliche Problematik sichtbar macht. Hegel begreift die Religionsgeschichte vom Christentum her, und das Christentum, weil es Gott als Geist bestimmt, begreift er von der idealistischen Philosophie der Neuzeit her. Die Deutung der Religionen und ihrer Geschichte durch Hegel kann man daher nur verstehen, wenn man sich in den von unseren Untersuchungen eröffneten Rahmen stellt, der bei der erkenntnistheoretischen Fragestellung Kants ansetzt, von der ausgehend ja Hegels Idealismus und Geistbegriff in Übernahme, Kritik und Weiterführung des kantischen Ansatzes sich erzeugte.

Sicherlich hat Hegel die Deutung der Religionen auf empirisch gesicherter Basis unternommen. Die im wesentlichen sehr genaue Aufnahme der empirisch-religionswissenschaftlichen Befunde durch Hegel weist im einzelnen die Studie von Leuze nach. W. Pannenberg hat darauf hingewiesen[2], daß Hegels Religionsphilosophie einerseits zwar bestimmte historische Religionen im Auge habe, daß die begriffliche Analyse einer solchen Religion aber diese auf *ein* Stadium ihrer eigenen Entwicklung festlegt. Eine historische Religion kann aber im Laufe ihrer Geschichte u. U. mehr Gestaltungen annehmen, als von Hegels begrifflicher Erfassung dieser Religion abgedeckt wird, weil sich die Geschichte einer Religion möglicherweise nicht nur nach *einer* logischen Stufe vollzieht. Eine Religion kann Gestaltungen entwickeln, die im Sinne von Hegels Rekonstruktion der logischen Struktur einer bestimmten Religion einer anderen, höherbestimmten Religion angehören müßten. Hegels logische Erfassung der Religionen hat ihren Sinn darin, eine *Typologie* der Religionen zu erstellen. Die Haupttypen erhalten dabei die Namen der großen historischen Religionen, deren konkretes Er-

2. In einem Seminar im WS 1978/79 an der Ludwig-Maximilians-Universität zu München.

scheinungsbild in seiner geschichtlichen Entwicklung aber über den Typus, dem sie grundsätzlich angehören, hinausdrängen kann[3].

Es wurde vorhin gesagt, die Hierarchie der Religionen komme dadurch zustande, daß die Defizienz einer bestimmten Religion der vollendeten Religion gegenüber festgestellt wird. Nun heißt es aber von den Momenten des Begriffs der Religion: „Der concrete Geist der Religion treibt sie, da sie in seinem Begriff liegen, hiemit überall hervor, wo er existirt – auf jeder Stuffe erscheinen sie daher" (Rel Ms 85). Kann so aber zwischen den Religionen überhaupt ein Unterschied festgestellt werden? Kann eine einer anderen gegenüber einen Mangel aufweisen, wenn jede das Ganze der Religion darstellt? Folgender Text beantwortet diese Fragen: „Ist zu bemerken, daß sie [die Momente der Religion] in dieser offenbaren Religion als *wesentliche* Momente des Inhalts und mit der Bestimmung der Wahrheit zu seyn hervortreten, – d. h. als objectiv und im System des objectiven Gegenstands erscheinen. In den bestimmten Religionen aber erscheinen diese Bestimmungen [= Momente der Religion] auch, als wie natürliche Blumen und Gebilde, zufällig – hervorgesproßen, – ohne zu wissen, woher noch wohin, – als Ahnungen, Bilder, Vorstellungen" (Rel Ms 87). Die Entgegensetzungen dieses Textes sind sehr klar. Eine religiöse Vorstellung ist entweder bloß zufällig, d. h. ohne genaue und bewußte Einbeziehung in das Lehrsystem eben bloß irgendwo im Umkreis des religiösen Bewußtseins vorhanden, oder aber sie ist ausdrücklich und genau einbezogen in das Lehrsystem und in ihrem systematischen Stellenwert begriffen. Der Mangel der niedrigeren Religionen den höheren gegenüber ist also nicht der, daß gewisse Momente einfach fehlten, sondern der, daß gewisse Momente auf eine unklare Weise und ohne genaue Verortung im Lehrsystem (im „objektiven Gegenstand") vorkommen. Nicht die Momente selbst fehlen, sondern das Bewußtsein ihrer Bedeutung. Freilich kann ein Moment, das nicht in seiner Bedeutung erkannt ist, nicht die Funktion haben, die ihm eigentlich zukäme. In diesem Sinne fehlt das Moment dann doch für den, der die Klarheit über seine Bedeutung hat und letztere in der betreffenden Religion nicht realisiert findet. Von der vollen systematischen Klarheit ausgehend, können dann periphere Vorstellungen bestimmter Religionen als „Ahnungen" und Andeutungen einer noch nicht ganz erfaßten Sache sichtbar werden. Die einzelnen Religionstypen stellen jede das *Ganze* von Religion so dar, daß jeweils nur bestimmte Momente zum *Zentrum* der Lehre gemacht und andere zwar nicht eliminiert, wohl aber an die *Peripherie* und ins Bewußtlose gedrängt werden[4]. Sehen wir uns hierzu an einer Religion ein Beispiel an.

3. Vgl. z. B. bezüglich des Judentums Leuze 179.
4. F. Wagner weist zu recht darauf hin, daß man sich aber hüten müsse, bestimmte Vorstellungen einer historischen Religion im Namen von logischen Bestimmungen als „unwesentliche Empirie" in die Peripherie abzuschieben. Die Kategorien lassen sich nicht bündig aus dem Vorstellungsmaterial „herausschälen" (F. Wagner [1] 209f). Man muß mit undeutbaren Vorstellungen einer historischen Religion sehr behutsam umgehen, ohne sie gleich als „peripher" abzutun. Das Selbstverständnis der zu untersuchenden Religion ist unbedingt zu achten.

Gott ist in sich differenzierte Totalität, d. h. er ist die Einheit der abstrakten Totalität und der abstrakten Bestimmtheitenvielfalt. Nun ist der Aufstieg von irgendeiner Endlichkeit zur abstrakten Totalität der erste Schritt in der Explikation der in sich differenzierten Totalität, weil dem Menschen die Geisttotalität zuerst auf unmittelbare Weise, d. h. als Vielfalt von einzelnen endlichen Dingen und Zusammenhängen, gegenwärtig ist; von hier erhebt er sich zu der von aller Endlichkeit als konstituierende Dimension immer schon in Anspruch genommenen Totalität. Ist die Religion die Thematisierung der in sich differenzierten Totalität, so ist die Religionsgeschichte der *schrittweise* Vollzug dieser Thematisierung, wobei nach und nach alle Momente der Totalität ausdrücklich gemacht werden. Demgemäß entspricht Hegel zufolge der erste Schritt in der Explikation der in sich differenzierten Totalität dem Gottesgedanken des ersten oder primitiven[5] historisch auftretenden Religionstyps. Im Manuskript von 1821 nennt Hegel den Religionstyp, der unter Gott nur die anfänglich-einseitig explizierte, in sich differenzierte Totalität versteht, „unmittelbare Religion" (Rel Ms 205). Der Gottesbegriff dieses Religionstyps wird so bestimmt: „Der abstracte metaphysische Begriff Gottes ist höchst einfach, oder vielmehr das Einfache selbst" (Rel Ms 209). Gott ist nur erst „das, in dem sich Alles Endliche, Bestimmte negirt" (Rel Ms 209). Es wird von den vielen Bestimmten angefangen und auf das Eine als deren Grund geschlossen. Darauf, daß die Vielen damit für das Eine selbst eine Rolle spielen, wird hier nicht geachtet: Ist man erst beim Einen angelangt, wird über das Viele nicht mehr gesprochen: „Eines, enthält schon die bestimmtere Reflexion des Aufgehoben-seyns des Vielen, aber nicht dem Vielen gegenüber, sondern daß das Viele in ihm negirt ist – daß *nur das Eine ist*" (Rel Ms 209 Hvm). Gott ist so nur als abstrakte Totalität gedacht. Dennoch taucht auch bei diesem Religionstyp das Bestimmte im Umkreis des Göttlichen auf, weil innerhalb der Erfahrung des Menschen, innerhalb des „concrete[n] Selbstbewußtseyn[s]" (Rel Ms 219), die abstrakte Totalität immer schon als Abstraktion erkennbar und somit eigentlich überwunden ist. So treten innerhalb dieses Religionstyps durchaus Vorstellungen der Einheit von abstrakter Totalität und endlichen Bestimmungen auf: anthropomorphe Vorstellungen, die Gott (die abstrakte Totalität) mit natürlichen Dingen, Tieren oder Menschen (also mit Endlichem bzw. Bestimmten) identifizieren. Diese Vorstellungen sind aber nicht zum *Zentrum* des religiösen Gegenstandes bzw. Gottes gemacht. Hauptsächlich und vorherrschend tritt als Gott nur *ein* Moment der Totalität auf, nämlich die aller Bestimmtheitenvielfalt entleerte abstrakte Totalität.

Dem Fortschrittsschema entsprechend, das der hegelschen Religionsgeschichte zugrundezuliegen scheint, vollzieht sich Religionsgeschichte als sukzessive Steigerung der Klarheit über die systematische Stellung der einzelnen Momente der Religion, besonders der Gottesvorstellung, die in ihrer vollendeten Gestalt die komplexe Größe der in sich differenzierten Totalität meint. Die Vorstellung wäre dabei die, daß von einem Religionstyp zum andern fortschreitend immer mehr Momente aus der Periphe-

5. „primitivus" besagt „der erste in seiner Art" (vgl. Lünemann I 2383).

rie in das Zentrum des Lehrsystems eingeholt würden. Der Fortschritt läge dann darin, daß auf der je höheren Stufe *zusätzlich* zu der auf der vorhergehenden Stufe erreichten Klarheit noch weitere Klarheit hinzukommt. Leuze hat aber darauf aufmerksam gemacht, daß in einigen Fällen „das Fortschreiten von der einen zur anderen [Religion] nicht zwingend ist, weil auch die umgekehrte Folge denkbar wäre"[6]. Dies ist dann der Fall, wenn zwei Religionen jeweils ein Moment des Gottesbegriffs einseitig, d. h. ohne Berücksichtigung des je anderen Moments, zur Dominanz erheben. Der Fortschritt liegt dann nicht in dem Übergang von der einen zur anderen Religion, weil keine „mehr" bietet als die andere, sondern sie sich gegenseitig ergänzen.

1.2 Der Grundaufbau der Religionsgeschichte bei Hegel

Jede Religion thematisiert mittels ihrer Gottesvorstellung die Totalität. Daß aber der *Geist* die Totalität ist, diese Einsicht entwickelt sich erst schrittweise im Verlauf der Religionsgeschichte, und so werden die als Götter verehrten Entitäten sozusagen immer geistiger. Im Typ der unmittelbaren Religion wird noch die „*Natur* ... angeschaut vorgestellt als Gott" (Rel Ms 219), ja selbst einzelne natürliche Gegenstände, wie „Sonne" (Rel Ms 221) oder „Gestirne, Fluß – Meer" (Rel 221 Anm 30), die freilich, weil sie die göttliche Totalität bedeuten, nicht in ihrer unmittelbaren Einzelheit gemeint sind. Der Mensch hat vielmehr, wenn er jene Gegenstände religiös als göttliches Wesen nimmt, in ihnen „ein unbestimmtes Bewußtseyn von Mächtigem Wesen" (Rel Ms 221). Daß die Totalität Geist ist, bringt sich in erster, negativer Weise schon darin zum Ausdruck, daß der natürliche Gegenstand, der als Gott verehrt wird, nicht in seiner unmittelbaren Natürlichkeit gilt, sondern über diese seine Unmittelbarkeit hinaus mit der Bedeutung des Allgemeinen, Totalen versehen wird. Weil aber das vom Menschen angezielte, alles in sich schließende Eine „Negativität des Andern in sich, – es zusammenhaltend, belebend [ist] – so ist es *Subjectivität,* und es ist nothwendig, daß das Bewußtseyn fortfährt zu Naturgestalten welche subjectiv sind, solches sind Thiere – noch mehr ist solche Macht der Mensch" (Rel Ms 227). Weil also die Totalität nie als leere Einheit, sondern stets als in sich differenziert („Negativität in sich") erfahren wird, genügt dem Menschen ihre Thematisierung als leere Einheit nicht, sondern er muß dazu fortschreiten, sich die Totalität mittels in sich differenzierter Einheiten vorstellig zu machen.

Die Erfassung Gottes als des Geistes ist der eine Gesichtspunkt des Fortschritts in der Religionsgeschichte. Ein anderer Gesichtspunkt ist darin zu erblicken, ob die *innere Komplexität* der Totalität im jeweiligen Gotte angemessen zum Ausdruck kommt. Wenngleich jede Religion in Gott die Totalität anzielt, wird doch die Struktur der Totalität, nämlich Einheit von Einheit und Vielheit zu sein, erst im Verlauf der Religionsge-

6. Leuze 242. Beispiele hierfür ebd. 241ff.

schichte schrittweise in ihrer Komplexität zur Darstellung gebracht, was besagt, daß die Gottesvorstellungen sukzessive differenzierter werden: „wenn wir Gott sagen, so hat diß die Bedeutung dieser absoluten, *allbefassenden* Erfüllung; es mag nun sonst das *Verhältniß* dieser Erfüllung zur Einheit seines Wesens bestimmt werden, wie es sonst sey" (Rel Ms 153). Gott ist also immer Totalität („allbefassend"), aber das Verhältnis das die Totalität ist, nämlich das Verhältnis von abstrakter Totalität („Einheit seines Wesens") und abstrakter Mannigfaltigkeit („Erfüllung") wird in den verschiedenen Religionen verschieden gedacht. Zwar ist es immer um die Einheit der beiden Seiten dieses Verhältnisses zu tun, aber diese Einheit kann verschieden differenziert bestimmt werden, wie wir das im folgenden sehen werden.

Das Verhältnis von abstrakter Totalität und abstrakter Mannigfaltigkeit kann auf verschiedener *logischer Höhe* bestimmt werden. Die Strukturen oder „Formen" (Rel Ms 155) der verschiedenen Weisen des inneren Selbstverhältnisses der Totalität „sind die logischen Hauptmomente" (Rel Ms 155). Demgemäß unterscheidet Hegel im Manuskript von 1821 drei Haupttypen der bestimmten Religion, die den logischen Stufen des Seins („unmittelbare Religion"), des Wesens („Religion der Erhabenheit und Schönheit") und des noch abstrakten Begriffs („Religion der Zweckmäßigkeit") entsprechen. Die vollendete Religion entspricht dann dem vollexplizierten Begriff oder der Idee. Hegel faßt die logischen Stufen als drei Grundtypen des Verhältnisses von abstrakter Einheit und abstrakter Vielheit auf. Diese drei Strukturtypen finden sich religiös in drei Götter- oder Gottheitstypen vorstellig gemacht.

1.2.1 Der Typ der unmittelbaren Religion

Hegel charakterisiert die logische Struktur des Verhältnisses von abstrakter Totalität und Mannigfaltigkeit in dieser Art von Religion so: „Seyn abstractes Seyn bezogen auf das Endliche, Daseyn, Wirklichkeit nur als Verschwinden" (Rel Ms 201). Die logische Stufe des Seins ist also dadurch gekennzeichnet, daß die Bestimmtheiten („Wirklichkeit") in der Einheit verschwinden. Das Verhältnis der abstrakten Einheit zu den mannigfaltigen Bestimmtheiten ist ganz nur negativ. Religionen dieser Stufe verehren als Gott die eine „Macht" in ihrer „Unbestimmtheit" (Rel Ms 221), d. h. die abstrakte Totalität, die alles in sich faßt, ohne daß aber dieses Alles in einzelne Bestimmtheiten auseinandergelegt und expliziert würde. Das einzelne Bestimmte *verschwindet* (Rel Ms 251) auf dieser Stufe gänzlich aus der Gottesvorstellung, weil die Totalität noch abstrakt als bestimmungslose Einheit überhaupt, nicht aber komplex als sich im Nichttotalen, nämlich im mannigfaltigen Bestimmten, manifestierende Einheit gedacht ist. Außerhalb der Gottesvorstellung, sozusagen an der Peripherie des religiösen Bewußtseins, ist das Endliche auch auf dieser Stufe für das ja immer „concrete Selbstbewußtseyn" (Rel Ms 219) durchaus gegeben. Es erscheint aber stets nur als nichtgöttlich, weil es, selbst bei maßlosester Aufspreizung (vgl. Rel Ms 249/51) niemals das ist, als was Gott immer zu denken ist: Einheit von allem. Diese Einheit kann in keinem Bestimmten erblickt werden, weil Bestimmtes per definitionem begrenzt ist. Erst wenn Gott als sich im Bestimmten manifestierend begriffen sein wird, kann auch das einzelne Bestimmte als göttlich gedacht werden: zwar nicht als allumfassende Totalität, wohl aber als Moment derselben, mithin als Moment Gottes.

1.2.2 Der Typ der Religionen des Wesens

Hier finden wir folgende logische Struktur: „α) Wesen, abstract aber wesentlich in Beziehung auf die Entwiklung, Unterschied, β) so dieses nur ein *Schein* am gegenständlichen Wesen ... Der entwickelte Begriff des Wesens aber, das Wesen in seiner Totalität ist die Nothwendigkeit; eine hohe Bestimmung darin Freyheit vom Endlichen – in demselben – Heiterkeit" (Rel Ms 201). Zunächst muß gefragt werden, worauf sich das „dieses" nach β) bezieht. Es bezieht sich auf eine frühere Erwähnung des Selbstbewußtseins, das ja in seiner Unmittelbarkeit als totalitätsvergessene Mannigfaltigkeit aller Bestimmtheiten eben die aus der abstrakten Wesenseinheit zu „entwickelnde" Dimension des „Unterschieds" ist. Dieser Unterschied bzw. diese Sphäre der Bestimmtheiten gilt aber, wenn man sie wesenslogisch denkt in ihrem Verhältnis zur abstrakten Totalitätseinheit, nicht als solche, sondern nur als *Schein der Totalität.* Die Scheinhaftigkeit des Bestimmten ist die Eigenart des wesenslogischen Verhältnisses von abstrakter Einheit und Bestimmtheitsvielfalt. Die Scheinhaftigkeit ist folgendermaßen zu denken. Dabei sind zwei Momente zu berücksichtigen. (1) „Der Schein ... scheint ... selbst ... ein Anderes ... überhaupt" (WL II 9) des Wesens zu sein. Wesen und Schein sind so erst als zwei gegeneinander Selbständige, Andere bestimmt. (2) Es gilt aber vom Schein, „daß die Bestimmungen, die ihn vom Wesen unterscheiden, Bestimmungen des Wesens selbst sind ... Die Unmittelbarkeit, welche die Bestimmtheit am Scheine gegen das Wesen hat [vgl. (1)], ist daher nichts anderes als die *eigene* [reflektierte] Unmittelbarkeit des Wesens" (WL II 11 Hvm). Die Andersheit oder Selbständigkeit des Scheines gegen das Wesen ist so einerseits nicht einfachhin verschwunden wie im Sein; dies drückt der Satz (1) aus. Andererseits wird diese Selbständigkeit nicht als die des Scheins selbst gedeutet, sondern als Erscheinung des Wesens. Der Schein bringt nicht sich selbst, sondern etwas anderes zur Erscheinung; dies drückt Satz (2) aus. Hegel drückt diese doppelte Bestimmung so aus, daß er sagt, der Schein habe „ein Sein ..., aber in einem Andern" (WL II 12).

Dies ist die Stufe der jüdischen *Religion der Erhabenheit.* Gott wird auch hier als Macht gedacht (Rel Ms 257/59/61 passim), aber so, daß das mannigfaltige Bestimmte nicht einfach aus der Thematisierung dieser Macht verschwindet. Gott ist hier gedacht als „Herrscher *über Alles*" (Rel Ms 259). Über Gott wird also nicht unter Abstraktion von allem Bestimmten gesprochen, sondern unter ausdrücklichem Bezug auf dasselbe: hier ist „Beziehung auf das Andere [der abstrakten Totalität], die Natur, die Welt" (Rel Ms 279) vorhanden. Dabei gilt das Bestimmte aber freilich noch nicht als Manifestation oder Realisierung Gottes bzw. der abstrakten Totalitätseinheit selbst, sondern bloß als Schein, der „keine selbstständige Seite an ihm hat" (Rel Ms 259). So weiß das einzelne Selbstbewußtsein hier zwar *sich* selbst, aber als das „Gefühl, nur den *Herrn* zu fühlen" (Rel Ms 261 Hvm); es ist „Selbstbewußtseyn des Knechts gegen den Herrn" (Rel Ms 317). Als es selbst ist es „nur als Schein" (Rel Ms 261).

Am Ende der Wesenslogik, den Übergang zur Begriffslogik bildend, steht die Kategorie der *Notwendigkeit,* zu welcher auch der obige Text übergeht. Wie ist hier das Verhältnis von abstrakter Totalität und Mannigfaltigkeit der Bestimmten gedacht? Die Notwendigkeit ist „an sich die Idee – Einheit der Unterschiedenen aber diese noch als unterschiedene Gestaltungen zugleich gesetzt, noch nicht ihr allgemeines schlechthin durchgreiffendes Fürsichseyn gesetzt" (Rel Ms 263). Als *unterschiedene* Gestaltungen gesetzt zu sein, heißt, daß die bloße Scheinhaftigkeit überwunden ist und die Bestimmten als solche Geltung haben. In dieser Unterschiedenheit sind die Bestimmten aber doch auch *gegen* die Totalitätseinheit, die hier das „allgemeine durchgreifende Fürsichsein" genannt wird, bestimmt. Dieses Allgemeine ist, religiös gesprochen, nicht „in denselben [den Bestimmtheiten] sondern jenseits als Schiksal" (Rel Ms 263 Anm 63) zu situieren. Was besagt das? Das Allgemeine oder Schicksal ist nichts anderes als die Eigengesetzlichkeit des Ganzen den einzelnen Bestimmten gegenüber. Das Ganze oder (im umfassendsten Sinn) die Totalität hat *negativen* Charakter gegen das Einzelne, weil es letzteres in seiner Unmittelbarkeit aufhebt und es einbezieht in die Totalität. In diesem Negiertsein seiner Unmittelbarkeit wird das Einzelne Moment der Totalität. Darin gewinnt es gerade seine vermittelte Identität, während es seine unmittelbare Identität verloren hat. Im Unterschied zum Schein ist die durch die Totalität vermittelte Identität des Einzelnen als Identität des Einzelnen *selber* (nicht als bloße Erscheinung eines anderen) begriffen. Gleichzeitig aber wird der Verlust der unmittelbaren Identität als eine andere und *unversöhnte* Seite der Selbsterfahrung des Einzelnen festgehalten. So ist in der Religion dieser Stufe das Bestimmte einerseits heiter, weil es kein bloßer Schein, sondern als Moment des Ganzen fürsichseiendes Bestehen ist; andererseits aber ist es einem fremden, unversöhnten Schicksal ausgeliefert, weil sein Bestehen durch die Negativität des Ganzen der Unmittelbarkeit des Einzelnen gegenüber vermittelt ist. So ist das einzelne Bestimmte bei sich und doch auch von sich getrennt. Es ist heiter *im* Endlichen (d. h. in sich, seinem Bestehen, selbst) und doch frei *vom* Endlichen (d. h. von sich als Unmittelbarem).

Dies ist die Stufe der *griechischen* Religion, in der das einzelne Bestimmte „zunächst vernichtet zu seyn" (Rel Ms 335) und in dem seiner Unmittelbarkeit als Schicksal feindlich gegenüberstehenden Weltganzen „nichts befreundetes ... mit sich zu haben" (Rel Ms 335) scheint. Andererseits hat das Einzelne seine Wahrheit, d. h. sein eigentliches Selbstsein nur durch seine Verflochtenheit in das Schicksalsgefüge. Indem das

Einzelne „über seine unmittelbare Einzelnheit erhaben" (Rel Ms 339 Anm. 128), d.h. in das Schicksal verflochten ist, erreicht es „seine Erfüllung" (Rel Ms 339). Dies beides, das Vernichtetsein und das Bestehen des Einzelnen, steht hier aber unvermittelt nebeneinander. Es ist noch nicht ausdrücklich gemacht, daß das wahre Selbstsein nicht neben der Erfahrung des Negiertwerdens durch das Schicksal besteht, sondern gerade erreicht wird, *indem* die unmittelbare Individualität negiert wird.

1.2.3 Die Religionen des Begriffs

Erst die Begriffssphäre weist eine logische Struktur auf, die so komplex ist, daß den Bestimmtheiten das Allgemeine (die abstrakte Totalität) nicht mehr unversöhnt fremd ist. Anders gewendet: Das Endliche versteht sich nicht mehr einerseits als vom Schicksal in seiner Unmittelbarkeit vernichtet und *daneben unvermittelt auch* als durch die Totalität erst zu seinem Selbstsein gekommenes Moment, sondern es versteht sich nunmehr gerade als die *unauflösliche Einheit* dieser beiden, wesenlogisch auseinanderfallenden Selbsterfahrungen: Auf der Ebene der Begriffslogik gedacht, sind die Bestimmtheiten bei sich selbst als Momente der Totalität nur, *indem* sie von sich als unmittelbaren getrennt sind. Damit wird umgekehrt das Allgemeine oder das Schicksal als dasjenige begreifbar, das nicht jenseits der Bestimmten steht und in diesen nur *erscheint,* sondern das in den Bestimmten *sich selbst* ausdrückt oder manifestiert. Das Allgemeine ist nichts anderes als das Gefüge der Bestimmtheiten selbst. Das Allgemeine oder der Begriff (religiös: das Schicksal) ist nicht mehr nur abstrakte Einheit, sondern „zugleich objectiv" (Rel Ms 203). Aus der Erörterung des ontologischen Gottesbeweises ging hervor, daß die „Objektivität" des Allgemeinen oder der Totalität (Gottes) in den Bestimmtheiten zu sehen ist. Indem begriffslogisch die Totalität als in den Bestimmtheiten objektiv bzw. manifest geworden gedacht wird, ist sie als in sich differenzierte Totalität erfaßt. So ist begriffslogisch im Verhältnis von abstrakter Totalität und Bestimmtheitsvielfalt die Struktur der „Selbstexplikation im anderen"[7] erreicht, weil jedes es selbst nur als das Andere ist. Damit ist das Verhältnis vollexpliziert, das wesens- und seinslogisch nur in einseitiger Perspektive gedacht wurde: in der Seinslogik von der abstrakten Einheit her, in der Wesenlogik von Einheit und Vielheit her, so aber, daß beides unvermittelt nebeneinander stand. Auch die begriffslogische Stufe aber expliziert sich schrittweise, und so ist das Verhältnis von abstrakter Einheit und Vielheit der Bestimmten auf der Stufe des „beschränkten Begriffs" (Rel Ms 203) so beschaffen, daß die Einheit sich in der Vielheit erst noch explizieren bzw. „objektiv seyn *soll*" (Rel Ms 203 Hvm). Einheit und Vielheit stehen hier im Verhältnis der *Zweck*beziehung (Rel Ms 203). Der eine Zweck ist in den vielen Wirklichen noch nicht reali-

7. F. Wagner [5] 207

siert, d.h. die Einheit des Zwecks und der Wirklichen, innerhalb deren er sich realisieren muß, ist eine noch nicht bestehende, erst gesollte. Erst in der vollendeten Religion ist das eine Absolute oder der eine Gott „in den Besonderungen in sich selbst zurückgekehrt und [weiß] sich in diesen als sich selbst"[8].

Den Typ der der logischen Zweckstruktur entsprechenden Religion sieht Hegel in der *römischen* Religion gegeben. In ihr gelten das Eine sowohl als die mannigfaltigen Bestimmten. Das Verhältnis beider Seiten ist so bestimmt, daß sich das Eine als Vielheit auslegt bzw. umgekehrt die Vielheit die Einheit realisiert. Solches Verhältnis ist logisch als Zweckstruktur zu begreifen: im „Zweck ... kehrt die Bestimmtheit in sich zurük" (Rel Ms 479), d.h. schließt sich die Vielheit der Bestimmten zu einem Ganzen zusammen, in dessen Verband jedes einzelne Bestimmte seine Identität hat; umgekehrt realisiert sich der eine Zweck als Zusammenhang vieler differenter Momente. Der Römer sieht die Totalität als einen allesumfassenden Zweck an, der sich aber als Vielzahl einzelner begrenzter, endlicher Zwecke vollzieht oder realisiert. So wird dem Römer die eine Totalität zu einer Unzahl von einzelnen Bereichen bzw. Zwecken. Weil jeder dieser Einzelzwecke als Teilrealisation *der Totalität* angesehen wird, werden sie als Einzel*götter* verehrt. Auf der einen Seite römischer Religiosität haben wir also das Moment der endlichen Mannigfaltigkeit. Sie ist ein „Zerfallen in lauter Endlichkeiten – endliche Existenzen, Wollen und Interesse" (Rel Ms 485). Für jeden dieser Zwecke gab es eine Gottheit im Pantheon: „Concordia und andere – eine Menge patriotischer Feste die auf unmittelbaren Staatszweck ... gingen. β.) Die andern göttlichen Wesen, Verehrungen, Dienste – bezogen dann vornemlich auf allgemeine physische menschliche Bedürfnisse und Zwecke" (Rel Ms 457). Hegel zählt viele solche Gottheiten auf und erläutert den Zweck, für den sie stehen: „Jupiter Pistor der Beker" (Rel Ms 459), „die Göttin Fornax, d.i. Ofen-Göttin" (Rel Ms 459 Anm 250), „Pales ... die Viehfuttergöttin" (Rel Ms 459 Anm 251) und so weiter. Die Römer hatten demnach Bedarf an vielen Göttern, und so wurden „alle Götter ... nach Rom gebracht, ganze Schiffsladungen von Göttern dorthin geschleppt. Rom wurde so die Versammlung aller Religionen; in Rom ist diese Toleranz. Alle Religionen kommen da zusammen und werden vermischt" (Rel III 217 [1824 und 1827]). Im Pantheon, das ursprünglich den sieben Göttern, welche den Lauf der Gestirne bestimmen, geweiht war, befanden sich schließlich rund dreitausend Götter[9]. Betrachtet man die Vielzahl endlicher Zwecke im Ganzen, so heben sich diese gegenseitig auf. Damit kommt die andere Seite der römischen Religion ins Spiel, der Gedanke des Einen: „Rom ist ein Pantheon, wo die Götter nebeneinander stehen und sich gegenseitig auslöschen und dem Einen Jupiter Capitolinus unterworfen sind" (XVI 175). Die Einzelzwecke bzw. Einzelgötter vernichten sich aufs Ganze gesehen gegenseitig, weil sie gegenstrebig sind und so einer der anderen behindert und aufhebt. Aufs Ganze gesehen wird kein einzelner Zweck als solcher erreicht; die Ein-

8. F. Wagner [1] 215
9. Pleticha/Schönberger 341

heit aller Zwecke ist die Null, in der sich alle gegenseitig paralysieren. Diese Paralyse ist freilich nicht nur Null, weil die Zweckbestrebungen, sich gegenseitig abschleifend und korrigierend, ein Ganzes hervorbringen, in dem sich kein einzelner Zweck mehr unmittelbar, aber doch als Moment jenes Ganzen erfüllt finden kann. Daß aber kein Zweck in seiner ersten, unmittelbaren Gestalt sich realisiert finden kann in jenem Ganzen, darin liegt das Moment, daß die Zwecke sich alle vernichten und als Resultat die Null, d.h. die Aufhebung ihrer unmittelbaren Gestalt haben. In der römischen Welt tritt dem Menschen einerseits dieses Negiertsein des einzelnen Zweckes ins Bewußtsein[10]. Andererseits hat und behält die endliche Mannigfaltigkeit Berechtigung und Bestehen, weshalb das Grundprinzip des Zweckganzen die Verfolgung des einzelnen Zweckes, mithin die individuelle Willkür bleibt: der Römer beharrt auf sich als empirischer und unmittelbarer Person (Rel Ms 481 Anm 282). Da sich die einzelnen Willen aber gegenseitig aufheben, ist es, aufs Ganze gesehen, nur *eine,* nämlich die mächtigste Willkür, die alles zu einem Ganzen zusammenzwingt und unterwirft: der eine machthabende Despot (Rel Ms 485). Letzterer spannt alle übrigen Willen und Bestrebungen zu dem einen Ganzen zusammen, das der „Staat überhaupt" (Rel Ms 449), das Imperium, ist. Das Imperium ist es, das als Jupiter Capitolinus (XVI 175) oder (später auch) als göttlicher Kaiser gegenwärtig ist[11]. So scheint Hegels Charakteristik der römischen Welt eher einer Negation der endlichen Vielfalt zuzusteuern, wie sie für die Stufe der Religionen des Seins eigentümlich war, als zur Freisetzung des Endlichen beizutragen. Dieser Eindruck täuscht aber. Zwar ist es durchaus so, daß der eine Staatszweck alles unterwirft und sich so an den vielen endlichen Dingen, Umständen und Bestrebungen realisiert. Diese endlich-einzelnen oder privaten Bestrebungen werden dadurch aber nicht einfach nur negiert, sondern bleiben in ihrem Wert und in ihrer Wichtigkeit bestehen (vgl. sehr deutlich Rel III 229). Gerade und nur weil das einzelne Private höchste Bedeutung hat und nicht einer es verfälschenden Integration in den Staatszweck unterworfen werden soll, ist seine Unintegriertheit Anzeichen dafür, daß der eine, alles *unverfälscht* integrierende Staatszweck in der Tat noch nicht erreicht ist. Deswegen ist die römische Religion die Religion des letztlich nur endlichen, weil noch nicht realisierten Zweckes. Was Hegel im Auge hat, wird deutlich, wenn man zusieht, wie sich etwa in Titus Manlius Torquatus Privat- und Staatsmann unintegriert und

10. Daher kommt auch die Kunst der Römer, sich im Selbstverlust zu bewahren, wie sie die Stoa lehrt, und wie sie sich in Sätzen ausdrückt, die das Ich im vollständigen Selbstverlust noch affirmieren: „Si fractus illabatur orbis, impavidum ferient ruinae" (Horaz, Carmen III 3).
11. Auf das Imperium können wir hier nicht näher eingehen. Hegel denkt es einmal als selbst beschränkte Ganzheit (Rel III 213; Rel Ms 215), dann wieder schreibt er ihm den Charakter der unbeschränkten, nämlich „einen, allgemeinen Macht" (Rel III 241) über alle Völker zu. Auch die Behauptung, daß sich das Imperium bzw. die fortuna romana in der individuellen Willkür des Kaisers verwirkliche (Rel Ms 395; 471; 473; 475), wirft Probleme auf, weil diese Situation wohl nur für die späte Kaiserzeit (nicht aber etwa für die Zeit der Republik) besteht.

doch von gleicher Wertigkeit gegenüberstehen, wenn dieser, liebender Vater bleibend, doch seinen Sohn nach Militärgesetzen hinrichten läßt[12]. Entspricht diese Unversöhntheit von Imperium und Privatbereich aber nicht der griechischen Religion, wo das Endliche in seiner Unmittelbarkeit sich auch nicht in das Ganze des Schicksals integriert finden konnte? Es besteht ein entscheidender Unterschied. Im Griechentum wird die Totalität als Unversöhntheit der Sphäre des Schicksals und der Sphäre des Einzelnen hingenommen, während in Rom die Unversöhntheit von Imperium und Privatbereich als das Nichtseinsollende gesehen wird. Das zeigt an, daß die Versöhntheit der Sphären des Einen und des Mannigfaltigen es ist, die in Rom als die wahre Natur der Totalität gewußt wird. Die Integriertheit aller Einzelnen zum Imperium ist das von jedem Römer ausdrücklich Gewollte, nicht deren Unversöhntheit mit dem Imperium. Die letzte Versöhntheit ist in der griechischen Hinnahme des Schicksals noch nicht ausdrücklich angezielt.

Es ist schließlich die *christlich-germanische* Welt, in der der Einzelne sein Selbstsein ausdrücklich in der Negation seiner Unmittelbarkeit erreicht wissen wird; umgekehrt wird hier das Ganze seine eigene Verwirklichung in der Freisetzung des Einzelnen als eines solchen haben. Dem kann freilich im Rahmen vorliegender Arbeit nicht mehr nachgegangen werden.

Zusammenfassend läßt sich sagen, daß die angeführten Religionstypen zwar je die Totalität als Einheit von (abstrakter) Einheit und Mannigfaltigkeit denken, diese Komplexität aber jeweils unter der *Dominanz nur eines* der Momente darstellen: in der unmittelbaren Religion, wie (auf etwas andere Weise) auch im Judentum dominiert die abstrakte Einheit. In der griechischen Religion gelten abstrakte Einheit und Mannigfaltigkeit, aber deren Differenz dominiert hier die eigentlich zu explizierende komplexe Einheit der Totalität.

2 Die Götterarten

In Hegels Religionsgeschichte treten drei verschiedene Arten von Göttern auf, die Hegel selbst nicht ausdrücklich unterscheidet oder in ihrem Verhältnis zueinander bedenkt, deren verschiedene Funktionen und deren Zusammenhang untereinander aber unverkennbar sind. Für die Systematik von Hegels Begriff des absoluten Gottes ist das Verhältnis dieser drei Götterarten, die verschieden hohen Integrationsebenen angehören, von großer Bedeutung.

12. Livius, Historiarum ab urbe condita libri. Lib. VIII, Cap. VI. Vgl. Schalk 234.

2.1 Einzelsphärengötter

Wird auf einer ersten Ebene die Totalität als sich in mannigfaltigen einzelnen Sphären manifestierend religiös vorgestellt, so ist dies die Ebene der (wie wir sagen wollen) *Einzelsphärengötter.* In den Religionen des Seins treten hier etwa einzelne elementare Naturmächte in den Blick, die man deswegen als Gottheiten verehrt, weil man in ihnen die Totalität am Werk sieht, mithin die einzelne Naturkraft nicht in ihrer Isolierung gegen andere festhält, sondern sie als die eine Macht und Wirksamkeit der Totalität selbst deutet. Auf der Stufe dieser Religionen ist freilich eine Vielzahl von einzelnen Mächten nicht denkbar, weil die Totalität ja noch als abstrakte Einheit gefaßt ist. So werden verschiedene dieser einzelnen und damit endlichen Kräfte für das eine Göttliche substituiert bzw. zu göttlicher Allumfassendheit „aufgespreizt" (Rel Ms 251), ohne daß sie wirklich allumfassend wären, was sich am Vorhandensein anderer Kräfte zeigt. So verschwindet das Endliche auch wieder, um durch ein anderes ersetzt zu werden bei dem Versuch, die Totalität darzustellen. Deshalb haben wir hier „eine Umherwälzung in den Gestaltungen des Endlichen, die aufgespreizt werden, sie mit jenem [dem Allumfassenden, der Totalität] auszugleichen – aber in ihm [als unangemessen] untergehn" (Rel Ms 251).

Auch im Judentum, welches die einzelnen Sphären der Totalität als vollkommen unselbständige Äußerungen der einen allumfassenden Macht begreift, kann es zu keinem Einzelsphärengöttersystem kommen, weil das Göttliche noch nicht als im Endlichen sich verwirklichend gedacht ist: das Endliche ist nur Schein, nicht Wirklichkeit der Totalität. Im Griechentum (der zweiten Religion innerhalb der Struktur des Wesens) aber werden die einzelnen Naturkräfte und die verschiedenen Seiten des Geistigen als einzelne Götter vorstellig gemacht.

Besonders deutlich ist die Ebene der Einzelsphärengötter in der römischen Religion sichtbar, weil sich römischer Geist gerade durch die Konzentration auf das in ganz konkreten Umständen zu Tätigende auszeichnet. Bezüglich der Einzelsphären kann der Römer nur deshalb zurecht von Göttern reden, weil die die Religion leitende Perspektive nicht das Einzelne als solches, sondern dies ist, am Orte des endlichsten Zweckes die Totalität, also das eine Göttliche selbst (wenn auch in einer bestimmten Ausprägung, die für sich allein nicht das Göttliche, sondern eben Moment unter anderen des Göttlichen ist), am Werk zu sehen.

Welche Funktion haben demnach Einzelsphärengötter? Mit Rückgriff auf Götter werden Naturphänomene erklärt[13], von Göttern werden soziale Rangordnungen begründet[14], Verfassungen und Gesetze gegeben[15], kulturelle Kraft dem Menschen ge-

13. Thors Hammer; Zeus' Blitze; Vulkans Feuer
14. Z.B. Genzmer II 113–121
15. So dem Moses gegenüber

währt[16] und so fort. Man kann sagen, daß ein System von Einzelsphärengöttern die unendliche Vielzahl der Phänomene der Erfahrung auf bestimmte Grundprinzipien zurückführt bzw. jene Vielzahl in wenige Gruppen oder Sphären einteilt. Die Einzelsphärengötter stellen das den mannigfaltigen Phänomenen einer Sphäre zugrundeliegende eine Gemeinsame dar: Nicht der einzelne Blitz oder Donner wird als göttlich verehrt, sondern Zeus und Thor sind göttlich als die Prinzipien *aller* Blitze und Donnerschläge. Ein System von Einzelsphärengöttern stellt daher eine „allgemeine Theorie dieser Welt"[17] auf. Freilich hat Marx hierbei die entfremdete Welt im Auge, und die selbst unter den Bedingungen dieser Entfremdung stehende (ja erzeugte) Religion gerät ihm so zu einer Widerspiegelung nicht der Wahrheit der Welt, sondern ihrer ideologischen Verfälschung. Damit können wir uns hier nicht auseinandersetzen. Wichtig in unserem Zusammenhang ist aber, daß auch Marx den *theoretischen* Charakter der Religion, dasjenige also, was Hegel die „freye geistige Anschauung" (Rel Ms 457) nennt, nicht übersieht. Von der Entfremdungsthese einmal abgesehen, ist festzuhalten, daß ein Göttersystem dem Einzelphänomen dessen Wahrheit verschafft, weil es dessen eindeutigen Platz innerhalb des ganzen Weltgefüges bestimmt. Und so kann Hegel sagen: „Die Religion ist der Ort, wo ein Volk sich die Definition dessen gibt, was es für das Wahre hält" (VG 125). Das Göttliche ist die Wahrheit der Welt, weil es die inneren Zusammenhänge der Totalität in ihrer Differenziertheit und Verflochtenheit darstellt und so alles und jedes Einzelne lokalisierbar, bestimmbar, identifizierbar, mithin wahr macht.

2.2 Totalitätsdarstellende Gottheiten

Die vielen Einzelsphären sind Teilbereiche der einen Totalität, und so erhebt sich in jeder Religion die Frage danach, wie die Totalitätseinheit sich zur Mannigfaltigkeit der Sphären verhält. Wir befinden uns mit dieser Frage auf einer *Metaebene* zu den Einzelsphärengöttern. Hier geht es jetzt nicht mehr um die inhaltlichen Bereiche der Welt, sondern um die Struktur des Insgesamts dieser Inhalte als der in sich mannigfaltig differenzierten Totalität. Gottheiten, mittels deren nicht einzelne empirische oder geistige Gehalte vorstellig gemacht werden, sondern die Totalität in ihrer inneren Struktur als Verhältnis von Einheit und Vielheit thematisiert wird, nennen wir *totalitätsdarstellende* Gottheiten.

Die drei großen derartigen Typen in ihrer grundsätzlichen logischen Struktur haben wir bereits (für das Manuskript von 1821) dargelegt. So stellt in den Religionen des

16. Odin als Spender des Dichtermetes; Apollo als Lehrer des Saitenspieles und des Gesanges

17. K. Marx I 378. Dieser theoretische Charakter der Religion tritt deutlich hervor bei Pannenberg [1] 303–329 und Ditfurth 207.

Seins die eine göttliche Macht eine Thematisierung der in sich mannigfaltigen Totalität auf einseitige, weil von der Mannigfaltigkeit abstrahierende Weise dar. Desgleichen sind auf der Stufe des Wesens der jüdische „Herrscher über alles" und das griechische Fatum, das unversöhnt über den vielen Einzelgöttern verhängt ist, einseitige Konzeptionen des inneren Verhältnisses der Totalität, weil hier zwar sowohl die Einheit als auch die Mannigfaltigkeit der Totalität gedacht, dabei aber das Verhältnis dieser beiden Seiten nur ganz äußerlich gefaßt wird. Auch die verbliebene Einseitigkeit in der Erfassung der Totalität auf der ersten Stufe des Begriffs in Gestalt der römischen Religion wurde näher skizziert.

Unser kurzer Gang durch die Religionsgeschichte bei Hegel zeigte, daß Hegel im wesentlichen die Geschichte der totalitätsdarstellenden Gottheiten schreibt. Nun wurden aber die einzelnen Weltinhalte von den Völkern auf verschiedene Weise gesehen. Diese unterschiedlichen Kulturkreise gälte es auch daraufhin zu untersuchen, was sie in ihrem jeweiligen Einzelgöttersystem für Ansichten über die Natur der einzelnen Dinge und Phänomene ausdrücken. Von hier aus erhellt, daß Religionsgeschichte nicht nur als Geschichte der totalitätsdarstellenden Gottheitstypen geschrieben werden dürfte. Es gibt auch eine Geschichte der mythologischen bzw. religiösen Aussagen über die Einzelsphären und ihren Zusammenhang. Dies hängt damit zusammen, daß die Totalität in ihrer inhaltlichen Entfaltung nie abgeschlossen vorliegt und daher immer eine Mehrzahl von inhaltlichen Gesamtentwürfen möglich ist, von denen her dann auch die Einzelsphären in je anderem Licht erscheinen. Offensichtlich vernachlässigt Hegel diese Seite der Religionsgeschichte, indem er aus den Religionen nur die Struktur erhebt, nach der sie das Verhältnis der abstrakten Totalität zur selbst unentfalteten Dimension der bestimmten Sphären überhaupt denken. Bezeichnend hierfür ist, daß Hegel z. B. die römischen Einzelsphärengötter zwar aufzählt, nicht aber untersucht, welche realsystematischen Ansichten darin impliziert sind, daß der Römer z. B. das für unsere Weltsicht *eine* Phänomen des Feuers mindestens drei Göttern zuordnet: Der *Ofen*göttin Fornax, der Göttin des *Familien*herdfeuers Vesta und dem Gotte Vulcanus, der seinerseits das *elementarische* wie auch das den *handwerklichen* Tätigkeiten des Menschen nützende Feuer bedeutet[18]. Während unsere Naturwissenschaft das Feuer als natürliches Phänomen erklärt, erklärt es der Römer von verschiedenen Prinzipien menschlicher Kultur her. Sehen wir das Feuer primär als einheitliches Naturphänomen, das dann sekundär in anderen Zusammenhängen auftauchen kann, sieht der Römer das Feuer primär als eine *Mehrzahl* von Qualitäten. Er sieht nicht das eine Feuer, er sieht das Ofen-, das Herd-, das elementarische und das Handwerkerfeuer. Gilt dem Römer das Feuer überhaupt als einheitliches Phänomen oder ist ihm diese, *uns* geläufige, einheitliche Sichtweise fremd? Nehmen wir nach Weise unserer Natursicht das Feuer als eine Einzelsphäre, bei deren Entfaltung die verschiedenartige Verwendbarkeit des Feuers zur Sprache kommt, so wären die römischen feuerbezogenen Götter

18. Zu Vulcanus vgl. Vollmer 445

Momente an unserem Begriff des Feuers. Beim Römer sieht die Sache umgekehrt aus: Er unterscheidet drei durch Götter vertretene Einzelsphären (Vesta, Fornax, Vulcanus), und in jeder dieser Sphären kommt als Moment etwas vor, was *wir* als selbig ansehen, nämlich das Feuer. So ist in Römeraugen unser Feuer nicht mehr das eine Feuer, sondern eine Drei- bzw. Vierfalt von Phänomenen, deren jedes einer anderen Sphäre angehört. Das Aufteilungsraster, nach dem der Römer die Vielfalt der Naturerscheinungen zu einheitlichen Gruppen (z. B. Feuer) zusammenfaßt, ist anders als das unsrige und anders als das anderer Religionen oder Mythologien. Dem Verhältnis solcher Aufteilungsraster zueinander wäre in einer Geschichte der Einzelsphärengötter nachzugehen. Ähnliche Fremdheiten der uns geläufigen Überzeugungen hinsichtlich dessen, was in der Welt zur selben Sphäre gehört und was nicht, ließen sich am Beispiel der griechischen Mythologie zeigen. So wird etwa Apollo als (1) strafender Gott, (2) übelabwehrender Gott, (3) weissagender Gott, (4) singender und saitenspielender Gott, (5) Hirtengott, (6) städte- bzw. verfassungsgründender Gott und schließlich (7) als Sonnengott angesehen[19]. Welches Gesamtverständnis von Welt verrät sich in der Zusammenfassung gerade dieser Bereiche zu einer in einem einzigen Gott vereinigten Sphäre? Sicher ein anderes als das unsrige. Sehen wir in Hirten und Verfassungen noch *dasselbe* in dem Sinn, daß *ein* Prinzip (ein Gott) sich darin ausdrückt? Welche Gesichtspunkte, Grundüberzeugungen, Standards usw. sind es, die den verschiedenen Kulturen und ihrer eigentümlichen Sicht der Welt zugrundeliegen? Dies hätte eine Geschichte der Einzelsphärengöttersysteme zu klären. Die Idee einer solchen Geschichte und ihre vielfältige Problematik kann hier nicht weiter verfolgt werden.

2.3 Der trinitarische Gott

In den totalitätsdarstellenden Gottheiten hat die Totalität sich als das Verhältnis von alleseinschließender Einheit und Mannigfaltigkeit der Eingeschlossenen erfaßt. Da aber diese innere Verhältniseinheit selbst wiederum von verschiedenen Gottheiten auf verschiedene Weise gestaltet wurde (eben gemäß den immer komplexeren Strukturen, die sich in den totalitätsdarstellenden Gottheiten ausdrücken), ist die letzte Einheit der Totalität noch nicht erreicht. Bezüglich der totalitätsdarstellenden Gottheitenmehrzahl erhebt sich die Frage nach ihrem Zusammenhang, nach ihrer Einheit. Damit ist eine weitere *Metaebene* erreicht, deren Objektebene jetzt die totalitätsdarstellenden Gottheiten sind. Diese letzte Metaebene innerhalb des dem unmittelbaren Subjekt gegenständlichen Gottes gilt es nun zu bedenken. Der volle Sinn der christlichen Lehre von Gott wird freilich erst erreicht sein, wenn das unmittelbare Subjekt im Kulte in Einheit gebracht ist mit dem ihm bisher bloß gegenständlichen Gott, wodurch Gott schließlich zur Gemeinde werden wird.

19. ebd. 57f

3 Der absolute Gott

3.1 Die Absolutheit des trinitarischen Gottes

Handelt es sich auf der Ebene der Einzelsphärengötter darum, die Totalität als Vielheit von Bestimmten darzustellen, so erfassen die totalitätsdarstellenden Gottheiten die Totalität als inneres Verhältnis von Einheit und Vielheit. Erst die Ebene des trinitarischen Gottes aber denkt dies Verhältnis ohne Reduktion seiner Komplexität, indem es die zu berücksichtigenden Momente ohne einseitige Dominanz festhält. Dies wird gleich näher erörtert werden. So stellen die drei Arten von Gottheiten in Hegels Religionsphilosophie eine Abfolge von stets höheren Integrationsebenen dar: Jede totalitätsdarstellende Gottheit integriert das Insgesamt der Einzelsphären(götter), und die Trinität integriert schließlich die verschiedenen einseitigen Auflösungen der Totalität in einseitige Dominanzen, wie dies für die Ebene der totalitätsdarstellenden Gottheiten charakteristisch ist. Wie auch immer in den verschiedenen Jahrgängen seiner Vorlesungen Hegel die Religionen im einzelnen hierarchisiert und ins Verhältnis zueinander und zu logischen Bestimmungen gesetzt hat, das genannte Integrationsschema bleibt durchgehend gleich.

Der trinitarische Gott ist nun eben deswegen *absolut*, weil er der Zusammenhang aller einzelnen Götter der Religionsgeschichte ist. Der trinitarische Gott ist absolut, weil ihm kein Gott äußerlich ist, sondern er alle die verschiedenen Götter der Religionsgeschichte als innere Differenzierungen bzw. Momente seiner selbst in sich schließt. Solches Insichschließen nennt Hegel auch in anderen Zusammenhängen „absolut". So wird in der PhG das absolute Wissen folgendermaßen bestimmt: „das absolute Wissen, oder der sich als Geist wissende Geist hat zu seinem Wege die *Erinnerung der Geister,* wie sie an ihnen selbst sind und die Organisation ihres Reiches vollbringen" (PhG 564 Hvm). Der absolute Geist ist hier *Inbegriff* aller historisch auftretender Gestaltungen des Geistes. In der WL kommt das Absolute zweimal vor. Zum einen als erstes Kapitel der „Wirklichkeit", zum andern wird die höchste logische Bestimmung als „absolute Idee" bezeichnet. (a) Im ersten Sinn ist das Absolute die spinozistische Substanz, die von Hegel begriffen und so eigentlich schon als Subjekt entfaltet wird: „Die wahrhafte Bedeutung des Modus ist daher, daß er die reflektierende eigene Bewegung des Absoluten ist" (WL II 163). Daß das Absolute selbst als Bewegung der Modi ist (und letztere nicht nur verschwinden), dies läßt das Absolute schon in seiner „wahrhaften" oder Subjektsstruktur erfaßt sein. Die Modi des Absoluten sind mithin Manifestationen des Absoluten (vgl. WL II 163f), oder umgekehrt ist das Absolute der *Inbegriff* der Modi. (b) Die absolute Idee ist insofern absolut, als „sie die alle [logischen] Bestimmtheiten und [logischen] Inhalte durchdringende und durchziehende innere Bewegtheit ist. Sie ist also in jeder Bestimmtheit gegewärtig, indem sie mit jeder Bestimmtheit zusammenfällt und gleichzeitig jede Bestimmtheit übersteigt"[20]. Die absolute Idee kann also zu Recht als *Inbegriff* der logischen Bestimmtheiten angesehen werden: „Für sich ist die absolute Idee ... sich Inhalt, insofern sie das ideelle Unterscheiden ihrer selbst von sich, und das eine der Unterschiednen die Identität mit sich ist, in der aber die Totalität der Form als System der Inhaltsbestimmungen enthalten ist. Dieser Inhalt ist das System des Logischen" (Enz § 237). Die absolute Idee als solche („für sich") abstrahiert zwar von den einzelnen logischen Bestimmungen, weil sie mit keiner einzelnen mehr beschäftigt und identisch ist, aber diese Abstraktion meint nicht, daß die logischen Bestimmungen nunmehr ungültig wären. Vielmehr ist die absolute Idee das „Wissen von der Währung ihrer Momente" (Enz § 237), d. h. von der *Geltung* der einzelnen logischen Bestimmungen. Insofern die Geltung aller gewußt wird, ist von der einzelnen Bestimmung als einer solchen abstrahiert; in keinem anderen Sinn. Die absolute Idee ist also nichts anderes als die Einheit aller logischen Bestimmungen, mithin der *Inbegriff* der logischen Bestimmungen.

In diesem Sinne ist auch der absolute Gott das Wissen von der Geltung der einzelnen Götter, weil die Stellung und Funktion jedes einzelnen Gottes, der in einer historischen Religion auftritt, nur von dem *Inbegriff und wechselseitigen Zusammenhang aller Götter* her sichtbar werden kann. Weil dieser Zusammenhang jedem einzelnen Gott (Göttersystem) dessen Funktion und Stellenwert vermittelt, ist er die *Wahrheit* aller Götter.

Dieser alle Götter umfassende Zusammenhang und Inbegriff ist das eine Göttliche, das sich in wechselnden Manifestationen selbst bekundet. Dieser Begriff Gottes ist nun auch in dem Sinne absolut, daß er *nicht mehr überholbar* ist, weil er ja nicht eine Selbstbekundung unter wechselnden anderen, sondern die Selbstbekundung dieses Bekundungsgeschehens als ganzen ist. Im Inbegriff aller Götter ist der in alle Zukunft fortgesetzt denkbare Ablösungsprozeß selbst der Einzelsphärengöttersysteme gedacht. Dieser Begriff ist unüberholbar bzw. nicht selber wieder ablösbar, weil jede Ablösung des Begriffs der Ablösung letzteren schon wieder voraussetzen und also unabgelöst lassen müßte. Dieser Begriff war schon in den totalitätsdarstellenden Gottheiten angezielt, aber erst in der *Trinität* ist er vollständig erfaßt, weil dort keine einseitige Dominanz mehr herrscht, die dazu zwingen würde, ein Moment der ganzen Komplexität auszublenden oder (als „Schein" oder „Nichtigkeit") unerklärt zu lassen. Die Integration, welche der trinitarische Gott ist, soll nun im Grundsätzlichen kurz erörtert werden.

20. Puntel [1] 227

3.2 Der Einschluß der Einzelsphärengötter im trinitarischen Gott

Bei der Erörterung der Konkretionsstufen Gottes haben wir gesehen, daß das Einzelsphärengefüge die entfaltete Konkretionsstufe des trinitarischen Sohnes meint, der, so entfaltet, nicht mehr immanenter Sohn, sondern das Weltgefüge ist. Welcher Unterschied besteht nun zwischen den Einzelsphären und den Einzelsphärengöttern? Sehen wir uns folgenden Text an: „Gott heißt es hat die Welt mit ihm selbst versöhnt – der Abfall der Welt von Gott ist, daß sie sich fixirt, als endliches Bewusstseyn – Bewußtseyn der *Götzen* – des Allgemeinen nicht als solchen, sondern nach Äusserlichkeit – oder der endlichen Zwecke – das Ablassen von dieser Trennung ist die Rükkehr" (Rel Ms 499). Die Einzelsphären sind deshalb keine Götter, weil sie nicht das „Allgemeine als solches", d. h. in umfassendster Erstreckung, sondern selbst ein je noch beschränktes Allgemeines sind. Das Wort „Gott" aber (und diese Voraussetzung enthält der obige Text stillschweigend) ist allein dem schlechthin allesumfassenden Allgemeinen, d. h. der Totalität, vorbehalten. Wollte man ein beschränktes Allgemeines „fixieren", so hätte man einen *Götzen* erzeugt, d. h. man hätte anstelle des allesumfassenden Allgemeinen ein beschränktes Allgemeines zur Totalität (zu Gott) gefälscht. Nun ist dieser Einwand gegen die Einzelsphärengötter aber nicht ganz stichhaltig, denn gerade die Vielheit der zu einer Religion gehörenden Einzelsphärengötter zeigt ja, daß keiner von ihnen als die allesumfassende Totalität verstanden wurde. Viel eher könnte man umgekehrt, da die Totalität bzw. Gott sich als Einzelsphärengefüge auslegt, jede einzelne Sphäre „göttlich" nennen. Das allesumfassende Allgemeine oder Gott *selbst* ist ja *als* dieses Gefüge, und so kann und *muß* man eine Einzelsphäre, weil man sie als eine Sphäre *des Göttlichen* denken muß, als eine Weise göttlichen Daseins ansehen. Gerade auch Hegels Interpretation des ontologischen Gottesbeweises zeigte dies. An eben diesem Punkt wird aber deutlich, daß mit solcher Anschauung die Einzelsphäre gerade nicht als Götze fixiert ist, denn sie ist göttliches Dasein nur, sofern man sie *nicht* von ihrer Vereinzelung, sondern von der Totalität her deutet. Damit ist aber doch genau das vollzogen, was der obige Text als „das Ablassen von der Trennung gegen Gott" bezeichnet, nämlich das Ablassen von der Fixierung auf die Sphäre in ihrer Vereinzelung. Die Einzelsphäre ist göttlich, *insofern* sie in ihrer Beschränktheit negiert und als Manifestation der Totalität gesehen wird. Die Negation der Einzelsphäre führt dabei nicht zu deren Auslöschung. Vielmehr wird sie in ihrer vollen Breite entfaltet. Diese Breite als ganze wird *dann* aber auf die anderen Sphären und deren Entfaltung hin verlassen, weil es um die Entfaltung der Totalität (auf der ausgeführten Konkretionsstufe) geht, die Einzelsphäre aber nicht alles ist. Von der Totalität her gedacht, ist alles Einzelne göttlich, weil es nicht isoliert als Einzelnes, sondern als Manifestation der Totalität bzw. Gottes aufgefaßt wird. Warum sollte man in *diesem* Sinne nicht von Einzelsphären*göttern* reden? Hegel selbst deutet die Einzelsphären ja als göttliche Manifestationen. Er sagt dann, daß sich „die ihr gemeinsames Princip bildende ewige Idee ... in ihnen darstellt“ (X 26 = Enz 381 Zus). Die Idee ist aber der philosophische Begriff für die Sache, welche religiös „Gott“ heißt (vgl. X 25f = Enz § 381 Zus). Die Einzelsphären sind demnach Selbstdarstellungen Gottes bzw. der Totalität, wenn auch keine einzelne Sphäre für sich allein der eine Gott ist. Was die Totalität oder Gott *ist,* das wird aber eben nur in den bzw. als die Einzelsphären manifest. Daß Hegel nicht von „Göttern“ redet, hängt also nicht davon ab, daß es religiös nicht ebenso legitim wäre, von Einzelsphärengöttern als Selbstdarstellungen Gottes zu reden, wie man philosophisch von Einzelsphären als Selbstdarstellungen der Idee redet. Die Vermeidung des Ausdrucks „Götter“ im Zusammenhang mit den Einzelsphären hängt wohl eher davon ab, daß Hegel die Welt nicht mythologisch-religiös, sondern philosophisch-*wissenschaftlich* begreifen will. Andererseits dürfte es für Hegel keine Schwierigkeit machen, die religiöse Ausdrucksweise anzuerkennen, weil er ja von einer vollständigen Überführbarkeit der religiösen Termini in wissenschaftlich-philosophische Sprache ausgeht und einen Sinnverlust bei solchem Übergang nicht befürchtet. Einen Einzelsphären*gott* haben wir demnach immer dann vor uns, wenn eine Einzelsphäre nicht in ihrer Vereinzelung, sondern als Manifestation der Totalität begriffen wird. So sahen wir schon, wie die Logik, isoliert betrachtet, eine Einzelsphäre ausmachte, dann aber, sofern sie von der in allen Einzelsphären ausgeführten Totalität her betrachtet oder als „bewährtes Logisches“ begriffen, mithin aus ihrer Isolierung befreit und auf das Nichtlogische bezogen wurde, als „immanenter“ Gott zu denken war.

So können wir sagen, daß mythologische Einzelsphärensysteme nähere *Konkretionsstufen des trinitarischen Sohnes* darstellen. Diese Einsicht kann freilich den historischen Mythologien an ihrem geschichtlichen Ort noch nicht verfügbar sein, weil dort die Totalität noch nicht als sich in den Sphären manifestierend gewußt wird. Erst der trinitarische Gedanke erlaubt es, den Stellenwert und Sinn der Einzelsphärengötter wirklich sichtbar zu machen. Sehen wir nun, daß es in der Kulturgeschichte *verschiedenartige* Einzelsphärengöttersysteme gibt, so erweist sich die Konkretionsstufe, die den trinitarischen Sohn als Einzelsphärengöttersystem entfaltet, als geschichtlich wandelbar. Die Einzelsphärengöttersysteme, insofern sie den Gesamtrahmen prägen, innerhalb dessen alles Einzelne theoretisch betrachtet und praktisch vollzogen wird, gestalten den Lebensvollzug und -zusammenhang eines je bestimmten historisch auftretenden Volkes. Hegel nennt die dergestalt entfaltete Welt einer Epoche „Volksgeist“. Den verschiedenen Einzelsphärengöttersystemen entsprechen ebensoviele Volksgeister. Dem trinitarischen Gott nun, der im Moment des Sohnes alle bisher aufgetretenen Einzelsphärengöttersysteme in sich schließt, entspricht auf dieser Konkretionsstufe der *Weltgeist* als der Inbegriff aller Volksgeister. Wie enthält nun der Weltgeist die Völkergeister in sich? „Der Volksgeist ist ... der allgemeine Geist in einer besonderen Gestaltung, über die er an sich erhaben ist, die er aber hat, insofern er existiert“ (VG 60). Ein Moment der *Negativität* ist hier deutlich ausgesprochen. Um den allgemeinen Geist, d.h. die Totalität als solche zu erreichen, muß über den einzelnen Volksgeist hinausgegangen werden. Was die Totalität ist, zeigt sich nur in der Geschichte der Gestaltungen, die sie sich gibt. Die einzelnen Volksgeister sind diese Gestaltungen als perspektivische Erfassungen der Totalität, weil in ihnen sich je eine, inhaltlich von anderen Sichtweisen verschiedene, Sicht der Totalität aller Sphären ausdrückt. Die letztumfassende Totalität ist daher die Geschichte aller perspektivischen Gestaltungen der Totalität: „Die Principien der Volksgeister ... sind selbst nur Momente des Einen allgemeinen Geistes, der durch sie in der Geschichte sich zu einer sich erfassenden Totalität [perspektivischer Totalitäten] erhebt und abschließt" (XI 119). Freilich darf die Negativität dem einzelnen Volksgeist gegenüber nicht dahingehend mißverstanden werden, als würden die Eigenarten und Unterschiede der im Weltgeist integrierten Volksgeister eliminiert. Ganz im Gegenteil dient die Integration dazu, die Eigenart des Einzelnen durch den Bezug auf all die anderen Einzelnen innerhalb eines Ganzen bzw. der Totalität erst recht deutlich hervortreten zu lassen. Diese Einsicht Hegels, daß die Totalität die Wahrheit des Einzelnen als solchen verbürgt, kam in gegenwärtiger Arbeit oft zur Sprache und wurde besonders im Zusammenhang mit der doppelten Vermittlungsbewegung der in sich differenzierten Totalität ausführlich erörtert. Bezüglich der einzelnen Volksgeister heißt es nun bei Hegel: „Die konkreten Ideen, die Völkergeister, haben ihre Wahrheit und Bestimmung in der konkreten Idee, wie sie die absolute Allgemeinheit ist, – dem Weltgeist, um dessen Thron sie als Vollbringer seiner Verwirklichung, und als Zeugen und Zieraten seiner Herrlichkeit stehen" (Rph § 352). Daß die Volksgeister hier nebeneinander um den Thron des Weltgeistes stehen, ist sicherlich als metaphorische Redeweise aufzufassen. Aber man muß den Kern des Bildes, der die Volksgeister in ihrer unaufgehobenen historischen Eigenart („Zeugen") beläßt, ernstnehmen. Aus der PhG wird dies, daß es um die unaufgehobene Eigenart der Volksgeister geht, ganz besonders deutlich: „Das Ziel, das absolute Wissen ... hat zu seinem Wege die Erinnerung der Geister, wie sie *an ihnen selbst* sind und die Organisation ihres Reiches vollbringen" (PhG 564 Hvm). In der *Erinnerung* bleiben die Volksgeister in ihrer unaufgehobenen Gestalt gegenwärtig. Die faktische Entwicklung der Geschichte aber hat sie aufgehoben, und das sie erinnernde Wissen erkennt in der Gegenwart diejenigen Züge als Momente, welche früheren Volksgeistern zum alleinigen Grundprinzip ihrer ganzen Welt dienten[21]. Die Integration der einzelnen Volksgötter zum trinitarischen Inbegriff oder absoluten Gott besagt also zweierlei, nämlich *Negation* des isolierten und ausschließlichen Geltens einerseits und *Gültigkeit* des einzelnen Gottes im Zusammenhang mit den anderen. Die so strukturierte Integration vollzieht sich bei Hegel als schrittweises Einbeziehen aller vergangenen Kulturen (Einzelgöttersysteme, Volksgeister) in das je gegenwärtige System der Totalität. Der trinitarische Sohn, so läßt sich zusammenfassend sagen, hat seine Konkretion in jedem geschichtlichen Augenblick in der kritisch-argumentativen Integra-

21. Die Komplexität des je gegenwärtigen Weltzustandes hat schon Kaiser Julian Apostata im Anschluß an die neuplatonische Schule (vgl. Raeder 209) so gedeutet, daß er darin verschiedene, ja im Prinzip alle, historisch überkommene(n) „Volksgeister" bzw. Völkergötter ge-

tion aller bisherigen Gestaltungen des Einzelsphärengöttergefüges zu einer universalen Kohärenz, in der die Unangemessenheit jedes der integrierten Systeme überwunden, aber als Durchgangsstadium der Explikation auch aufbewahrt und gegenwärtig gehalten wird. Hegels philosophisches System selbst, sofern es *von der Totalität her* als Entfaltung, Offenbarung oder Manifestation der Totalität gedeutet und dargestellt wird, wäre die Darstellung der ausgeführten Konkretion des trinitarischen Sohnes im

meinsam (aber in ihrer unterschiedlichen Eigenart auch spannungsvoll) wirksam sah: „Von dem Weltschöpfer des Moses haben wir eine bessere Meinung, ... Die wir ihn für den gemeinsamen Herrscher über Alles halten, unter ihm aber Völkergötter annehmen, welche, gleich den Statthaltern des Kaisers, jeder sein besonderes Geschäft besorgen" (Julian [1] Buch IV 148 B, übersetzt bei Strauß [1] 191 Anm 2). „Die Unsrigen lehren, der Weltschöpfer sei der gemeinsame Vater und König von Allem, die einzelnen Völker aber habe er an untergeordnete Volks- und Stadt-Gottheiten vertheilt, deren jede das ihr zugetheilte Gebiet auf ihre Weise verwaltet. Da nämlich in dem Allvater zwar Alles vollkommen und Eins, in den Theilgottheiten aber diese oder jene Kraft die vorherrschende ist: so verwaltet Ares die kriegerischen, Hermes die von mehr Geist als Kühnheit, und je nach dem besondern Wesen der eigenen Götter richten sich auch die von ihnen regierten Nationen" (Julian [1] Buch IV 115 DE, übersetzt bei Strauß [1] 191 Anm 2). Freilich deutet der Kaiser diese „Sphärenentfaltung", als welche er die Welt seines Imperiums begreift, nicht als Konkretion des christlichen trinitarischen Sohnes, sondern er sieht seinen Gedanken vielmehr in *Helios* mythologisch gestaltet. Er denkt aber diesen Gott ganz im Sinne der Trinität (hegelscher Deutung) als die Totalität der durch die Sphärengötter repräsentierten Differenzierungen: „Der Allkönig Helios, der, so viele er ideell in sich schließt, mit so vielen Göttern den Himmel erfüllt, die in ungetheilter Mehrheit um ihn und Eins mit ihm sind" (Julian [2] 156 CD, 157 A, übersetzt bei Strauß [1] 193 Anm 1). Man sieht deutlich, daß es nicht um Polytheismus, sondern um die Entfaltung *einer* in sich mannigfaltig differenzierten Dimension geht. Es ist in Anbetracht der angeführten Texte sehr fraglich, ob Kaiser Julian wirklich ein „Romantiker, dessen Ideale rückwärts liegen" (Strauß [1] 216), war, nur weil er griechisches und römisches Leben wiedererwecken wollte. Diese Wiedererweckung stand ja gerade im Zeichen des Versuchs einer *Integration aller* (durch Götter repräsentierten) Sphären. Wenn daher Felix Dahn in seinem „Julian der Abtrünnige" den Kaiser sagen läßt: „Ich ehre jeden Gott, der eines Volkes ist! Jeder Volksgott duldet die andern neben sich. Aber der Gott der Christen ist unduldsam: er will der Alleinige sein" (Dahn 416), so ist das kaiserliche Denken zutreffend wiedergegeben, gleichzeitig aber auch dessen Mißverständnis des trinitarischen Gottes aufgedeckt: Die Trinität wird als ein Volksgott neben anderen gesehen und ihr Alleinigkeitsanspruch als *Konkurrenz* zu anderen Göttern verstanden, statt als Anspruch auf *Integration* aller anderen Götter. Daß die Christen selbst diesem Mißverständnis Vorschub leisteten, indem sie „alle Götter, die Hellas schön und Rom groß gemacht haben, – böse Dämonen, Teufel" (Dahn 416) nannten, sie also gerade nicht integrierten, sondern ausschlossen, ist unbezweifelbar. Wie wichtig dieser Gedanke der Integration der fremden Volksgötter bzw. Volksgeister *für Hegel* ist, geht auch daraus hervor, daß er sogar erklärt, das Judentum sei „verunreinigt durch das geheiligte Ausschließen der anderen Volksgeister" (XI 263).

Sinne universaler Kohärenz. Eine solche Darstellung des Systems hat Hegel aber nicht ausgeführt vorgelegt. Er hat sie in seinen religionsphilosophischen Vorlesungen, im Kapitel „Die offenbare Religion“ der PhG und im Lehrstück „Absoluter Geist“ der Enz lediglich angedeutet, wenn er dort, von der immanenten Trinität ausgehend, zur „Schöpfung und Erhaltung der Welt“ (Rel Ms 545; vgl. PhG 536 und Enz § 568) übergeht. Die Sphären, welche die Welt ausmachen, hat Hegel dann aber nicht unter *dieser* Perspektive nach ihrer realsystematischen Eigenart entfaltet.

3.3 Der Einschluß der totalitätsdarstellenden Gottheiten im trinitarischen Gott

Das Christentum hat in der Ausbildung seiner trinitarischen Vorstellung die Einheit der göttlichen Personen ebenso streng (gegen jeden Tritheismus) festgehalten, wie (gegen jeden Modalismus) ihre Unterschiedenheit gewahrt[22]. Dadurch blieb jede einseitige Dominanz eines der drei trinitarischen Momente (wie sie etwa der Subordinatianismus anzielt) ausgeschlossen.

An der christlichen Trinität gemessen, erweisen sich nun die totalitätsdarstellenden Gottheiten der Religionsgeschichte als einseitige Darstellungen dessen, was in der Trinität allseitig-angemessen zur Darstellung gebracht wird: die Komplexität der Geisttotalität. Zwar muß diese Komplexität stets von *einem* ihrer Momente her expliziert und so eine einseitige Dominanz gesetzt werden, weil sich differente Momente nicht auf einen Schlag explizieren lassen. Im Rahmen des trinitarischen Gedankens wird aber die Abfolge der Dominanzen nicht als Abfolge je neuer bzw. anderer Götter, sondern als die Auslegungsbewegung des *einen und selben* Gottes in seinen inneren Momenten begriffen. Der trinitarische Gedanke meint die Gleichzeitigkeit der nur nacheinander explizierbaren, sich gegenseitig ergänzenden Dominanzen.

Die Explikation des trinitarischen Geistes als der Einheit von abstrakter Totalität und abstrakter Mannigfaltigkeit muß die zwei totalitätsdarstellenden Gottheiten wiederholen, die im Manuskript von 1821 der Sphäre der Religionen des Begriffs voraufgehen. Gott als die *eine* und zugleich in sich *mannigfaltige* Totalität kann nicht auf einen Schlag expliziert werden, weil Einheit und Mannigfaltigkeit unterschiedene Bestimmungen sind. Denkt man Gott zunächst als die *eine* Totalität, so ist in dieser

22. Vgl. Rahner/Vorgrimler 79ff

Perspektive die Mannigfaltigkeit nicht artikuliert; strukturell entspricht dies der totalitätsdarstellenden Gottheit der Religionen des Seins, der abstrakten Totalität, bei deren Thematisierung die Bestimmtheitendimension noch abgeblendet bleibt. Im Christentum kehrt dieses Moment Gottes als „Vater" wieder. Denkt man Gott sodann auch als Dimension der Bestimmtheiten, so hat man die Differenz von abstrakter Totalität und Mannigfaltigkeit, welche Differenz eben Gott ist, vollständig gedacht, dabei aber erst die Differenz als solche, noch nicht deren Einheit gedacht; diese noch nicht als Einheit begriffene Zweiheit der Totalität entspricht strukturell den Religionen des Wesens: Der über das Bestimmte herrschende Gott (Religion der Erhabenheit) lebt von der Unterscheidung zwischen abstrakter Totalität und Dimension der Bestimmtheiten ebenso, wie das als in den Bestimmtheiten *erscheinend* gedachte Göttliche oder das als *Notwendigkeit* an den Bestimmtheiten sich realisierende Göttliche (Religion der Schönheit). Diese Perspektive der Erfassung der Totalität, die auf deren innere Differenz abhebt, kehrt im Christentum als „Sohn" wieder. Dabei ist auf der Konkretionsstufe des „immanenten" Sohnes dieser die unentfaltete Dimension der Bestimmtheiten überhaupt, nicht aber ein entfaltetes (oder „ökonomisches") Einzelsphären(götter)system. Das Spezifische des trinitarischen Gottes ist es nun, diese je unvollständigen Perspektiven oder Dominanzen nicht mehr als je eigene, miteinander nicht verbundene Gottheiten anzusehen, sondern sie von der (Heiligen) Geisttotalität her in ihrem Zusammenhang zu begreifen. Am *historischen* Ort der Religionen des Seins ist die Bestimmtheitsdimension einfach ausgeblendet, ebenso wie am historischen Ort der Religionen des Wesens abstrakte Totalität und Mannigfaltigkeit einfach unverbunden nebeneinanderstehen. Erst von der christlichen Integrationsebene her, die den Zusammenhang der Totalitätsmomente bei ihrer Einzelthematisierung stets gegenwärtig hält, kann und muß bei der Explikation etwa des Moments der abstrakten Totalität gesagt werden, daß sie die Mannigfaltigkeit *noch* ausblende, wie auch von der Zweiheit von abstrakter Totalität und Mannigfaltigkeit gesagt werden kann und muß, sie sei *noch* bloß unverbundene Zweiheit. Am historischen Ort der Religionen war dies nicht möglich, weil sie den Zusammenhang der von ihnen thematisierten Momente mit den noch unthematischen nicht gegenwärtig hatten und ihnen folglich ihre Einseitigkeit als das Ganze gelten mußte. So ist es die höhere Integrationsebene, die der trinitarische Gott den historischen totalitätsdarstellenden Gottheiten gegenüber darstellt, die dazu führt, daß letztere nicht einfach in ihrer historischen Gestalt nebeneinandergestellt, sondern schon am Ort ihrer isolierten Explikation als „Vater" und „Sohn" stets ausdrücklich aufeinander bezogen bleiben[23]. „Vater" und „Sohn", wenn man sie (momentan) für

23. Die auf der Höhe des trinitarischen Gedankens stets gegenwärtige Einheit der in der Religionsgeschichte auseinanderfallenden Momente führt auch dazu, daß diese Momente im Christentum auf höherer logischer Stufe wiederkehren, als der, der sie in ihrer historischen Ausprägung angehören. Dieses Problem der Wiederholung logischer Strukturen auf höherer Ebene kann hier nicht weiter verfolgt werden.

sich betrachtet, sind *strukturell,* nicht in der ganzen Breite der historisch vorhandenen mythologischen Bilder jener Religionen, Wiederkehr früherer Gestaltungen. Die trinitarischen Momente negieren die Isoliertheit der historisch aufgetretenen totalitätsdarstellenden Gottheiten, indem sie diese als Momente der *einen* Geisttotalität darstellen.

Diese letzterwähnte Einheit aller sukzessive exponierten Momente ist der „Heilige Geist“. Damit wird sich der folgende Abschnitt näher beschäftigen. Es muß uns hier versagt bleiben, die römische Religion, die ja mit der Geisteinheit im Zweckbegriff schon den Anfang macht, mit einem bestimmten Stadium der Integrationsbewegung, die der Heilige Geist ist, in Beziehung zu setzen. Die Aufgabe würde erschwert durch die veränderte Abfolge (und damit Beurteilung) der einzelnen Religionen, die Hegel in den verschiedenen Jahrgängen seiner religionsphilosophischen Vorlesungen vorlegt. Grundsätzlich ist aber festzuhalten, daß im trinitarischen Gott des Christentums die totalitätsdarstellenden Gottheiten der Religionsgeschichte keinesfalls „ausgelöscht“ oder ungültig bzw. bedeutungslos gemacht sind, sondern, wenn auch unter Negation ihrer isolierten historischen Eigengestalt, strukturell wiederkehren.

3.4 Gott Heiliger Geist: Pantheon und Götterdämmerung

Der absolute Gott ist die Einheit oder der Zusammenhang oder die Integration aller Götter. Diese Integration ist er als die Explikationsbewegung durch die in ihm geeinten differenten Momente. Diese Momente sind einerseits die Einzelsphärengötter(systeme), andererseits die totalitätsdarstellenden Gottheiten. Wir haben bereits gesehen, was diese integrative Einheit für die geeinten Momente besagt: Negation und Bewahrung ineins. Es konnte und sollte dabei nicht um eine Exposition der logischen Struktur dieser Einheit gehen[24]. Wohl aber ist damit die Bewegung, welche die trinitarische Einheit oder den Heiligen Geist ausmacht, hinsichtlich dessen, was sie den integrierten Momenten „antut“, grundsätzlich charakterisiert.

Die Trinität unterscheidet sich von den vorchristlichen totalitätsdarstellenden Gottheiten dadurch, daß sie letztere alle in sich vereinigt und so zur einzig angemessenen Darstellung der Komplexität der Totalität wird. Darin, daß sie *alle* sonstigen beschränkten Darstellungen des inneren Verhältnisses der Totalität in sich schließt, ist sie *absolut.* Die vorchristlichen totalitätsdarstellenden Gottheiten sind eben deswegen nicht absolut, weil jede von ihnen zwar die Einzelsphärengötter, nicht aber die übrigen totalitätsdarstellenden Gottheiten integriert.

Nun gibt es aber bereits in der vorchristlichen Zeit bzw. im außerchristlichen Raum zwei religiöse Vorstellungen, deren jede *alle* Gottheiten in einen umfassenden Zusam-

24. F. Wagner [5] macht einen eindrucksvollen Versuch, diese logische Struktur herauszuarbeiten.

menhang untereinander bringt, nämlich das römische *Pantheon* und die germanische *Götterdämmerung.* Im Pantheon setzt sich das römische Götterwesen selbst in Bezug zu allen anderen Gottheiten; ebenso setzen die germanischen Götter in der Götterdämmerung, sich selbst aufgebend, sich in einen Bezug zu dem, was nicht sie sind, nämlich zu den Gottheiten, die nach ihnen kommen.

Die Integrationsebene des absoluten Gottes, die alle historisch aufgetretenen Gottheiten im Zusammenhang begreift, tritt also nicht erst im trinitarischen Gedanken des Christentums auf, sondern bringt sich schon früher zu Gehör. Pantheon und Götterdämmerung gehören der absoluten Integrationsebene an und sie kehren, wie zu zeigen ist, im Christentum wieder. Die Integration, welche der Heilige Geist ist, ist nämlich Pantheon und Götterdämmerung *zumal.* Dieses „Zumal" ist das spezifisch Christliche, während in der Antike jene beiden Vorstellungen über den Zusammenhang oder die Integration aller Götter gegeneinander isolierten Religionen angehörten und in ihrer gegenseitigen Komplementarität nicht gesehen wurden. Das Christentum macht mit seiner Lehre vom Heiligen Geist ausdrücklich, daß jede dieser Vorstellungen implizit die andere schon in Anspruch nimmt, und deswegen der Zusammenhang aller Götter weder bloß als Pantheon, noch bloß als Götterdämmerung gedacht werden kann.

3.4.1 Pantheon

Im römischen Pantheon stehen die Götter *neutral* nebeneinander. Die gegenseitige Ausschließung der Götter wird dabei nicht thematisiert. Es ist nun aber z. B. der Kriegsgott *nicht* der Gott der Gerechtigkeit. Diese Negation besagt eine Ausschließung: Wenn Kriegsgott, dann nicht Gerechtigkeitsgott. Aber auch die Einzelsphärengötter*systeme* schließen sich gegenseitig aus, weil sie gegeneinander different sind und so jedes das Nichtsein des anderen impliziert. Dasselbe gilt für die totalitätsdarstellenden Gottheiten: das griechische Fatum ist *nicht* Jahwe, dieser *nicht* Jupiter Capitolinus. Bei aller anderweitigen Vereinbarkeit der so Geschiedenen ist die Negation als Moment unabdingbar, weil die zu Unterscheidenden sonst ununterscheidbar wären.

Die Verehrung und Anerkennung aller Götter im Pantheon besagt nun, daß kein einzelner Gott ausschließliche Gültigkeit beanspruchen kann. In den Völkerreligionen werden entweder die Götter der anderen Völker als „falsche" Götter bekämpft, womit ihnen die Göttlichkeit bestritten wird (wie etwa im Judentum), oder aber es wird zur Kenntnis genommen, daß es neben der eigenen noch andere Vorstellungen vom Göttlichen gibt, ohne daß aber diese Vielfalt in den eigenen Begriff von Gott integriert würde. Der fremde Gott wird nicht als Ergänzung der eigenen Gottesvorstellung aufgefaßt, sondern bleibt als andere Möglichkeit der Rede von Gott in seinem Verhältnis zum eigenen Gott unbedacht. So hat die Religion eines Volkes *einen* Gott (ein Göttersystem) zum Gegenstand der Verehrung, nicht aber wird die Vielheit der

Völkergötter selbst zum verehrten Gegenstand, d. h. zum Gott der Religion. Dies tritt erst in Rom auf, wo nicht ein einzelner Gott, sondern allein die Einheit aller Götter, also das Pantheon selbst, der wahre Gott ist. In ihm sind (1) auf der Ebene der verschiedenen Einzelsphärengöttersysteme der Völker alle die unterschiedlichen Weisen gegenwärtig, in denen das Einzelsphärengefüge sich dem Menschen bekundet, und ist (2) auf der Ebene der totalitätsdarstellenden Gottheiten die ganze Komplexität des inneren Verhältnisses der Totalität gegenwärtig. Der römische Geist dokumentiert in der Zusammenstellung aller Götter im Pantheon die Einsicht, daß der Vollsinn von Gott sich nicht im einzelnen Gott erschöpft. Der Gott des anderen Volkes ist nicht mehr Nichtgott oder unintegrierter fremder Gott, sondern *Moment* an dem einen Göttlichen. So stellt der Römer alle Götter zusammen im Pantheon und geht in universaler *Toleranz* vom einen Gott zum anderen über in der Gewißheit, bei jedem einzelnen Gott zwar innerhalb der göttlichen Sphäre zu sein, diese in ihrer Vollständigkeit aber erst im Durchgang durch alle Götter erfaßt zu haben.

Ist der Vollsinn des Göttlichen aber nur dadurch zu erreichen, daß jeder einzelne Gott nicht isoliert festgehalten, sondern auf die anderen hin auch verlassen wird, so besagt das nichts anderes, als daß jeder einzelne Gott zwar Gültigkeit und Bestehen hat, aber momentan auch *negiert* wird. In der römischen Welt geschieht dieser Übergang, diese Negation, aber nicht *am einzelnen Gott selbst.* Vielmehr nimmt der Römer die Götter *unverändert* aus ihrem historischen Ort heraus und versetzt sie nach Rom. In der historischen Gestalt jedoch, die er bei seinem Volk hat, gilt der totalitätsdarstellende Gott oder das Einzelsphärengöttersystem als ausschließlich und ohne Integration der anderen Völkergötter gültig. Desgleichen müßte innerhalb eines Einzelsphärengöttersystems eine Aufhebung der einzelnen Sphärengötter sichtbar werden, wenn anders der einzelne Gott die Totalität nicht vollständig repräsentiert. In Rom bleiben die Götter jedoch unverändert nebeneinandergestellt, und der negative Gang vom einen zum anderen, d. h. die Integration der Götter zu dem einen Absoluten, bleibt den Göttern selbst äußerlich und fällt bloß in das verehrende *Subjekt* und seine Toleranz. Die Negation des einzelnen Gottes und damit seine Integration in das eine Absolute würde aber nur dann als Auslegungsbewegung *des Göttlichen selbst* sichtbar, wenn sie an den einzelnen Göttern selbst geschähe. Dies nicht durchgeführt zu haben, ist ein bleibender Mangel der mittelmeerischen antiken Mythologie, denn die Negativität gehört Gott selbst an: Weil Gott selbst komplex ist, besteht Negativität in ihm, nämlich die Unterscheidung und Unterschiedenheit seiner Momente.

3.4.2 Götterdämmerung

Im Unterschied zur mittelmeerischen Antike ist es gerade der Hauptgedanke des germanischen Mythos von der *Götterdämmerung* (ragna rök), dem einzelnen Gotte bzw. Göttersystem als einem einzelnen oder isolierten den Untergang zu bringen, um anderen Gestaltungen des Göttlichen Raum zu geben[25]. Die Götterdämmerung betrifft die Einzelsphärengötter und die totalitätsdarstellende Gottheit. Eine nähere Charakterisierung der germanischen Erfassung der Totalität von Hegels Konzeption der Religionsgeschichte her muß uns hier versagt bleiben. Folgendes sei bemerkt. Odin ist zum einen totalitätsdarstellende Gottheit, zum anderen Einzelsphärengott. Als erstere ist er selbstbezügliche Totalität[26], die als „Allvater"[27] alle Einzelsphären in sich schließt[28]; als letzterer ist er auf die Sphäre des „Asenreiches"[29] beschränkt. Die Götterdämmerung ist der Tod, die Negation aller Götter. Deren aller Ende faßt die Völuspa so zusammen: „Gellend heult Garm vor Gnipahellir: es reißt die Fessel, es rennt der Wolf. Vieles weiß ich, fernes schau ich: der Rater Schicksal [= ragna rök], der Schlachtgötter Sturz"[30]. Und in der Kürzeren Seherinnenrede heißt es: „Es steigt zum Himmel im Sturm das Meer, es stürzt aufs Land, die Luft verdorrt; Schneesturm kommt dann und scharfer Wind: dann ist das Ende den Asen gesetzt"[31]. Durch diese Negation der Götter ist die Dimension dessen freigesetzt, was *nicht diese* Götter (nicht dieses Göttersystem, d. h. nicht diese Gestaltung der Totalität) ist, also andere Götter, andere Gestaltungen der Totalität. So sagt der Dichter, daß „böses ... besser"[32] werde. Jan De Vries drückt es so aus: „Die Welt kann untergehen, aber es ist doch nur eine bestimmte Daseinsform der Welt, die sich in neuer und reinerer Gestalt wieder erheben wird"[33]. Trotz der Neuheit, die in der Götterdämmerungslehre also angezielt ist, sind es doch die alten Götter, die unverändert wiederkehren. Selbst der nicht wiederkehrende Odin bleibt in der Erinnerung gegenwärtig[34]. Welche neue Art von totalitätsdarstellendem Gott Odin ablöst, bleibt ungesagt[35]. Die Wiederkehr der alten Götter hat ihren Sinn darin, daß vergangene Gestaltungen der Totalität nicht einfach negiert sind in ihrem Vergehen. Sie bleiben vielmehr ewig darin gültig, Moment der Selbstdarstellung des einen Absoluten zu sein: *Am Orte* jener vergangenen Welt ist das Absolute ein für allemal so gestaltet, wie es jene Welt war.

25. Richard Wagners „Ring des Nibelungen" und Felix Dahns „Odhins Trost" haben speziell diese Bedeutung des Mythos sichtbar gemacht. Vgl. Huber [3].
26. Vgl. Genzmer II 171f
27. ebd. 85
28. ebd. 172 (Strophe 4–6)
29. ebd. 173
30. ebd. 42
31. ebd. 46f
32. ebd. 43
33. De Vries 198. Zur germanischen Kultur vgl. Grönbech und Ström.
34. Genzmer II 42f (Strophe 47)
35. Der Hinweis der Kürzeren Seherinnenrede (Genzmer II 47) auf einen Gott, der „sippenverwandt sämtlichem Volk" sei, in dem aber Genzmer keinen bekannten germanischen Gott zu erblicken vermag (Genzmer II 47 Anm.), kann keinen *neuen* totalitätsdarstellenden Gott meinen, weil schon Odin, insofern er „Allvater" ist, so charakterisiert werden könnte, ja müßte.

Der Mangel der germanischen Vorstellung ist es, daß keine *anderen* als die in ragna rök untergegangenen Götter in den Blick genommen, d.h. thematisiert werden. Die Negativität der Götterdämmerung dürfte nicht wieder *nur* zu denselben Göttern führen, wenn der Andersheit der auf ragna rök folgenden Manifestationen der Totalität positiv Rechnung getragen werden soll. Die von der Götterdämmerung durch Negation freigesetzten anderen Gestaltungen des Absoluten hält aber das römische Pantheon bereit.

Wenn der Übergang von einer Manifestation des Göttlichen zu anderen in der germanischen Götterdämmerungslehre auch nicht ausdrücklich mit den historisch vorhandenen Göttern (Göttersystemen) in bezug gesetzt ist, so gibt doch die in der Negativität der Götterdämmerung sichtbar werdende Momenthaftigkeit des einzelnen Göttersystems den Blick auf jede mögliche andere Art von Göttersystemen frei. Mag das in der germanischen Religiosität selbst nicht sehr klar geworden sein, so zeigt sich diese ihre Implikation doch für uns von einem Überblick über die gesamte Religionsgeschichte und ihren Zusammenhang her. Es ist Hegels Verdienst, diesen integralen Gesichtspunkt erstmals bezüglich der Religionsgeschichte durchgeführt und Einordnungen, wie die eben versuchte, möglich gemacht zu haben. Hegel selbst hat zwar die Negativität in dem in voller Komplexität gedachten Gott gesehen, er hat aber den religionsgeschichtlichen Ort, an dem diese Negativität mythologisch formuliert wird, verkannt, weil er der germanischen Kultur und Mythologie wenig Aufmerksamkeit geschenkt hat, was schon Marheineke zu Recht bedauert[36] und Zeller kritisiert[37].

36. Vgl. XV 2f (Marheinekes Vorwort zur ersten Ausgabe von Hegels religionsphilosophischen Vorlesungen).
37. Zeller 126. Hegel erliegt in seiner Haltung der germanischen Kultur gegenüber im übrigen einem sozusagen humanistischen Vorurteil, welches Germanisches verteufelt, während es ganz dasselbe Wesen, wenn es nur in griechischem Gewande daherkommt, bewundernd preist. Ohne Zweifel ist es sehr lehrreich, sich Hegels Einwände gegen das Germanische kurz näher anzusehen. Hegel kritisiert dreierlei: (1) Religöse Vorstellungen wie Thors Hammer. (2) Das „entsetzliche Methsaufen". (3) Die Wildheit und Barbarei (vgl. zum Ganzen XIV 406f). Ehrlicherweise gesteht Hegel: „dieser Mythologie habe *ich keinen Geschmack* abgewinnen können" (XIV 407 Hvm). Als ob das, unter hegelschen Voraussetzungen, entscheidend wäre. Eigenartigerweise nimmt Hegels Geschmack an Homer dagegen so wenig Anstoß, daß er ihn vielmehr mit höchstem Lob ausstattet (vgl. XIV 403f). Bezüglich der drei obigen Kritikpunkte ergibt sich damit aber eine dreifache Schwierigkeit. (1) Inwiefern sich Thors Hammer etwa vom neptunischen Dreizack grundsätzlich unterscheide, bleibt Hegel schuldig auszuführen. (2) Das „Methsaufen" der Germanen führt wohl oft zu Zank, Raufen, Erbrechen und Besinnungslosigkeit. Für kaum weniger vornehm aber muß man das berühmte, bei Nektargenuß ausbrechende „homerische Gelächter" ansehen, welches sich am Gebrechen des hinkenden Hephaistos entzündet (Ilias I 595–600). Hegel deutet das Gelächter charakteristischerweise sehr wohlwollend um (XII 220). (3) Wenn man die „barbarischen" Kampf- und Wundbeschreibungen z.B. des Starkad-Liedes (Genzmer I 199ff) etwa mit Ilias III 355–360 oder Ilias V 65–83 vergleicht, so wird man die „Barbarei" nicht mehr

3.4.3 Gott Heiliger Geist

Wir haben gesehen, daß und wie sich Pantheon und Götterdämmerung wechselseitig implizieren und in Anspruch nehmen. Das Pantheon wird erst dadurch, daß es mit der Götterdämmerung ineins gedacht wird, zum *integralen,* d. h. nicht mehr bloß additiven, sondern durch Negation vermittelten Begriff des Absoluten. Auf der anderen Seite wird die Götterdämmerung erst dadurch, daß sie mit dem Pantheon ineins gedacht wird, zu einer Bewegung, die in der Tat *differente* Momente vermittelt. Ist nun der Heilige Geist die *Integration* der *differenten* Momente des in sich komplexen Absoluten, so ist er gerade die *Einheit* von Pantheon und Götterdämmerung[38].

Von Hegels Logik her ist es sicherlich ungenügend, den Heiligen Geist lediglich als Einheit von Negativität und Bestehen der göttlichen Momente zu denken, es sind aber genau diese grundsätzlichen Charakteristika, welche sich *religionsgeschichtlich* in vor- bzw. außerchristlichen Mythologemen lokalisieren lassen. Weil die Absicht unserer Untersuchung es gerade ist, den engen Zusammenhang zwischen Christentum und nichtchristlicher Religionsgeschichte aufzuweisen und in den Grundlinien nachzuzeichnen, können wir von näherer logischer Erörterung absehen.

An mindestens drei Stellen verwendet Hegel den Terminus „Pantheon" zur Benennung dessen, was von der Sache her als trinitarischer Gott zu bezeichnen wäre. So merkt er in einer eigenhändigen Notiz zu § 449 der Heidelberger Enzyklopädie, in welchem Paragraphen von der Betrachtung der einzelnen Volksgeister zur Betrachtung ihrer Einheit als absoluter Geist übergegangen wird, ausdrücklich an: „Pantheon" (Rph-Ilting I 205). Deutlicher noch ist folgende Stelle: „Dieß in sich Unendliche und an und für sich Allgemeine [= der trinitarische Gott] ist die absolute Negativität von

nur bei den Germanen suchen, wenn anders man überhaupt von Barbarei reden will angesichts einer Art von Mensch, die im Kampfe ihre eigene Kraft genießt und ihn deshalb poetisch feiert. Gegen germanischen (wenn auch offenbar nicht gegen hegelschen) Geschmack geht allerdings die Leichenschändung von Ilias XXIV 7–11. Selbst Homer sagt da: „Also frevelte jener im Zorn an dem göttlichen Hektor" (Ilias XXIV 15).

38. Weil Pantheon und Götterdämmerung gleich wichtig sind, ist es unsachgemäß, zu behaupten, der Mythos von ragna-rök „allein schon genüge, um die nordische Mythologie bedeutsamer sein zu lassen als die griechische" (Grundtvig, erwähnt in: Nordal 152). Der Mythos von der Götterdämmerung ist nicht bedeutsamer als die antike Toleranz und ihr Pantheon, sondern ein notwendiges Moment an Toleranz und Pantheon selbst. Allerdings macht die mittelmeerische Antike dies Moment nicht ausdrücklich zum Thema ihrer Mythologie. Deswegen ist es umgekehrt etwas übereilt, einfach zu dekretieren: „Sicher läßt es sich rechtfertigen, die germanische und die keltische Religion zu übergehen, ... weil diese Religionen für die Weltgeschichte von verhältnismäßig geringer Bedeutung sind" (Leuze 240f). Es geht ja um *Religions*geschichte, und da ist nicht abzustreiten, daß der germanische Götterdämmerungsgedanke ein notwendiges, in den klassisch-antiken Religionen nur implizit vorhandenes Moment ausdrücklich macht.

allem Besondern, die einfache Einheit mit sich, die alles Außereinander, alle Processe der Natur und deren Kreislauf des Entstehens, Vergehens und Wiedererstehens, alle Beschränktheit des geistigen Daseyns verzehrt, und alle besonderen Götter zu der reinen unendlichen Identität mit sich aufgelöst hat. In *diesem* Pantheon sind alle Götter entthront" (XIII 123 Hvm). Dieser Text bezieht sich zunächst auf Einzelsphärengötter („Beschränktheit des geistigen Daseins", „Kreislauf der Natur"). Diese Götter lösen sich im Pantheon auf, weil sie sich gegenseitig aufheben. Diese Auflösung ist, wie gezeigt, nur momentan, nicht abstrakt zu verstehen: sie ist Integration der Einzelgötter zu einem Einzelsphärengöttersystem. Dieses System wird in dem hier verhandelten Text auf der Höhe des trinitarischen Gottes, nicht etwa gemäß einer einseitigen totalitätsdarstellenden Gottheit gedacht, nämlich als „absolute Negativität". Damit sind, wie wir bei der Untersuchung des Einschlusses der Einzelsphärengötter und der totalitätsdarstellenden Gottheiten im trinitarischen Gott sehen konnten, die Einzelsphärengöttersysteme und totalitätsdarstellenden Gottheiten der Religionsgeschichte insgesamt impliziert. Daher kann Hegel in obigem Text nach der „Auflösung" bzw. Integration der Götter von „diesem Pantheon" reden, in dem alle Götter „entthront" seien: sie sind ihrer ausschließlichen Gültigkeit entkleidet und als Momente des einen Absoluten begriffen. Dies eine Absolute wird hier als Pantheon religionsgeschichtlich verortet; das darin implizierte negative Moment des „Entthronens" der einzelnen Götter erfährt eine solche Verortung nicht, wird aber ausdrücklich gedacht. Daher kann gesagt werden, daß von der Sache her die Götterdämmerung für Hegels Begriff des absoluten Gottes von zentraler Bedeutung ist. In der Philosophie ist vom Absoluten nicht als „Gott", sondern als „Idee" die Rede. So kann Hegel an anderer Stelle sagen, die Philosophie sei Pantheon: „Die Geschichte der Philosophie hat es somit, ihrem wesentlichen Inhalt nach, nicht mit Vergangenem, sondern mit Ewigem und schlechthin Gegenwärtigem zu thun, und ist in ihrem Resultat nicht einer Galerie von Verirrungen des menschlichen Geistes, sondern vielmehr einem Pantheon von Göttergestalten zu vergleichen. Diese Göttergestalten aber sind die verschiedenen Stufen der Idee, wie solche in dialektischer Entwicklung nach einander hervortreten" (VIII 205f = Enz § 86 Zus 2). Hier ist deutlich die Negativität zwischen den einzelnen Selbsterfassungsstufen der Idee formuliert („nach einander"), andererseits aber die Gültigkeit jeder dieser Stufen („Ewiges und schlechthin Gegenwärtiges") festgehalten: diese Stufen sind nicht „Verirrungen", sondern Momente des einen Absoluten, die wegen ihrer Differenz gegeneinander in einer Bewegung zu durchlaufen sind, die jedem Moment gegenüber auch negativ ist.

Viertes Kapitel. Gottmensch und Gemeinde

1 Der Kult in den bestimmten Religionen und der christliche Kult

Der absolute Geist als Wissen eines Subjektes vom Geist besagt ein *Verhältnis* von wissendem Subjekt und gewußtem göttlichen Wesen oder Geist. Bisher haben wir die gegenständliche Seite dieses Verhältnisses, nämlich die Lehre von Gott als dem Gegenstand des religiösen Wissens erörtert. Weil aber der absolute Geist das Wissen *von* dieser Totalität ist, tut sich eine neue Jenseitigkeit auf: Die gewußte Geisttotalität ist zunächst von der wissenden Geisttotalität unterschieden. Anders: der gewußte Gott ist der ihn wissenden menschlichen Geistigkeit jenseitig. Daß diese Jenseitigkeit als eine Differenz innerhalb des einen Geistkontinuums zu denken ist, wurde im Ersten Teil bereits gezeigt. Unter hegelschen Voraussetzungen gilt, daß „der Mensch an sich die göttliche Idee in sich trage – nicht nur in sich trage – wie irgend sonst was, – sondern daß diß seine substantielle Natur sey – seine Bestimmung sey – oder die einzige Möglichkeit derselben" (Rel Ms 599/601 und Anm 146). „Substantiell" meint hier nicht, daß der Mensch in Gott wie in der spinozistischen Substanz verschwindet, sondern bezeichnet ganz allgemein das Wesen, die tiefste Bestimmung, die eigentliche Menschheit des Menschen. Wie der Text selber erläutert, ist der Mensch aber seiner eigentlichen Natur oder Substanz zunächst unbewußt; das eigentliche Wesen des Menschen ist nur der „Möglichkeit" nach, d. h. nur potentiell, die göttliche Natur. Im *Kult* ist es, daß der Geist die Einheit zwischen den zwei „Extremstadien" des Geistkontinuums, wie sie der gegenständliche Gott und das unmittelbare Subjekt markieren, thematisiert: „Diß ist das Allgemeine des Cultus, – es ist das ewige Verhältniß – der ewige Prozeß des Subjects des Wissens sich mit seinem Wesen identisch zu setzen" (Rel Ms 79). Indem das unmittelbare Subjekt die totalitätsvergessene Mannigfaltigkeit seiner Erfahrung verläßt und zur Totalität als solcher sich erhebt, weiß es die Totalität als die Wahrheit aller Bestimmtheiten (und darin seiner selbst als des bestimmten unmittelbaren Ich). Dieses Versenken des Bestimmten in die substantielle Totalitätseinheit aber führt, wenn man letztere analysiert, zur Umkehrung der vom Subjekt vollzogenen Versenkungs- oder Aufstiegsbewegung: erhob es sich zuerst von den mannigfaltigen Bestimmtheiten zur Einheit der Totalität, so steigt es jetzt von der Totalitätseinheit zu den

Bestimmtheiten (und zu sich selbst als bestimmtem Unmittelbarem) nieder, indem es alles Bestimmte als ermöglicht oder konstituiert oder erschaffen von der Geisttotalität weiß. Damit hat das unmittelbare Subjekt die doppelte Vermittlungsbewegung der in sich differenzierten Geisttotalität an sich selbst oder *als seine eigene Geistigkeit* vollzogen. Damit weiß es den Geist ausdrücklich als Totalität, und es weiß diese Geisttotalität als sich am Orte des menschlichen Subjekts wissend oder gegenwärtig. Hier tritt nun aber eine neue Jenseitigkeit auf. Die im Kult erreichte Gegenwärtigkeit der Geisttotalität im menschlichen Subjekt gilt in den vor- und außerchristlichen Religionen nicht als *Selbst*vollzug Gottes: Gott ist nicht *am Orte* des seiner Unmittelbarkeit enthobenen menschlichen Bewußtseins sich selbst gegenwärtig, sondern wir haben hier zweierlei: den sich gegenwärtigen jenseitigen Gott und den Gott wissenden Menschen. Erst im Christentum erscheint Hegels Interpretation zufolge der „Mensch ... nicht als Mensch ... im bloßen Bewußtseyn *von* Gott, sondern als der sich wissende einzige und allgemeine Gott selber" (XIII 126)[1]. Der vergöttlichte Mensch steht so nicht mehr neben dem jenseitig bleibenden Gott, sondern letzterer ist nur und ausschließlich sich als menschliche Subjektivität gegenwärtig. Die Überlegung, welche entscheidend zur Überwindung der Jenseitigkeit Gottes dem Bewußtsein des Menschen von ihm gegenüber führt, ist darin zu sehen, daß Gott als *Totalität* gedacht wird. „Religion aber überhaupt bestimmt – als Bewußtseyn Gottes – Gottes des absoluten Gegenstandes ... der wahrhafte *Gegenstand* – ist *diß Ganze* – jener Gott den wir bloß Gegenstand gegen das Bewußtseyn nennen – ist Abstractum – Gott diß Ganze – so ist er das Allgemeine" (Rel Ms 491/3). Durch Besinnung auf den Totalitätscharakter Gottes wird die Jenseitigkeit überwunden. Der Gegenstand (Gott) meint ja „diß *Ganze*", d. h. er meint den gewußten Gott *und* das Wissen von Gott. Gott ist selber das Bewußtsein von sich als Gegenstand. Nun könnte man (etwa mit Theunissen) sagen: Gott weiß von sich in seiner „Immanenz", und *zudem* weiß er von sich als menschliches Bewußtsein. Damit wäre wiederum ein übermenschliches Selbstwissen Gottes hypostasiert, was aber nicht im Sinne der hegelschen Deutung des Christentums läge. Weil die außerchristlichen Religionen die Doppeltheit des jenseitigen Göttlichen einerseits und des im Kult vergöttlichten Menschen andererseits festschreiben, kommt die Einheit von Gott und Mensch bloß dem Menschen zu, während Gott neben und außer der kultischen Einheit mit dem Menschen in einer jenseitigen „Immanenz" verbleibt. Es gibt für eine solche Auffassung zwar den wahren oder im Vollsinn entfalteten Menschen erst in der Einheit mit Gott, Gott selbst aber gilt als wahrer Gott schon unabhängig von der Einheit mit dem Menschen. Erst das Christentum begreift, „daß die Einheit der göttlichen und menschlichen Natur nicht nur Bedeutung habe für die Bestimmung der menschli-

1. Dieser Text spricht über die romantische Kunstform. Deren Gegenstand aber wird angegeben als „Geschichte Christi, seiner Mutter [und der Gemeinde]" (XIII 126). Wie sich die religiöse Vorstellung von diesen Dingen zu ihrer künstlerischen Anschauung verhält, kann hier nicht geklärt werden.

chen Natur – sondern ebensosehr *der Göttlichen*" (Rel Ms 601). Was in den außerchristlichen Religionen menschlicher Kultvollzug ist, wird im Christentum als Selbstvollzug Gottes[2] erkannt, weil im Christentum streng daran festgehalten wird, daß Gott als der Totalität nichts äußerlich sein kann. Daher gehört die Einheit von Gott und Mensch, welche in den außerchristlichen Religionen nur in den Kult fällt, im Christentum der *Gotteslehre selbst* an. Diese Einheit von Gott und Mensch steht in den außerchristlichen Religionen nicht im Zentrum der Gotteslehre, sondern taucht nur in peripheren Vorstellungen auf, eben weil das Bewußtsein nicht vorhanden ist, daß diese Einheit das Eigentümliche auch Gottes selbst ist. Im Christentum steht daher nicht ein „immanent" bleibender Gott dem geistigen Menschen gegenüber, sondern im Christentum wird die Immanenz Gottes selbst weiterexpliziert zum Gottmenschen. Der immanente Gott ist nur *ein* (und daher abstraktes) Moment, und im Zuge der vollen Explikation Gottes „wird" (wie es im Christentum heißt) Gott Mensch, und ist *nur als* Gottmensch wahrer oder vollexplizierter Gott. Die Formulierung, welche besagt, daß Gott Mensch „wird", klingt so, als wäre etwas geworden, was vordem nicht war. Der Vollsinn von Geistigkeit ist aber immer schon Vollsinn des menschlichen Geistes oder anders: der Mensch ist als solcher und immer schon Geist, d. h. auf Überwindung der Unmittelbarkeit und bewußte Realisierung der göttlichen Geittotalität angelegt: „Diese Menschwerdung des göttlichen Wesens, oder daß es *wesentlich und unmittelbar* die Gestalt des Selbstbewußtseins hat, ist der einfache Inhalt der absoluten Religion" (PhG 528 Hvm). Wenn Gott seinem *Wesen* nach *unmittelbar* die Gestalt des Selbstbewußtseins, d. h. menschliche Gestalt hat, dann braucht er nicht erst Mensch zu „werden". Was allerdings erst *wird* und nicht immer schon war, ist dies, daß der Mensch *sich selbst* (und nicht einen jenseitigen Gott) als göttliche Geisttotalität *weiß*. Die Einzigkeit Jesu als des Gottmenschen liegt darin, daß gerade an ihm das Wissen der gottmenschlichen Einheit sich entzündete. Daß Gott Mensch „wird", heißt demnach für Hegel, daß Gott immer schon seine Wirklichkeit (sein Dasein) im Menschlichen (als menschliche Subjektivität) hat, daß aber das *Bewußtsein* darüber im Laufe der Religionsgeschichte schrittweise *wird* und definitiv erst mit dem und durch das Christentum vorhanden ist.

Die Selbigkeit von Gott und Mensch ist also „in *diesem* Menschen – der zugleich gewußt werde als göttliche Idee" (Rel Ms 603) gegeben. Dabei hat „dieser" Mensch seine

2. Insofern Gott als der allein Aktive oder Einheitsherstellende vorgestellt wird, ist die christliche Lehre von der gottmenschlichen Einheit selbst wiederum einseitig. Die *Gralslegenden* der christlichen Tradition tendieren zur Aufhebung dieser Einseitigkeit. Richard Wagners „Parsifal" ergänzt (als Höhepunkt der Gralslegendentradition) die traditionell-dogmatische Einseitigkeit dadurch, daß im „Parsifal" der Mensch es ist, der die Einheit mit Gott (Gral) herstellt. Vgl. Huber [1]. Der „Parsifal" ist daher *kein Ersatz* für das Christentum, sondern dessen sachlich notwendige Ergänzung. Christentum und „Parsifal" *je für sich* sind sich gegenseitig komplementierende Einseitigkeiten. Dies betont eindringlich Huber [1] 80–86. Die Kritik, welche Hans Küng an meiner Studie übt (vgl. Küng [2] 33f), trifft daher nicht.

Unmittelbarkeit überwunden: „Als die Zeit erfüllet war heißt es, sandte Gott seinen Sohn – Als die Zeit erfüllet war, d. i. ... als der Geist sich so in sich vertiefft – seine Unendlichkeit zu wissen, und das Substantielle als im Subjecte des unmittelbaren Selbstbewußtseyns – aber in *reiner* Subjectivität unendlicher Negativität – eben damit absolut *allgemein*" (Rel Ms 675 Hvm). Das „Substantielle", von dem hier die Rede ist, ist die in sich differenzierte Totalität, also eigentlich die Subjektivität im Unterschied zu Substantialität, was ja der Text weiterhin auch deutlich ausspricht: in der Einheit mit dem „Substantiellen" ist das Subjekt gerade nicht Substanz, sondern „unendliche Negativität". Hegels Verwendung des Wortes „substantiell" zur Kennzeichnung des schon als Subjekt entfalteten Gottes ist ungenau. Es wird nun in obigem Text gesagt, daß im *unmittelbaren* Selbstbewußtsein die Göttlichkeit präsent sei. Das heißt lediglich, daß ein *ganz bestimmtes* Individuum sich als göttlich weiß; es heißt aber *nicht,* daß dieses Individuum sich in seiner *Unmittelbarkeit* als göttlich wissen könne. Vielmehr muß es sich, wie der Text ja ausdrücklich feststellt, in seinem *reinen* Subjektivitätscharakter wissen. Das besagt, daß es sich als in sich differenzierte Geisttotalität erfaßt haben muß, nicht aber bloß unmittelbar als totalitätsvergessene Mannigfaltigkeit von einzelnen Bestimmten. Als in sich differenzierte Totalität einmal erfaßt, weiß das betreffende Subjekt den Subjektivitätscharakter *überhaupt,* der allen Subjekten zukommt und deswegen *allgemein* ist. Es ist also nicht der Mensch in seiner Unmittelbarkeit, der Gottmensch ist, sondern nur der Mensch, der sich im Vollsinn seiner Geistigkeit erfaßt hat: „Indem es die göttliche Idee ist, welche diese Geschichte durchläufft, so ist es nicht als die Geschichte eines einzelnen wirklichen Individuums, sondern es ist an sich als die Geschichte des Menschen – der sich zum Daseyn des Geistes macht" (Rel Ms 629): Dieser Mensch ist *Dasein* des *Geistes,* weil am Orte eines *empirischen* Menschen sich die *Geist*totalität ihrer selbst bewußt oder gegenwärtig geworden ist.

Im Anschluß an diese Einsicht läßt sich die Rolle des Kultes im Christentum nunmehr grundsätzlich bestimmen. Wie wir noch sehen werden, vollzieht sich in *jedem* menschlichen Individuum die Gottmenschheit, *sofern* das Individuum sich als „Daseyn des Geistes" versteht. Darin besteht Hegels Deutung zufolge die Überlegung, welche der christlichen Lehre von der Gemeinde zugrundeliegt. Dies relativiert die Sonderstellung des einen *exemplarischen* Gottmenschen keineswegs: Der Geist „fixiert diesen Durchbruch [zum wirklichen Bewußtseyn seiner selbst] wie alle wesentlichen Momente seiner selbst an einem bestimmten Zeitpunkte und in einer bestimmten Erscheinung der wirklichen Geschichte"[3]. Das Bewußtsein, daß in *diesem Jesus* die gottmenschliche Einheit vorliegt, ist nicht unmittelbar auch das Bewußtsein, daß diese Einheit in jedem geistigen Subjekt vorliegt[4]. Das einzelne Subjekt weiß daher zunächst *nur* Jesus als den Gottmenschen, und nicht auch schon sich selbst. Erst indem es dann

3. Hirsch 88
4. Es gilt, „daß die andern Individuen nicht schon selbst diese göttliche Idee sind – ... daß sie sich reconstruiren sollen" (Rel Ms 609).

seinen eigenen Lebensvollzug als „Daseyn des Geistes“ und damit als dem Lebensvollzug Jesu *gleichartig* erfaßt (d. h. indem es seinen eigenen Lebensvollzug als „imitatio Christi“ begreift), weiß es sich selbst ausdrücklich als das, was es potentiell immer schon ist, nämlich ebenfalls gottmenschlich. Weil das unmittelbare Subjekt sich selbst noch nicht als gottmenschlich oder als Geist im Vollsinn gegenwärtig ist, ist ihm der Gottmensch zunächst ein *anderes* Individuum als es selbst, und so eröffnet sich (weil die Gottmenschheit die Potentialität des unmittelbaren Subjektes selber ist) wiederum das *Kultverhältnis:* Das unmittelbare Subjekt muß sich der gottmenschlichen Natur erst „gemäß“ (Rel Ms 601) machen, muß sie erst an sich realisieren. Der Gottmensch ist zunächst daher nur *einer* (Rel Ms 607; 609; 627; 649). So ist er für die übrigen Individuen Gegenstand des religiösen Wissens, ein Gegenstand, dem gegenüber sie sich kultisch „reconstruiren“ (Rel Ms 609), d. h. ihre Unmittelbarkeit ablegen und den im Gottmenschen exemplarisch dargestellten Vollsinn der Geistigkeit realisieren sollen. Dieser Kult wird auch zu einer Verdoppelung, ja Vervielfachung führen: die vielen Individuen rekonstruieren sich als Gottmenschen. Aber diese Vielheit ist nicht die Mehrfachheit dichotomischer und damit grundsätzlich voneinander geschiedener Bereiche, sondern die Vielheit *einer* Dimension. So wird hier in der christlichen Gemeinde der Totalitätscharakter Gottes nicht verletzt.

2 „Daseyn Leiden und Sterben, und Erhöhung Christi“ (Rel Ms 661)

Der absolute Geist stellt auf der ersten, unentfaltetsten Konkretionsstufe die doppelte Vermittlungsbewegung der in sich differenzierten Geisttotalität dar. Dies leistet er auf sozusagen abkürzende Weise, indem er nicht den ausgeführten Gang durch die einzelnen Sphären wiederholt, sondern das undifferenzierte Insgesamt der Sphären (den trinitarischen Sohn) in seinem Verhältnis zur abstrakten Totalität expliziert. Das *wirklich daseiende* Insgesamt der Sphären oder der wirklich daseiende trinitarische Sohn ist das *menschliche Subjekt*, weil es als Geist nichts anderes ist als die Gegenwärtigkeit jenes Ganzen. Explizierte man ein solches Subjekt vollständig, so gelangte man zum Ganzen der philosophischen Wissenschaften. Dem religiösen Bewußtsein aber ist es nicht um diese Explikation zu tun, sondern darum, *anschaulich* den Geist vor Augen zu haben. Anschaulich vorhanden aber ist der Geist als *empirischer Mensch.* An einem empirischen Menschen hat daher das religiöse Bewußtsein das daseiende Insgesamt der Sphären bzw. den daseienden trinitarischen Sohn vor sich. Der trinitarische Sohn ist aber nur *ein* Moment der Geisttotalität. Er meint eben die Dimension der Bestimmtheiten. Auch im empirischen Menschen ist gerade dies anschaulich, daß er viele zerstreute Bestimmte umschließt. Die allumfassende Einheit als solche, die der Geist

ist, bleibt der Anschaulichkeit stets entzogen. Ein *empirisch* wahrnehmbarer Mensch kann daher nicht der trinitarische Vater und nicht der trinitarische Geist werden bzw. sein, sondern nur der trinitarische Sohn. Freilich ist der Vater konstituierendes Moment an der Geistigkeit eines bestimmten Menschen, und die vollbegriffene Geistigkeit eines Menschen ist der Heilige Geist. Der Vater als abstrakte Totalitätseinheit, wie auch der Heilige Geist als in sich differenzierte Geisttotalität sind aber am menschlichen Individuum nicht *empirisch* wahrnehmbar, sondern sie sind und bleiben nur geistig als solche erfaßbar. So wird man im Zuge des hegelschen Denkens wohl sagen müssen, daß der *ganze* trinitarische Gott als Mensch da ist, *sofern* man den Menschen nach seiner vollen, und nicht mehr nur empirisch daseienden, Geistigkeit versteht. Das im strengen Sinn *empirisch* verstandene *Dasein* kommt aber nur dem Moment der Bestimmtheitsmannigfaltigkeit, d.h. derjenigen Dimension zu, die trinitarischer Sohn ist.

Der spezifische Grundansatz und damit die Überlegenheit des Christentums den außerchristlichen Religionen gegenüber ist (hegelisch gedacht) gerade darin zu erblikken, daß die in sich differenzierte Geisttotalität

(a) angemessen nach all ihren gleichursprünglichen Momenten entfaltet und

(b) nicht nur als gegenständlich-jenseitiger Gott gedacht, sondern als wirklich oder menschlich gegenwärtiger Geist im Vollsinn weiterexpliziert und zuendeexpliziert wird.

Dem Punkt (a) sind wir in unseren Untersuchungen zum trinitarischen Gott schon nachgegangen. Die *Christologie* oder Lehre vom Gottmenschen besteht nun gerade darin, die doppelte Vermittlungsbewegung der in sich differenzierten Geisttotalität *als Geschichte eines menschlichen Individuums* darzustellen. Um als in sich differenzierte Geisttotalität manifest zu sein, muß das betreffende Individuum jene doppelte Vermittlungsbewegung an sich selbst vollziehen, d.h. es muß die die Geisttotalität konstituierenden Momente (als da sind abstrakte Totalität, abstrakte Mannigfaltigkeit und die Einheit beider) sukzessive an sich realisieren bzw. sie als Zustände seines Daseins durchlaufen. Es wird sich zeigen, daß die unmittelbare Gestalt des Individuums die totalitätsvergessene abstrakte Mannigfaltigkeit darstellt. Indem das Individuum noch andere Zustände durchläuft, wird das unmittelbare Leben desselben als nur *ein* Moment sichtbar und einbezogen in zwei weitere Zustände, die über die bloß unmittelbare und empirische Seite jenes Individuums hinausliegen. Diese Momente oder Zustände und die sie zusammenschließenden Vermittlungsbewegungen müssen nacheinander durchlaufen werden, weil sie in ihrer Verschiedenheit nicht alle auf einmal dargelegt werden können. Sie bilden aber nur *zusammen* den Vollsinn von Geistigkeit. Daß das menschliche Individuum genau dann *Dasein des Geistes im Vollsinn oder Gottes* ist, wenn es sein menschliches Leben als Darstellung und Vollzug der in sich differenzierten Geisttotalität in ihrer doppelten Vermittlungsbewegung weiß, drückt Hegel so aus: In der Anschauung des Gottmenschen „ist alle Unmittelbarkeit hinweg, in der der Mensch Werth hätte, es ist allein jene *absolute Vermittlung*, in der ihm solcher – aber ein unendlicher zukommt, – diese Subjectivität ist wahrhaft unendlich an und für sich selbst" (Rel Ms 659); „diese Reinheit der Subjektivität ... und diese unendliche Vermittlung hat die objective Gestalt – *Daseyn Leiden und Sterben, und Erhöhung Christi*" (Rel Ms 661 Hvm). Diese beiden Texte sprechen es deutlich aus, daß die *in sich* („unendlich") differenzierte bzw. vermittelte Geisttotalität („Subjektivität") in der Geschichte Jesu Dasein bekommt. Dies Dasein ist „objective Gestalt" für die übrigen Individuen, die im Gottmenschen ihre eigene höchste Bestimmung vergegenständlicht sehen. Betrachten wir nun die Geschichte des Gottmenschen. Drei Momente sind es, die jene Geschichte zur Darstellung des Geistes im Vollsinn machen: Leben („Daseyn"), Tod („Leiden und Sterben") und Auferstehung („Erhöhung").

2.1 Das Leben des Gottmenschen

Das Leben verwickelt das Individuum in die ganze Mannigfaltigkeit der Welt. So ist das unmittelbar lebende Individuum die totalitätsvergessene Mannigfaltigkeit der Bestimmtheiten. Deshalb nennt Hegel diese Stufe „das *Zerfallen* des *ewigen* Moments der Vermittlung, des *einigen* Sohnes" (Enz § 568 Hvm). Wir haben hier (wie nach unseren diesbezüglichen früheren Erörterungen leicht zu sehen ist) den Übergang von der Konkretionsstufe der immanenten Trinität („ewige" Dimension) zur zweiten, in Einzelheiten ausgeführten Konkretionsstufe vor uns. Die *eine* Dimension der Bestimmtheiten überhaupt (der „einige Sohn") wird jetzt unter anderer Perspektive, nämlich als *Mannigfaltigkeit* von Bestimmtheiten, damit aber nicht mehr als immanenter, sondern als menschgewordener Sohn, entfaltet.

Nach der Erörterung der in sich differenzierten Geisttotalität als vergegenständlichter Geist oder trinitarischer Gott wird die Geisttotalität von Hegel nunmehr *als in menschlicher Geistigkeit daseiende* Totalität oder Trinität dargelegt. Die Darlegung muß die beiden Vermittlungsbewegungen durchlaufen, die wir kennengelernt haben. Das „Zerfallen" des einigen Sohnes in die Sphären- oder Bestimmtheitsmannigfaltigkeit läßt sich unschwer als die von der abstrakten Totalität ausgehende Entfaltungs-, Erschaffungs- oder (im Sinne des ontologischen Gottesbeweises) Realisierungsbewegung der abstrakten Totalität erkennen. Was nämlich das Zerfallen *des Sohnes* betrifft, so ist der Sohn ja nichts anderes als der nach seiner inneren Differenziertheit aufgefaßte Vater selbst. Der Vater ist der eine Sohn, insofern davon abstrahiert wird, daß der Sohn die eine Dimension *von Bestimmtheiten* ist. Der so entfaltete Vater ist der Sohn. Das entfaltende Zerfallen muß freilich bis zur *totalitätsvergessenen* Mannigfaltigkeit gehen, weil das Moment der Mannigfaltigkeit *als solches* zur Sprache kommen muß, wenn anders die Geisttotalität *vollständig* zur Darstellung gelangen soll. Diese Totalitätsvergessenheit als letzten und extremsten Punkt der Entfaltungsbewegung drückt Hegel eben darin aus, daß er vom „Zerfallen" des Sohnes redet. Die zerfallene Mannigfaltigkeit wird nicht mehr als Einheit *der Totalität,* d. h. als Sohn, sondern nur und isoliert als Mannigfaltigkeit gedacht. Angemerkt sei noch, daß Hegel im Prinzip auch mit der umgekehrten Bewegung hätte beginnen und also die Mannigfaltigkeit zum Ausgangspunkt hätte nehmen können. Hegel beginnt aber tatsächlich mit der abstrakten Totalität. Am Ende, wenn beide Bewegungen vorliegen, wird ihre wechselseitige Komplementarität dann manifest sein.

Das Zerfallen in die Mannigfaltigkeit gibt Hegel nach den Sphären Natur und Geist an, wobei er die Natur noch in elementarische und konkrete Natur weiter spezifiziert (Enz § 568). Die Mannigfaltigkeit wird so sehr auf die Spitze getrieben, daß das Einzelne sich in seiner Einzelheit (momentan) fixiert und von allen Bezügen und Verbindungen zu anderen abstrahiert. Dies ist ausgedrückt, wenn Hegel sagt, das einzelne Bestimmte sei „zum Bösen verselbständigt" (Enz § 568). Der Geist, so lautete die Grundeinsicht des hegelschen Idealismus, ist es, innerhalb dessen die Sphären Gegenwärtigkeit haben. So ist der Geist zwar die Totalität der Sphären, aber er thematisiert im Lebensvollzug die Sphären (theoretisch und praktisch) gerade in ihrer Mannigfaltigkeit, nicht aber als Totalität. So steht er je „im Verhältnis" (Enz § 568) zu den einzelnen Sphären, und gerade deren Differenziertheit ist es, die ihm im Lebensvollzug, wo er stets mit diesem oder jenem Einzelnen beschäftigt ist, gegenwärtig ist. Als Geist ist er zwar an sich Totalität, aber dies ist nicht die ausdrückliche Perspektive, unter der er im Lebensvollzug steht. Der sich objektiv entfaltende Geist hat die Perspektive der Totalität abgeblendet. Wir haben schon gesehen, daß die Totalität als solche erst *am Ende* der objektiven Entfaltungsbewegung des Geistes thematisiert wird. Das besagt, wenn man von der zeitlichen Folge absieht, daß die Totalität als solche nur in den Blick kommt, wenn man sich von der (theoretischen und praktischen) Entfaltungsbewegung der Sphären wegwendet und jenen Perspektivenwechsel vollzieht, der die Konkretionsstufen unterscheidet. Insofern der Geist *nur erst* im Lebensvollzug begriffen ist und die Perspektive der Totalität als solche noch nicht vollzogen hat, ist er *endlicher* (weil erst einseitiger, einperspektivischer) Geist (Enz § 568). Weil er als Geist Totalität ist, dies aber noch nicht an sich selbst realisiert hat, steht er zu seinem eigenen Totalitätscharakter noch „in äußerlicher Beziehung" (Enz § 568). Die Äußerlichkeit, von der hier die Rede ist, ist keine grundsätzliche, sondern meint die noch nicht aktualisierte *Potentialität* des erst unmittelbaren Geistes, die uns schon begegnet ist: Dem gegenwärtigen unmittelbaren Zustand ist der Zustand, in dem das jetzt erst potentiell Vorhandene aktualisiert sein wird, noch äußerlich, wenn letzterer im ersteren auch schon angelegt, schon auf ihn „gerichtet" (Enz § 568) ist.

2.2 Der Tod des Gottmenschen

Die zur Entfaltungsbewegung der abstrakten Totalität umgekehrte Bewegung der Aufhebung der Mannigfaltigkeit in die eine, bestimmungslose (und daher abstrakte) Totalität sieht Hegel im *Tod* des Gottmenschen vollzogen: „Der Tod ist überhaupt Ebenso als die höchste Verendlichung, ebenso das Aufheben der natürlichen Endlichkeit, des unmittelbaren Daseyns – das Aufheben der Entäusserung, die Auflösung der Schranke ... die unendliche Abstraction von unmittelbarem Willen, und unmittelbarem Bewußtseyn" (Rel Ms 633). Insofern der Geist das Bestimmte expliziert, entfaltet er ein System von gegeneinander beschränkten Sphären. Dieses innere „Schrankensystem" des Geistes begegnete uns als Gang durch die enzyklopädischen Sphären. Der Tod besagt gerade dies, an eine solche Schranke zu stoßen. Dann wird die sterbende Sphäre verlassen und damit der Blick für all die anderen Sphären geöffnet. Wenn nun nicht nur eine bestimmte Schranke überschritten wird und darin eine einzelne Sphäre „stirbt", sondern wenn die Dimension der Bestimmtheiten oder des Beschränktseins überhaupt verlassen wird, so ist alles in die leere Unbestimmtheit der spinozistischen Substanz bzw. der abstrakten Totalität versenkt. Der Tod eines Individuums ist genau dieses Verlassen alles Bestimmten. In ihm haben wir den „absoluten Representanten der Schranke" (Rel Ms 631 Anm 188) vor uns. Den Tod des Gottmenschen deutet Hegel von Anfang an in diesem Sinn: „Daß ... die fürsichseiende Wirklichkeit nicht an sich ist, sondern allgemein ist, dies stellt sich eben dar an der Aufopferung des göttlichen Menschen" (JR 269). Durch diese Aufopferung verschwindet dem Sterbenden alle Mannigfaltigkeit und Bestimmtheit. Was er erreicht bzw. an sich realisiert, ist das eine der Momente der Subjektivität: die leere, abstrakte oder reine Einheit des Ich=Ich. Im Tod erreicht das Subjekt einen Zustand, in dem die Leerheit nicht mehr nur *ein* Moment, sondern das ausschließlich Bestehende ist. Im Tod ist das Individuum *nur noch* leere Einheit, reine Abstraktion des Ich=Ich, selbst ohne Bewußtsein von diesem Ich, denn mit solchem Bewußtsein träte schon wieder die Bestimmtheit des gewußten gegen das wissende Ich ein, und die reine Leere wäre zerstört. Hegel sieht im Tod also die abstrakte Realisierung ausschließlich eines Moments der idealistischen Subjektivität. Der Tod wird nicht als biologisches Verenden, sondern danach aufgefaßt, was er für den Geist bedeutet: Auslöschen des Bestimmten. Der Horizont, innerhalb dessen der Tod betrachtet wird, ist die idealistische Subjektivität bzw. die in sich differenzierte Geisttotalität. Hegel macht dies überaus deutlich, wenn er den Tod Jesu sozusagen als Vollzug des fichteschen Philosophieprinzips anspricht. Der Tod „ist der Ausdruck des innersten sich einfach Wissens, die Rückkehr des Bewußtseins in die Tiefe der Nacht des Ich=Ich, die nichts außer ihr mehr unterscheidet und weiß" (PhG 546). Nicht umsonst endet gerade Hegels Untersuchung der „Reflexionsphilosophie der Subjektivität in der Vollständigkeit ihrer Formen als Kantische, Jacobische und Fichtesche Philosophie" (GW Untertitel) mit der Schilderung des Todes des Gottmenschen als dem Ausdruck des für sich isolierten Reinheitsmomentes der Subjektivität:

In jenem Tod wird der „reine Begriff ... oder die Unendlichkeit als der Abgrund des Nichts, worin alles Sein versinkt" (GW 123), erreicht. Im Tode erreicht der Gottmensch die Dimension der abstrakten oder leeren Allgemeinheit, „in der alle Bestimmtheit des Daseyns ... aufgelöst ist" (Rel Ms 609)[5]. Im Sterben löst sich die dreimomentige Subjektivität auf und gerät in einen Zustand der reinen Leere, des reinen Ausgelöschtseins alles Bestimmten. So ist der Tod ganz das Dasein nur des einen Momentes der spekulativ (d.h. in ihrer vollen Dreimomentigkeit) erfaßten Subjektivität. Am *historischen* Karfreitag wird dieser Charakter, der dem Tode jedes Menschen eignet, der Menschheit am Tode des einen Jesus erstmals bewußt. Wird nun in der Subjektivitätsphilosophie Kants, Jacobis und Fichtes die Subjektivität einseitig als reines Ich=Ich gedacht, so wird die konkrete Subjektivität aufgelöst, mithin denkerisch-spekulativ „getötet": am „*spekulativen* Charfreitag" (GW 124 Hvm).

Wenn im Tod des Gottmenschen die abstrakte Mannigfaltigkeit stirbt bzw. sich aufhebt in die (als Zustand des Todes abstrakt festgehaltene) abstrakte Totalitätseinheit, so kann man nach der gewöhnlichen Terminologie eigentlich gerade nicht vom Tod *Gottes* reden. Die göttliche Dimension meint doch gerade die Dimension oder Perspektive der Totalität: „von allem bestimmten Anblik des Irdischen entfernt" (Rel Ms 7) – so charakterisiert Hegel die religiöse Betrachtungsweise. Der abstrakte Gott, die reine Totalitätseinheit, erhält im Tod des Gottmenschen gerade *Dasein und Bestehen.* Nicht der als abstrakte oder spinozistische Substanz verstandene Gott stirbt, sondern die endliche Mannigfaltigkeit. In welchem Sinn kann Hegel dann aber sagen: „Gott ist gestorben – Gott selbst ist todt" (Rel Ms 631)? Die Antwort lautet: Wenn in dem alle Bestimmtheit aufhebenden Tod des Menschen Gott sich *nur* als abstrakte Totalität realisiert, dann ist er *als in sich differenzierte Totalität* aufgegeben, mithin gestorben. Nicht einfach Gott stirbt also im Tod Jesu, sondern der Vollsinn Gottes stirbt zugunsten des Bestehens nur eines einzigen isolierten Moments Gottes. Der Tod Gottes erhält damit einen doppelten Sinn[6].

(1) *Gott im Vollsinn seiner Komplexität* oder das Ganze der göttlichen Momente stirbt darin, daß die einzelnen Momente je für sich dargelegt werden: Die Konzentration auf die Entfaltung der einzelnen Momente bringt die Gesamtheit der Momente zunächst einmal aus dem Blick. In diesem Sinn ist der Übergang von der vollentfalte-

5. Diesen Zusammenhang von „Tod Gottes" und einseitiger Subjektivitätsphilosophie macht F. Wagner [6] zu Recht gegen D. Sölle geltend. Auch Link 75f deutet den Zusammenhang an, ebenso wie Jüngel 96f (eher undeutlich) darauf hinweist.

6. Diese genauere Differenzierung nehmen weder F. Wagner [1] und [6], noch Link und Jüngel vor. Jaeschke [3] 65 arbeitet sieben Bedeutungen der Rede vom Tode Gottes heraus. Die zeitdiagnostische (Nr. 6), sowie die mit der Kunst(religion) zusammenhängende zweifache Bedeutung (Nr. 1 und 5) können im Rahmen unserer Untersuchung nicht berücksichtigt werden. Die Nr. 2–4 bei Jaeschke fallen unter unsere Gruppe (2), während Jaeschkes Nr. 7 („Moment der höchsten Idee") vermutlich dem entspricht, was wir als (1) im Haupttext ausführen.

ten Trinität als ganzer zu der sukzessiven Darstellung ihrer Momente ein Sterben Gottes.

(2) In einem zweiten Sinn stirbt Gott darin, daß *jedes einzelne seiner Momente* auf die übrigen hin überschritten und verlassen werden muß. Gott stirbt in diesem zweiten Sinn doppelt: (a) Beim Übergang von den Bestimmtheiten zur abstrakten Totalität (hier sterben die Bestimmtheiten) und (b) beim Übergang von der abstrakten Totalität zu den Bestimmtheiten (hier stirbt die abstrakte Totalität). Der Übergang (b) wurde vorhin als „Zerfallen" der Totalitätseinheit in die Mannigfaltigkeit erörtert. Hegel stellt ihn terminologisch auf dieselbe Stufe wie den Tod Jesu. Redet er bezüglich des letzteren nämlich von der „Aufopferung des göttlichen Menschen" (JR 269), so heißt es von der umgekehrten Bewegung: „Die Aufopferung der Göttlichkeit, d. h. des abstrakten, jenseitigen Wesens ist schon geschehen in seinem Wirklichwerden" (JR 269). Dies Wirklichwerden ist im Sinne des ontologischen Gottesbeweises als Entfaltung der bestimmten Sphären zu deuten[7]. Was aber im Übergang (a) stirbt, ist nicht Gott als die abstrakte Totalität, sondern das Endliche, das als solches nicht Gott ist. Insofern aber das Endliche stirbt oder ausgelöscht wird, ist der Vollsinn Gottes gestorben. Am Kreuze zu Golgotha stirbt die Endlichkeitsmannigfaltigkeit, die unter der Perspektive ihrer Einheit trinitarischer Sohn ist. Am Kreuze stirbt *nicht* die abstrakte Totalität bzw. der Vater; diese bzw. dieser ist es vielmehr, die bzw. der im Tode des Bestimmten sichtbar wird. So ist es eine sinnvolle These der Patristik, daß nur der trinitarische Sohn gestorben sei[8]. Diese Aussage kann sich, von Hegel her gedacht, nur auf den Kreuzestod Jesu beziehen. Das Sterben des Vaters im Übergang von der abstrakten Totalität zur Bestimmtheitsmannigfaltigkeit ist davon unbeschadet. Allerdings ist dies letztere „Sterben" kein menschliches individuelles Sterben, also kein Sterben im eigentlichen Sinn des Wortes. Die Überwindung der sinnlich nicht darstellbaren abstrakten Totalität kann nicht in einem empirischen Sterben dargestellt werden; so ist in diesem Zusammenhang vom „Sterben" in einem übertragenen oder analogen Sinn die Rede.

Bleibt im Tode alles Bestimmten Gott nur mehr als leere Einheit übrig, so ist Gott nicht mehr die *Wahrheit der Welt,* weil gerade die mannigfaltig in sich gegliederte Welt aufgehoben ist. Die abstrakte Totalität ist *leerer* Rahmen, nicht mehr Bestimmungsrahmen der in ihrer Wahrheit oder Identität zu konstituierenden bestimmten Sphären: „Gott ist todt – dieses ist der fürchterlichste Gedanke, daß ... alles Wahre nicht ist" (XVI 300). Durch die Auslöschung des Bestimmten ist die Totalität zur leeren Einheit geworden; sie ist nicht mehr in Sphären gegliedert, die ein System von Einzelsphären(göttern) bilden. Die Einheit von abstrakter Totalität und abstrakter Bestimmtheitsmannigfaltigkeit, welche Einheit als jenes System von Einzelsphären ausgeführt ist, verschwindet mit der einen der in ihr vereinigten Seiten. So ist auch der Staat als die ob-

7. Ohne nähere Differenzierung versteht Jüngel unter dem Tod Gottes auch diese „Selbstnegation Gottes" (98).
8. So etwa Tertullian. Vgl. Jüngel 85f.

jektive Entfaltung der Gegliedertheit der in sich differenzierten Totalität im reinen Leeren des Ich=Ich bzw. im Tode aufgehoben (Rel Ms 641). Das leere Ich=Ich hat alles in sich aufgelöst, von allem abstrahiert. Damit aber hat nichts mehr Gültigkeit und Bestehen. Dem Toten ist die Welt in ihrer Gegliedertheit entschwunden.

2.3 Die Auferstehung des Gottmenschen

Der Tod des Gottmenschen ist „selbst die absolute Umkehrung ..., in sich selbst das Negative des Negativen, die absolute Versöhnung ..., das Aufheben des vorhandenen Gegensatzes – der Menschen gegen Gott" (Rel Ms 647). Wie kann die Aufhebung bzw. der Tod der endlichen Mannigfaltigkeit zugleich die Versöhnung zwischen abstrakter Totalität (Gott) und endlicher Mannigfaltigkeit (unmittelbarer Mensch) sein? Hegel bestimmt den Tod des Gottmenschen als „Triumph über das Negative" (Rel Ms 645) und erläutert: „nicht Ausziehung der menschlichen Natur ... sondern sie vielmehr bewährt" (Rel Ms 645 Anm 206). Wie kann der Tod als das Negative Triumph über den Tod zugleich sein? Wie kann der Tod der menschlichen Natur zugleich deren Bewährung sein? Hegel sieht sonst im Tod als dem „unerfüllte[n] Punkt des absolut freien Selbsts" (PhG 418) die *reine* Negation alles Bestimmten. Gerade in diesem Sinne der „Reflexionsphilosophie" deutet Hegel ja zunächst auch den Tod des Gottmenschen. Wie wird dieser dann aber plötzlich *mehr* als bloße Negation?

Der affirmative Charakter des Todes Jesu rührt daher, daß dieser nicht einfach als Tod oder Verenden, sondern *im Lichte einer bestimmten Theorie,* der Theorie vom Geiste nämlich, *gedeutet wird:* „Jenes Speculative ist, daß der Sohn als das Göttliche (Voraussetzung) ... in den Tod geht [;] speculatives Umschlagen an ihm ... Die speculative Bedeutung aber, daß es das Göttliche als solches ist, das in den Tod geht – ist in seiner eigenthümlichen allgemeinen Bedeutung zu betrachten – *Tod in Rüksicht auf den Geist /* am Geiste, als *Moment* des *Geistes*" (Rel Ms 633 Anm 189 erste Hvm). Die „Voraussetzung", unter welcher der Tod Jesu betrachtet wird, ist also dies, daß es sich um den Tod als *Moment Gottes bzw. des Geistes im Vollsinn* handelt[9]. Im Tode Jesu ist nicht

9. Den Tod Jesu im Lichte dieser Theorie zu deuten, heißt, ihn im *Glauben,* nämlich im Lichte der Thematik, die der religiöse Glaube mit dem philosophischen Wissen gemeinsam hat, zu sehen. „Die Auferstehung gehört ... wesentlich dem Glauben an: Christus ist nach seiner Auferstehung nur seinen Freunden erschienen; dieß ist nicht äußerliche Geschichte für den Unglauben, sondern nur für den Glauben ist diese Erscheinung" (XVI 300f). Glaube und Wissen sind für Hegel bekanntlich keine prinzipiell verschiedenen Weisen des Geistes. Vielmehr ist der Glaube ein Wissen, das sich noch keine volle Rechenschaft über sich gegeben hat, indem es etwas bloß äußerlich annimmt („glaubt"), was der eigenen Einsicht des Geistes durchaus (wenn auch unter denkerischen Voraussetzungen nur, die nicht jedermann vorzuweisen hat)

der Tod als Tod zu nehmen, sondern als Bild für ein Moment der Vermittlungsbewegung des Geistes. Sicherlich drückt der Tod das Geistmoment des negierten Mannigfaltigen nicht nur symbolisch-äußerlich bildhaft aus, sondern er realisiert dies Moment buchstäblich am Individuum. Gleichwohl aber ist der Tod dem sterbenden Individuum *ausschließlich* diese Negation und nicht etwa bloß *ein* Moment an der Geisttotalität. Der gestorbene Mensch verharrt ganz und ausschließlich in dem Ausgelöschtsein des Bestimmten. Deshalb ist die Deutung des Todes als des *einen* Zustands (des einen Moments) der Geisttotalität etwas, was über den Tod als solchen hinausgeht und ihn als Ausdruck für etwas versteht, was er *für den Sterbenden nicht* ist.

Der affirmative Charakter des Todes Jesu kann nun in folgenden Schritten hergeleitet werden:

(1) Man betrachtet den Tod als das, was er ist: Aufhebung der endlichen Mannigfaltigkeit.

(2) Man betrachtet den Tod nicht als das, was er auch ist: Erlöschen überhaupt der Geistigkeit des sterbenden Individuums.

(3) Man betrachtet also nur die Negation des Mannigfaltigen. Von dieser aber gilt, daß sie der Geist auch in seiner Lebendigkeit, nicht nur im biologischen Tod vollzieht.

zugänglich ist. Die Bewahrheitung des Christentums hat nach Hegel zwei Fragen zu beantworten: (1) „Ist es überhaupt wahr, daß Gott einen Sohn hat" (Rel Ms 671)? und (2) „Ist dieser, Jesus von Nazareth in Galiläa eines Zimmermanns Sohn der Christ gewesen" (Rel Ms 671)? Die erste Frage beantwortet Hegel durch Hinweis auf die trinitarische Verfassung Gottes: Weil Gott sich in den endlichen Bestimmtheiten manifestiert, ist er „die ewige Liebe" (Rel Ms 671). Ist aber damit schon erwiesen, daß Gott *Mensch* ist, oder nicht vielmehr bloß, daß er eben in sich differenziert ist? Stillschweigend geht Hegel hier davon aus, daß es nicht nur „immanente" Insichdifferenziertheit Gottes gebe, sondern die Geisttotalität als menschliche (wenn auch nicht unmittelbare) Subjektivität oder Geistigkeit auftrete. Auch ohne *philosophische* Theorie der Insichdifferenziertheit (Rel Ms 673) könne Gottes Menschwerdung nur begriffen werden, wenn religiös-vorstellungshaft Gott als sich in sich unterscheidend gewußt werde (Rel Ms 673/5). Die zweite der obigen Fragen beantwortet Hegel damit, daß gerade Jesus es war, der seine Geschichte als Darstellung der Momente dieses Geist- oder Gottesbegriffes vollzogen und gewußt hat. Der Geschichte Jesu eigne so dies, daß sie „schlechthin der Idee gemäß" (Rel Ms 677) sei, und so habe sie das „Zeugniss des Geistes" (Rel Ms 677) für sich. Man kann wohl davon ausgehen, daß Hegel die Erscheinungen des Auferstandenen, welche ja die Geschichte Jesu erst zur Darstellung der Geisttotalität in der Einheit ihrer doppelten Vermittlungsbewegung machen, als durch diese Idee der Geisttotalität auf der Vorstellungsebene erforderlich gewordene Visionen der Apostel ansieht, die ihre Wahrheit nicht als historische Realität (als „äußerliche Geschichte" [XVI 300]), sondern nur darin haben, daß sie Darstellungen der Idee der Geisttotalität sind. Für diese Deutung spricht auch, daß Hegel desgleichen die buchstäbliche Faktizität der Wunder als unerheblich für die Göttlichkeit Jesu erachtet: Der Mensch „kann auf dem Boden des sinnlichen Wahrnehmens hundert oder tausend Möglichkeiten finden, wie es zugegangen" (Rel Ms 681).

Nur im Leben, nicht aber im Tod, ist diese Negation bloß *ein* Moment des Geistes. Im Tod gibt es kein weiteres Moment als das Erlöschen für das sterbende Individuum. Vom lebendigen Selbstbewußtsein gilt: „dies stirbt ... nicht wirklich, ... sondern seine Besonderheit erstirbt in seiner Allgemeinheit" (PhG 545).

(4) Damit betrachtet man nicht mehr den biologischen Tod, sondern (diesen als) ein Moment der Geisttotalität.

(5) Der so betrachtete „Tod" ist eo ipso nicht mehr isolierte Negativität: Indem er als *ein* Moment der Geisttotalität betrachtet wird, gibt es auch die *anderen* Momente, und man ist über den Tod als die reine Negation auch hinaus, man bleibt nicht nur bei diesem einen Moment stehen, man bleibt mithin nicht nur tot.

(6) Für die Vorstellung wird die Momenthaftigkeit der im Tod vergegenwärtigten Negation als Überwindung des Todes dargestellt: der Gestorbene bleibt nicht „im Grabe" (Rel Ms 645).

Worin besteht nun aber die Affirmation im so gedeuteten Tode Jesu? Im Rahmen der in sich differenzierten Geisttotalität und ihrer doppelten Vermittlungsbewegung betrachtet, ist der Tod als Negation des Mannigfaltigen die Versenkung in die abstrakte Totalität. Die abstrakte Totalität ihrerseits aber ist bestimmt als *Bewegung zur Mannigfaltigkeit,* wie wir wiederholt gesehen haben. Die Aufhebung der Mannigfaltigkeit führt daher zu dem Punkt, der seinerseits sich in die Mannigfaltigkeit entfaltet. Dies ist der Punkt, an dem die Vermittlungsbewegung der *einen* Richtung in die der *anderen* Richtung umschlägt. Weil die Vermittlungsbewegung der in sich differenzierten Geisttotalität in sich gegenläufig ist, ist jede Richtung schon wieder zu ihrem Ausgangspunkt zurückgekommen, wenn sie an ihrem Endpunkt angelangt ist, weil dieser ja gerade die umgekehrte Bewegungsrichtung initiiert. Wenn wir die beiden Vermittlungsbewegungen der in sich differenzierten Geisttotalität im „Zerfallen" der abstrakten Totalität und im „Tod" der endlichen Mannigfaltigkeit vor uns haben, so benennt die „Auferstehung" genau das „speculative Umschlagen" (vgl. Rel Ms 633 Anm 189) zwischen beiden, ihre Einheit und Untrennbarkeit. „Auferstehung" besagt bezüglich des „Todes", daß bei einem Moment oder einer Vermittlungsrichtung nicht stehengeblieben werden kann, wenn anders vollständig und angemessen die menschliche Subjektivität als daseiende Geisttotalität dargestellt werden soll. So ist die Auferstehung negativ gegen die Negativität (den Tod); ebenso wie der Tod negativ gegen die Positivität des endlichen Mannigfaltigen ist. Die Momente des Geistes, die im Leben des Individuums zu jeder Zeit eine unauflösliche Einheit bilden, werden am Gottmenschen in aufeinanderfolgende Zustände einer Leben, Tod und Auferstehung umfassenden Geschichte auseinandergelegt. So ist es der Vorstellung erspart, die sinnlich nicht wahrnehmbare Komplexität des gegenwärtigen geistigen Individuums zu denken, sondern sie kann das Individuum in dreifachem Zustand anschaulich sich vor Augen bringen und es so sukzessive in den zwei Momenten isoliert befangen betrachten, die es *zugleich* ist. Dies Zugleich macht es sich dann als „Auferstehung" anschaulich. Begreifend gedacht besagt die religiöse Vorstellung dies: „Dasjenige, was dem Elemente *der Vorstel-*

lung angehört, daß der absolute Geist, als ein einzelner oder vielmehr als ein besonderer, an seinem Dasein die Natur des Geistes vorstellt, ist also hier in das Selbstbewußtsein selbst versetzt, in das in seinem Anderssein sich erhaltende Wissen; dies stirbt daher nicht wirklich, wie der Besondere vorgestellt wird, wirklich gestorben zu sein, sondern seine Besonderheit erstirbt in seiner Allgemeinheit, d.h. in seinem *Wissen,* welches das sich mit sich versöhnende Wesen ist" (PhG 545). Das „hier" meint das philosophische Begreifen. An seinem „Dasein", d.h. an einem besonderen Individuum, stellt der absolute Geist sich selbst (seine „Natur") dar. Die Geschichte dieses Individuums erweist sich dem philosophischen Betrachten als die Darstellung der Geistmomente. Das sich im Anderssein erhaltende oder sich mit sich versöhnende Wissen ist die in ihrer inneren Differenziertheit bei sich selbst bleibende Geisttotalität. In der entfalteten Geisttotalität ist alles Bestimmte (momentan) „gestorben", weil es als Bestimmtes nicht isoliert festgehalten wird. Andererseits wird das Bestimmte nicht abstrakt negiert, sondern als Moment eines differenzierten Ganzen in seinem Selbstsein entfaltet und begriffen. Darin ist das Bestimmte dann „bewährt" (Rel Ms 645 Anm 206) oder „verklärt" (Rel Ms 645), weil es weder in seiner Vereinzelung isoliert, noch dem Ganzen gegenüber verschwunden, sondern in seinem genauen Stellenwert verortet, mithin in seiner Wahrheit erfaßt ist. Das spekulative Auch oder Zugleich der beiden Vermittlungsbewegungen ist die Verklärung. Insofern der Geist die bestimmten Sphären theoretisch und praktisch durchläuft, *„zerfällt"* er als abstrakte Totalität; insofern er beim einzelnen Bestimmten nicht stehenbleibt, sondern es auf die Totalität hin überschreitet, *„stirbt"* er als endliche Mannigfaltigkeit; insofern der Geist beide Bewegungen zumal ist und sich als diese gegenläufige Vermittlungsbewegung weiß, ist er und weiß er sich als *„auferstanden"* und *„verklärt"*. Die *philosophische Wissenschaft* als die Selbstgegenwart der theoretisch und praktisch vollzogenen Geisttotalität ist das Reich Gottes, das Reich der Auferstehung und Verklärtheit selbst: „Nun ... dürfen wir hoffen, daß ... neben dem Reich der Welt ... auch wieder an das Reich Gottes gedacht werde, mit andern Worten, daß neben dem politischen und sonstigen an die gemeine Wirklichkeit gebundenen Interesse auch die reine Wissenschaft, die freie vernünftige Welt des Geistes wieder emporblühe" (EGPh 3f)[10]. Die Selbstgegenwart der in sich differenzierten Geisttotalität ist das Reich Gottes bzw. das ewige Leben, nicht aber ist letzteres (Hegel zufolge) die zeitliche Fortdauer des einzelnen individuellen Bewußtseins über den Tod hinaus. Das individuelle Wissen kehrt auch dem Gottmenschen in der Auferstehung, so wie Hegel sie versteht, nicht wieder: Des Gottmenschen „geistige[s] Auferstehen ... [ist] das Werden seines einzelnen Selbstbewußtseins zum Allgemeinen oder zur Gemeinde. ... der Tod wird von dem, was er unmittelbar bedeutet, von dem Nichtsein dieses Einzelnen verklärt zur Allgemeinheit des Geistes, der in seiner

10. Es heißt in der Schrift: „Das aber ist das ewige Leben, daß sie dich, den allein wahren Gott, erkennen" (Joh. 17,3). Die in sich differenzierte Geisttotalität zu erkennen, heißt Gott zu erkennen.

Gemeinde lebt, in ihr täglich stirbt und auffersteht" (PhG 545). Dieser Text spricht es nochmals deutlich aus, daß der Tod Jesu nicht „unmittelbar" zu nehmen, sondern als exemplarische Darstellung desjenigen zu deuten ist, was sich in jedem geistigen Subjekt „täglich" vollzieht: Selbstgegenwart der in sich differenzierten Geisttotalität. Im Nichtsein des Einzelnen bleibt sich die Geisttotalität dennoch, nämlich in anderen individuellen Subjekten, stets gegenwärtig. Ihre in der Wissenschaft formulierte Intersubjektivität bewahrt die Geisttotalität davor, mit dem Untergang des einzelnen Wissenssubjekts selbst unterzugehen[11].

3 Die Gemeinde

3.1 Der christliche Kult

Daß die „göttliche Natur ... nicht eine andere [ist] als die menschliche" (JR 266), dies ist im christlichen Gottmenschen manifest und besagt, daß das menschliche Individuum, wenn es nicht nach seiner Unmittelbarkeit, sondern nach seiner Wahrheit erfaßt wird, die Gegenwärtigkeit der Geisttotalität ist[12]. Wollte man ein geistiges Individuum nämlich vollständig explizieren, so hätte man die sich selbst gegenwärtige Geisttotalität expliziert. Das unmittelbar anschauliche Individuum Jesus als Gottmensch zu wissen, heißt für es selbst wie für uns, die unmittelbare Anschauung jenes Individuums von der unanschaulichen Einsicht her zu deuten, daß es sich selbst gegenwärtige Geisttotalität ist. In diesem Individuum bringt *sich* die Geisttotalität zur Gegenwärtigkeit, indem ersteres der von seiner unmittelbaren Willkür unabhängigen, eigengesetzlichen Sache in sich Raum gibt. Deshalb kann man nicht sagen, daß im Sinne Hegels der Mensch, wenn er seine Unmittelbarkeit überwindet, „Selbstvergötterung"[13] betreibe;

11. Freilich bleibt die Frage, ob nicht doch die „Theorie des Individuums als einer einmaligen und unwiederholbaren" (Pannenberg [5] 416) Welt von Hegel zu wenig berücksichtigt wurde. Auch die „Erinnerung" an die unendliche Reihe der Geister (PhG 563f) erfaßt ja nur potentiell jedes Individuum.
12. Der christliche Gottmensch ist ein Mensch, der sein Leben nicht als unmittelbares versteht, sondern als „Daseyn des Geistes" (Rel Ms 629) im vorhin dreischrittig explizierten Sinn. Dies unterscheidet den christlichen Gottmenschen vom Anthropomorphismus der unmittelbaren Religion. Dort nämlich wird „der Mensch als dieser unmittelbare [,] nicht als der gelitten hat, gekreuzigte begrabene und wiedererstandene zum Himmel erhobene" (Rel Ms 231), als Gott verehrt.
13. Staudenmaier [1] 827

vielmehr gibt er der göttlichen Sache Raum, die freilich in seinem Geiste Selbstbewußtsein gewinnt.

Der christliche *Kult* besteht nun darin, daß die vielen unmittelbaren Individuen der Geisttotalität so in sich Raum geben, wie es das eine exemplarische gottmenschliche Individuum dargestellt hat. Damit ist dann jedes menschliche Individuum, das seine Unmittelbarkeit überwunden hat, Gegenwärtigkeit der Geisttotalität bzw. Gottes: „Und dieser Einzelne [= der Gottmensch] sind alle Einzelne[n]" (JR 266. Letzte eckige Klammer vom Hrsg.). Im Sinne dieses Nachvollzuges des im Gottmenschen schon aktuell Realisierten deutet Hegel die Satisfaktionstheorie der kirchlichen Tradition. Was heißt es, daß der Tod Jesu (in dessen Interpretation sich ja gerade jenes „speculative Umschlagen", welches die ganze Geschichte Jesu als die der göttlichen Geisttotalität selber sehen ließ, vollzog) für die anderen Individuen „genugthuend" (Rel Ms 635) ist? Gegen die Satisfaktionstheorie wird ja eingewandt, „daß jeder einzelne für sich, für seine Handlungen einstehen müße, ein anderer nicht für ihn büssen könne" (Rel Ms 633). Diesem Einwand gibt Hegel insgesamt recht. Der Tod Jesu sei aber gerade nicht als Tod einer *einzelnen* Person, die für andere bezahlen solle, anzusehen: „Hier findet dieser Standpunkt nicht Statt" (Rel Ms 633). Der Tod Jesu ist vielmehr deshalb als „Stellvertretung" für alle Individuen anzusehen, weil in ihm ein Geistmoment dargestellt ist, das *jedem* geistigen Individuum zukommt (vgl. Rel Ms 637/9). Der Tod Jesu ist also nicht stellvertretend im Sinne büßender Genugtuung, sondern im Sinne *exemplarischer Darstellung.* In diesem Tod wird nicht stellvertretend ein Fehler gebüßt, sondern das dargestellt, was jedes Individuum tut, insofern es der Geisttotalität in sich Raum gibt und so zum Dasein, zur selbstbewußten Gegenwärtigkeit derselben wird. Darin hebt sich die Unmittelbarkeit auf, die, vom Vollsinn des Geistes her gesehen, das Nichtseinsollende, die Erbsünde ist. Dieser Aufhebung in sich nicht Raum zu geben, das ist die Sünde des Einzelnen. Indem das Individuum aber zum „Daseyn des Geistes" wird, „ergreifft [es] das Verdienst Christi" (Rel Ms 637). Das besagt, daß das Individuum in *seinem* geistigen Leben dasjenige vollzieht, was in *Jesu* Leben, Sterben und Auferstehen anschaulich dargestellt ist.

3.2 Religiöse Gemeinde und Philosophie

Das Resultat des kultischen Nachvollzugs des Gottmenschentums ist bei Hegel die *Gemeinde.* Da *alle* (christlichen) Individuen sich als Selbstgegenwärtigkeit der Geisttotalität wissen, muß die Geisttotalität als Vielheit von Selbstgegenwärtigkeiten, mithin als Gemeinde begriffen werden. Es kann hier nicht darum zu tun sein, Hegels Lehre von der Gemeinde gründlich zu rekonstruieren. So kann Hegels Lehre von der Kirche, vom Verhältnis derselben zum Staat, sowie das Verhältnis der Religion zur säkularen Bildung (Philosophie) hier nur flüchtig in Erwähnung gebracht werden. Gleichwohl ist dieser kurze Blick auf die Gemeinde unerläßlich, weil sich erst in ihr der letzte Vollsinn Gottes erschließt. In der Gemeinde vollendet sich das bisher über Gott Erörterte. Dies wird sichtbar, wenn wir uns erinnern, daß wir im Verlauf unserer Untersuchung eine schrittweise Aufhebung je neuer Abstraktheiten des Begriffs von Gott feststellen konnten.

(1) Zunächst wurde Gott als *Gegenstand* des religiösen Bewußtseins entwickelt. Als solcher wurde er in der Religionsgeschichte immer angemessener in seiner inneren Differenziertheit, schließlich als trinitarischer Gott (auf verschiedenen Konkretionsstufen) erfaßt.

(2) Wird auf das *Wissen von Gott* im menschlichen Geist reflektiert, dann zeigt sich, daß Gott selbst dieses menschliche Wissen von sich ist (wenn anders er als Totalität gedacht wird). Im *Kult* der bestimmten Religionen war diese Einheit stets thematisch und angezielt, wenn sie dort auch als Gott äußerlich gedacht wurde und so nicht wirklich erreicht war, bis sie dann im christlichen *Gottmenschen* als die Natur Gottes selbst ausdrücklich gedacht wurde.

(3) Da im christlichen Gottmenschen die Einheit von Gott und Mensch als das Absolute vergegenständlicht ist, in diesem Gegenstand aber der Mensch selbst immer schon (als exemplarisches Individuum) sich findet, ist das Gegenstandsverhältnis selbst überwunden: Das Absolute ist nicht mehr *ein* gottmenschliches Individuum, sondern die Gemeinde; die Einheit der Geisttotalität vollzieht sich als Vielheit von Selbstgegenwärtigkeiten: Die Einheit Gottes ist der „in der christlichen Gemeine zu seiner vollkommenen Wirklichkeit und Wahrheit gelangende heilige Geist ..., als welcher Gott erkannt werden muß, wenn er in seiner absoluten Wahrheit, ... und nicht – entweder nur in der Form des bloßen Begriffs, des abstracten Insichseyns – oder in der ebenso unwahren Form einer mit der Allgemeinheit seines Begriffs nicht übereinstimmenden einzelnen Wirklichkeit, – sondern in der vollen Uebereinstimmung seines Begriffs und seiner Wirklichkeit erfaßt werden soll“ (X 27 = Enz § 381 Zus). Dieser Text läßt nochmals den ganzen Vorgang durchlaufen. Gott „in seinem Begriff“ ist der *gegenständlich-jenseitige* (noch nicht menschgewordene) Gott, der im Manuskript von 1821 immer als „metaphysischer Begriff“ oder „abstracter Begriff“ erörtert wird[14]. Im Christentum ist dieser abstrakte Begriff die gegenständlich-jenseitige Geisttotalität, mithin der noch nicht menschgewordene Gott. Die *Wirklichkeit* des Geistes ist das individuelle Selbstbewußtsein. Dieses aber ist in seiner Unmittelbarkeit und Vereinzelung nicht das angemessene Dasein des Begriffs. Erst wenn das unmittelbare Indivi-

14. Der Begriff ist deshalb „metaphysisch“, weil Gott mittels einer Kategorie gedacht wird, wie sie in der Metaphysik zu demselben Zweck Verwendung fand. Außerdem liegt das Metaphysische darin, daß in diesem Abschnitt der Erörterung auf den Bezug Gottes zum Subjekt keine Rücksicht genommen wird (vgl. Rel Ms 65/7). In einem vergleichbaren Sinn unterscheidet Kant die „metaphysische“ und die „transzendentale“ Erörterung eines Begriffs, deren erste den Begriff als solchen exponiert, deren zweite aber den Begriff in bezug zu anderen Erkenntnissen setzt, indem sie ihn als Möglichkeitsbedingung dieser Erkenntnisse aufweist (vgl. B 38 und 40).

duum die doppelte Vermittlungsbewegung der in sich differenzierten Geisttotalität theoretisch und praktisch an sich vollzieht und sich damit zudem in eine intersubjektive Ebene begibt, ist es „Daseyn des Geistes" als Übereinstimmung oder Selbigkeit von Begriff (Trinität als gegenständlich-jenseitige Geisttotalität) und Wirklichkeit (gegenwärtiges Idividuum) desselben. Die Dimension der Intersubjektivität ist freilich keine solche, in der die Individualität einfach ausgelöscht wäre. Vielmehr stellt jede Individualität die Selbstgegenwärtigkeit der Geisttotalität *auf eine bestimmte Weise* oder in bestimmter *Perspektive* dar. Die Perspektivität der Geisttotalität ist keine Verfälschung derselben, sondern, wie nach den Ausführungen des Ersten Teils hier nicht gesondert dargetan zu werden braucht, Gegenwärtigkeit der Sache selber. Freilich ist die perspektivische Gegenwärtigkeit der Sache *einseitige* Gegenwärtigkeit der Sache. Ist die Geisttotalität dann überhaupt als Totalität gegenwärtig, wenn sie perspektivisch gegenwärtig ist? Ja, weil jedes Individuum von dem Bestehen anderer Perspektiven und so von der Totalität immer als einer vielperspektivischen weiß. Anders gesagt: Das Individuum ist Totalität aller Perspektiven, indem es sich als Moment der Gemeinde aller Individuen weiß. Darin ist ihm die eine Geisttotalität in der Vielheit ihrer Selbstgegenwärtigkeiten gegenwärtig. Diese Einheit ist in der religiösen Gemeinde nicht als Kohärenz aller Perspektiven, Standpunkte usw. zu einer intersubjektiv verbindlichen und einlösbaren Theorie der Welt entfaltet. Es ist, Hegel zufolge, erst die Philosophie, welche die Geisttotalität als die universale Kohärenz aller Perspektiven, Sichtweisen, Standpunkte und dgl. dann im einzelnen durch alle Sphären und Bereiche als wissenschaftliche Theorie ausarbeitet. Die Religion bleibt bei der Erfassung der nicht durch alle Sphären ausgeführten gottmenschlichen Totalität *überhaupt* stehen. Erst in der Philosophie ist daher das Selbstbewußtsein des Absoluten – soweit dies in der jeweiligen Epoche möglich ist – im einzelnen ausgearbeitet[15].

Die Vielheit der Subjekte ist dabei als der innere Prozeß des einen göttlichen Selbstwissens zu verstehen. Anläßlich der Erörterung der romantischen Kunstform, die für die christliche Geistigkeit charakteristisch ist, formuliert Hegel Gott als Geist in seiner Gemeinde in genau diesem Sinn (der Text ist zwecks besserer Übersicht in seiner gedanklichen Gliederung sichtbar gemacht).

(1) „die Gemeinde ... ist die geistige Reflexion in sich jenes sinnlichen Daseyns [= der Götterstatue], die beseelende Subjektivität und Innerlichkeit, ...

(2) Die gediegene Einheit in sich des Gottes in der Skulptur zerschlägt sich in die Vielheit vereinzelter Innerlichkeit,

(3) deren Einheit keine sinnliche, sondern schlechthin ideell ist.

(4) Und so erst ist Gott selber

(5) als dieses Herüber und Hinüber, als dieser Wechsel seiner Einheit in sich und Verwirklichung im subjektiven Wissen und dessen Besonderung, wie der Allgemeinheit und Vereinigung der Vielen,

15. Vgl. Jaeschke [3] 107

(6) wahrhaft Geist – der Geist in seiner Gemeinde" (XII 126f).

Zu (1): Der Ausgangspunkt Hegels ist die klassische Kunstform, in welcher der Gott als Subjektivität aufgefaßt, in der Tat aber als von sinnlicher Wirklichkeit seiend gegenwärtig war, nämlich als Götterstatue. Über die klassische Kunstform hinaus führt nun die Überlegung, daß die Statue die Subjektivität nicht an ihr selbst hat, d. h. von sich selbst nichts weiß. Von der Statue weiß die Gemeinde der Betrachter. So hat die Statue ihre Verwirklichung, d. h. das Wissen von dem, was sie ist, „im subjektiven Wissen".

Zu (2): Da die Statue ihre Wirklichkeit (das, was sie bedeutet) in den *vielen* Betrachtern hat, ist ihre sinnliche („gediegene") Einheit nicht ihre ganze Wirklichkeit. Die Statue ist nicht nur der Stein, der sie ist, sondern auch das, was die vielen auf vielfache Weise von ihr bzw. als was sie sie wissen.

Zu (3): Auch die vielen Betrachter bilden aber eine Einheit. Im Unterschied zur sinnlichen Einheit des Steins der Statue ist allerdings die Einheit der Betrachter ideell, was besagt, daß die Betrachter sich eins *wissen*.

Zu (4) und (6): Diese beiden Stücke bilden einen Satz. Dieser Satz faßt das Resultat von (1)–(3) zusammen („und so erst"): Der vorgestellte Geist (die Statue) ist nicht Geist; wirklich Geist ist nur die *Tätigkeit des Vorstellens* selber. Gott ist also Geist, insofern die Subjekte von ihm wissen, ihn vorstellen. Freilich ist dieses Vorstellen oder Wissen nicht inhaltslos: es weiß sich selbst in seiner Wahrheit, wenn es Gott weiß. So erreicht der Gott sich erst im „subjektiven Wissen" der Gemeinde, und umgekehrt besitzt sich die Gemeinde erst, wenn sie von Gott und darin von ihrer wahren Geistigkeit weiß. Will man den Gottesgedanken daher voll explizieren, so muß er als die wechselseitige Vermittlung von Gott und Mensch aufgefaßt werden. *Nur* Gott ist nicht Gott; *nur* Mensch ist nicht Mensch.

Zu (5): In der christlichen Gemeinde weiß das Individuum *sich* und *alle übrigen* Individuen als Selbstgegenwart der Geisttotalität. Alle Jenseitigkeit des Gott-Geistes, ebenso wie die Differenz zwischen den Individuen, hat ihren äußerlichen Charakter verloren und wird als Differenzierung innerhalb der Geisttotalität selbst gewußt. Die Wechselseitigkeit („Herüber und Hinüber") von Einheit (Gott) und Vielheit (viele individuelle Geister) muß, wie wir gesehen haben, logisch als die in sich differenzierte Subjektivitätsstruktur der Geisttotalität begriffen werden.

Auch bezüglich der Gemeindegestalt der Geisttotalität gelten die *Konkretionsstufen*, welche wir hinsichtlich der gegenständlichen Geisttotalität kennengelernt haben. Die Geisttotalität als Dimension der Intersubjektivität ist auf der ersten Konkretionsstufe *programmatische* Geisttotalität. Wenn man religiös die Gegenständlichkeit und Verschiedenheit dieser programmatischen Geisttotalität dem unmittelbaren Subjekt gegenüber betont, so ist sie als *immanente Trinität* vorgestellt. Diese realisieren die einzelnen Subjekte an ihnen selbst im Kulte erster Konkretionsstufe und verschaffen ihr so wirkliche Gegenwart, die sie nicht nur in dem einen Gottmenschen, sondern in allen Menschen hat. Auf der zweiten Konkretionsstufe, welche in der Ausbreitung der einzelnen Sphären besteht, begreift das unmittelbare Subjekt Gott (die gegenständliche Totalität) als den sich als Schöpfer und Erhalter aller Sphären entfaltenden Geist. Dabei bleiben die einzelnen Sphären in der Religion noch unentfaltet, der Vermittlungsgang durch die Sphären bleibt aufs grundsätzliche und abkürzende Überhaupt beschränkt. Erst indem das Subjekt *wissenschaftlich-philosophisch* den Vermittlungsgang (in beiden Richtungen) durch die Sphären unternimmt, gibt es der entfalteten Geisttotalität in sich Raum und *bildet* sich damit zur ausgearbeiteten Selbstgegenwart derselben. Deutet man diesen Bildungsprozeß des Geistes nicht vom endlichen oder unmittelbaren Subjekt, sondern von der Geisttotalität her, so muß man sagen: Der Bildungsprozeß des Subjektes ist es, in dem *sich* die Geisttotalität Gegenwärtigkeit verschafft und das endliche Subjekt seiner Unmittelbarkeit enthebt. Im so verstandenen Bildungsprozeß entfaltet sich stufenweise die subjektive Selbstgegenwärtigkeit der Geisttotalität, angefangen von der Unmittelbarkeit des Geistes durch alle Stadien der Aufhebung derselben bis hin zur vollen Klarheit des Geistes über sich als Totalität aller Sphären und ihrer gegenläufigen Vermittlungsbewegung. Die philosophische Entfaltung des unmittelbaren Geistes zu höheren Stufen seiner Selbstklarheit entspricht dem, was religiös als Kult einem äußerlichen Gegenstand gegenüber vorgestellt wird. Als Überwindung der Unmittelbarkeit ist die philosophisch sich bildende Tätigkeit des Subjektes, von der religiösen Sprechweise her gedeutet, „daher Theologie, und die Beschäftigung mit ihr – oder vielmehr in ihr ist für sich Gottesdienst" (Rel Ms 5 Anm 5). Gott ist hier in der Philosophie aber nicht mehr ein äußerer Gegenstand oder ein sinnlich äußerer anderer Mensch, sondern ein anderes Stadium des einen Geistkontinuums, dessen unmittelbares Stadium der unmittelbare, sich philosophisch nicht bildende und beschäftigende Geist ausmacht. Zur Unterscheidung von der unmittelbaren Geistigkeit kann aber auch philosophisch für den Vollsinn des Geistes die Bezeichnung „Gott" beibehalten werden, wenn nur die Äußerlichkeit des religiösen Sprechens als aufgehoben gewußt wird.

3.3 Der Staat

Ein kurzes Wort über den Staat bei Hegel sei noch erlaubt, das nur die Richtung weisen soll, in der eine Interpretation der hegelschen Staatsphilosophie anzusetzen hätte. Hegel charakterisiert den Staat folgendermaßen: „Der Staat ist göttlicher Wille als gegenwärtiger, sich zur wirklichen Gestalt und Organisation einer Welt entfaltender Geist" (Rph § 270 Anm). Diese Ineinssetzung von Gott und Staat findet sich nicht nur in der zitierten Anmerkung aus der Rph von 1820, sondern auch in allen rechtsphilosophischen Vorlesungen Hegels. So in der von Homeyer nachgeschriebenen Vorlesung von 1818/1819: „Das sittliche Ganze [= der Staat] ist kein bloß vorgestellter gedachter, sondern ein wirklicher Gott" (Rph-Ilting I 292). In der durch Hotho angefertigten

Nachschrift der Vorlesung von 1822/1823 heißt es: „Die Idee als in der Religion, ist Geist im Innern des Gemüthes; aber dieselbe Idee ist es, die sich in dem Staat Weltlichkeit giebt" (Rph-Ilting III 732). In der Nachschrift Griesheims aus dem Jahre 1824/1825 lautet die entsprechende Stelle: „Bei der Idee des Staats muß man nicht besondere Staaten vor Augen haben, ... man muß die Idee, diesen wirklichen Gott für sich betrachten" (Rph-Ilting IV 632). Was hat es mit dieser „Staatsvergottung" auf sich, die Hegel einerseits dem preussischen Minister Altenstein lieb und wert machte[16], andererseits aber Anlaß gab, den Nationalsozialismus als Erbe Hegels zu deklarieren[17]? Der Staat ist die (volksspezifische) Einheit der theoretischen und praktischen Lebenstotalität: „der Staat ... ist diese ungeheure Vereinigung der Selbstständigkeit der Individualität und der allgemeinen Substantialität. Dieses Recht denn des Staates ... ist die Freiheit in ihrer *concretesten Gestaltung*" (Rph-Ilting III 184 Hvm). Die Gemeinde aller Staaten – und nicht von besonderen Staaten allein, sondern von der Dimension der Staatlichkeit überhaupt ist laut Griesheim (Rph-Ilting IV 632) die Rede – ist somit die geschichtliche Realisierung[18] der religiösen Gemeinde, d. h. die entfaltete Konkretionsstufe der Gemeinde, also der Geisttotalität oder Gottes. Dem Staat liegt ein Gesamtverständnis des Verhältnisses von abstrakter Totalität und einzelner Bestimmtheit zugrunde, das religiös als totalitätsdarstellender Gottheitstyp reflektiert wird. Die Einzelsphären können *religiös* durch Einzelsphärengötter repräsentiert werden (Göttin der Gerechtigkeit, Gott der Verfassung, Göttin des Familienherdfeuers usw.). Der *Staat* ist der *„anwesende"* Gott, d. h. er ist nicht das in einem Jenseits angesiedelte Einzelsphärengöttersystem, sondern der gegenwärtige Vollzug der von jenen Göttern repräsentierten Sphären. Die Göttin der Gerechtigkeit z. B. ist das zur Betonung seiner Verschiedenheit vom unmittelbaren Willen in ein Jenseits versetzte, hypostatisierte Gesetz. Das Gesetz ist zwar ebenfalls vom unmittelbaren Willen verschieden, liegt aber innerhalb desselben Kontinuums wie dieser[19]. Das Verhältnis von Staat und Gemeinde (als dem vollexplizierten Gott) ist so von Hegel nicht als „kirchenrechtliche"[20] Frage angelegt, sondern tiefer aufgefaßt, nämlich von der Geisttotalität her, deren verschiedene Konkretionsstufen einerseits und deren verschiedenartige Stellung zu dem

16. Vgl. Kiesewetter 110f
17. So Topitsch und Kiesewetter
18. Vgl. Jaeschke [3] 108
19. Wenn Fetscher behauptet, daß bei Hegel „die Einheit des vernünftigen ... Subjekts mit dem objektiv vernünftigen Gemeinwesen ... als ‚*absoluter* Geist' bewußt gemacht wird" (Fetscher [1] 74 Hvm), so reduziert er den absoluten Geist auf die Konkretionsstufe der Einzelsphären(götter). Fetscher vernachlässigt den absoluten Geist auf der Konkretionsstufe der totalitätsdarstellenden Gottheitstypen.
20. Zeller 120 bestimmt das in Frage stehende Verhältnis ausschließlich als ein kirchenrechtliches und meint, als solches gehöre es nicht an den Platz, an dem Hegel es abhandelt. Hegels Verortung jenes Verhältnisses erklärt sich aber eben nicht juristisch, sondern spekulativ.

sie erkennenden Subjekt (Jenseitigkeit versus Selbigkeit des Kontinuums) die Selbigkeit und Unterschiedenheit von Staat und Gott (Gemeinde) ausmachen.

Die Staatlichkeit als Konkretionsstufe der Gemeinde oder Gottes hat ihrerseits eine Geschichte, in der die verschiedenartigen völkerspezifischen Sitten (Kulturen) sich zu einer universalen Kohärenz zu integrieren auf dem Wege sind. Diese Integration versucht Hegel in langen, detailträchtigen historischen Kenntnisnahmen und Begriffsanstrengungen als „Philosophie der Weltgeschichte" durchzuführen, an deren Ende der in der Rph dann systematisch begriffene Staat steht, von dem hier zu untersuchen, wie er die vergangenen Staatsformen in sich schließt und für ihm gegenüber zukünftige Staatsformen offen ist, nicht mehr der Ort ist[21].

Schluß. Die Leitworte des Zweiten Teiles

Die drei diesem Zweiten Teil vorangestellten Leitworte sprechen die dargelegten drei Schritte der Explikation des absoluten Geistes auf der ersten Konkretionsstufe aus.

Melville beschreibt den Zustand des Subjektes, wenn es bei keiner bestimmten Einzelheit mehr verweilt, welche Einzelheiten alle zwar in ihm „fluten" und „aufzucken", ohne aber nunmehr in ihrer Mannigfaltigkeit den Gegenstand des Geistes auszumachen; sie sind nur noch „Gedanken, die sich nicht fassen lassen". Der Geist ist sich gegenwärtig als die abstrakte Totalität, die alles umfaßt, ohne diese Welt von Bestimmtheiten im einzelnen sich vor Augen zu führen. Nur die einfache „Seele" der mannigfaltigen Welt, eben das Meer als Bild des trinitarischen Sohnes, der ja gerade die Seele oder „Wahrheit der ... Welt" (Rel Ms 157) ist, ist der Gegenstand des Geistes, mit dem die abstrakte Totalität unmittelbar eins ist: das abstrakte Ich=Ich ist aufgelöst in das unentfaltete Meer (in „alle Küsten des Erdballs") der Bestimmtheiten. Dieser träumende Walfänger ist ein gegenwärtig daseiendes Individuum als sich gegenwärtige Geisttotalität auf der ersten (wenn man sich an die „Seele der Welt" hält) bzw. auf einem ganz eingehüllten Grad der zweiten Konkretionsstufe (wenn man an die Nennung der „Flosse" als eines Bestimmten denkt). Hegel selbst bringt den religiösen Zustand, in dem das Subjekt sich der göttlichen Dimension angleicht, mit dem verschwebenden Träumen in Verbindung: „Alles ... fühlt sich wie ein Traumbild verschweben" (Rel Ms 7). Jener Walfänger gibt in seinem nicht mehr unmittelbaren, sondern träumenden Zustand der Geistigkeit bzw. Göttlichkeit in sich Raum, wie in Hegels Augen das ein religiös träumender Inder tut: „Der träumende Inder ist daher alles, was wir Endliches

21. Zur Rph vgl. Angehrn, Avineri, Maihofer, Riedel (Hrsg.), Weil.

und Einzelnes nennen, und zugleich, als ein unendlich Allgemeines und Unbeschränktes, an ihm selbst ein Göttliches" (PhWg 352).

Richard *Wagners* Wort erinnert daran, daß diese reine Göttlichkeit ihre Wahrheit nur darin hat, daß das Subjekt sein Beisichsein an der Welt in all der Breite und Tiefe ihrer Mannigfaltigkeit bewährt. Mitgefühl oder Mit-Leid besagt hier (wie meist bei Wagner) in einem ganz unsentimentalen Sinn das Mit-der-Sache-Sein. Der Geist erleidet die Bewegung der Sache, wenn er sie begreift. So leidet er mit bzw. bei der Sache selbst.

Goethes Spruch schließlich handelt von der Wirklichkeit des Geistes als des allgemeinen, also desjenigen, der ein einziger Geist und doch viele einzelne Subjekte, mithin Gemeinde ist. Das vielfältig in sich Vermittelte in seiner Einheit sowohl als Differenziertheit zu fassen und darzustellen, ist gerade das Eigentümliche des Geistes, der darin Philosophie oder (so Goethe) Kunst ist[22].

22. Zu Goethes Kunst als Philosophie vgl. Emrich [2].

Epilog

Religionsphilosophie in der Dichtung: „Iphigenie auf Tauris“ – Das Absolute als in sich differenzierte Totalität.

Hegels Philosophie des Absoluten erörtert einen Problemkomplex, der nicht nur im deutschen Denken, sondern auch im deutschen Dichten immer eine große Rolle gespielt hat (wenn er sie auch augenblicklich nicht mehr spielt). Wegen dieser hier nicht erweisbaren, sondern vorauszusetzenden Einheit der deutschen Geistesgeschichte in ihren verschiedenen Ausprägungen ist das in dem vorliegenden Buch philosophisch Entwickelte Erschließungshorizont für die in den betreffenden Dichtungen anwesende (von der germanistischen Sekundärliteratur aber oft genug nicht gesehene und nicht deutlich gemachte) Thematik. An einem besonders instruktiven Beispiel soll diese durch Philosophie geleistete Erschließung der in einer Dichtung gegenwärtigen Sache illustriert und die vielleicht nicht in jedem Fall von der bewußten Absicht des Dichters, wohl aber von der in der Dichtung anwesenden Sache – welche viel wichtiger ist – her gegebene Einheit der Geistesgeschichte bewährt werden.

Die folgende Interpretation der „Iphigenie" Goethes war erarbeitet vor dem Erscheinen von Raschs „Iphigenie"-Buch. So erfreulich es war, bei Rasch dann von germanistischer und philologischer Seite her manches bestätigt zu sehen, was sich der philosophischen Analyse schon erschlossen hatte, so deutlich sichtbar war, daß der Germanist nicht weit genug ging, nämlich nicht bis zu einer von Goethes Texten selbst durchaus unabhängigen Erörterung der inneren Logik des Begriffs des Absoluten. Diese Logik allein aber ist es, die Goethes Werk in seiner Aussage letztlich wahr macht, und deshalb von ihm auf einer tieferen als der philologischen Ebene gar nicht unabhängig sein kann. Man mag ruhig sagen, es sei philologisch nicht legitim, von Gedanken her, die bei Goethe selbst nicht ausdrücklich formuliert sind, seine „Iphigenie" zu begreifen. Die Antwort darauf kann nur sein, daß die Philologie nicht alles ist. Ja, sie bekommt ein wirklich tiefes Werk lediglich in dessen Vorfeld in den Griff, weil die Tiefe und Größe eines Dichters nicht darin besteht, über alle Implikationen der in seinem Werk behandelten Sache ein philologisch greifbares Bewußtsein zu formulieren, sondern darin, der Sache so in sich Raum zu geben, daß deren innere Gesetzmäßigkeit möglicherweise gegen das explizite Bewußtsein, ja gegen die vermeinte Absicht des Dichters Gestalt annimmt.

1 Tantals Vergehen

Der Mensch erfährt sich als souverän handelnd. Die freie Tat geschieht aber innerhalb eines schon vorgegebenen Weltzusammenhangs, in den hinein die Tat wirkt. So ist die freie Tat, weil sie in ihren Folgen nicht nur vom handelnden Subjekt, sondern auch von objektiv vorgegebenen Umständen des ganzen Weltzusammenhangs abhängig ist, einmal gesetzt, dem Einfluß der sie gesetzt habenden Freiheit weitgehend entzogen.

Der Zusammenhang, in den hinein die Freiheit ihre Taten wirkt, ist aber für den handelnden Menschen allenfalls im engen Umkreis seines Horizontes überschau- und berechenbar. Letztlich, d.h. aufs je größere Ganze des historischen Zusammenhangs gerechnet, bleiben die möglichen Konsequenzen einer Tat unabsehbar. Jeder Handelnde kann daher das Ziel der Handlung nur *hypothetisch* festlegen, weil sich erst im noch unabsehbaren Verlauf der Geschichte herausstellen wird, was die Tat nun wirklich bewirkt hat, mithin, was wirklich getan wurde. Das Subjekt der Geschichte ist so nicht allein der handelnde Mensch. Geschichte ist in dem Sinne selber Subjekt, daß sie sich als *Einheit* von freier Setzung des einzelnen menschlichen Subjekts und vorgegebenem, eigengesetzlichem historischem Gesamtrahmen vollzieht. Der historische Rahmen ist dabei nicht erst in seiner Gesamtheit für die Handlungen der Menschen mitbestimmend, sondern schon partielle Zusammenhänge (Konstellationen in einer Epoche, in einem bestimmten Teilgebiet) treten als solche bestimmende Faktoren auf. Implizit sind sie ihrerseits freilich wiederum abhängig von ihrer Verflechtung in den geschichtlichen Gesamtrahmen.

Weil jene Zusammenhänge oder historischen Mächte dem Menschen als objektive, vorgegebene Größen gegenübertreten, über die er nicht verfügen kann, werden sie als *Götter* thematisiert. So wird die den Völkern des römischen Imperiums begegnende siegreiche Macht Roms als „Victoria Romana“, werden die inneren Konstituentia des politischen Lebens in der Republik als „Concordia“, „Fides“ usw. vorstellig gemacht[1]. In diesem Sinne spricht Goethe in der „Iphigenie“ von den Göttern. Götter „Halten die Herrschaft In ewigen Händen, Und können sie brauchen, Wie's ihnen gefällt“ (V. 1728–1731). Der „hohen Götter Wille“ (V. 719) oder „Rat“ (V. 733) ist daher dem Menschengeschlecht furchtbar (V. 1722f), weil die Sterblichen letzlich nur still harren können, bang erwartend, „welch Ende Die Götter unsern Taten zubereiten“ (V. 2025f). Das Zusammenspiel aller als Götter thematisierten objektiven Mächte ist das *Schicksal*, welches also den Sinnzusammenhang ausmacht, innerhalb dessen die einzelnen menschlichen Taten allererst ihren bestimmten Sinn und Stellenwert besitzen.

Tantalus wird nun von Goethe genau als jener Schnittpunkt von Freiheit und Abhängigkeit gezeichnet, der der Mensch ist. Tantalus verfügt über die Fähigkeit zu „Sinn Verknüpfenden Gesprächen“, an denen „Götter selbst, Wie an Orakelsprüchen, sich ergötzten“ (V. 312ff). Dies besagt, daß er die Verbindung des „schon Geschehene[n] mit dem Künftigen“ (V. 731), d.h. eben den sinn- bzw. schicksalstiftenden Rat der Götter zu erkennen vermochte. Damit ist ein wesentliches Moment der menschlichen Situation angesprochen. Der Mensch vermag ja in der Tat den Weltzusammenhang teilweise zu überblicken und auf der Grundlage solchen, freilich letztlich vage und un-

1. Zu Victoria bzw. Iupiter triumphans vgl. Meier 481, 523. Ein Natur und Sozialbereich umfassendes System von Einzelsphärengöttern ist skizziert bei Cicero, De natura deorum II 59–80. Zur Thematisierung objektiver Mächte und Kräfte als Götter bei den Römern vgl. Ogilvie 19–36.

abgeschlossen bleibenden, Überblicks handelnd und planend in den Weltablauf einzugreifen. Nur aber wenn der Mensch ganz und ungetrübt über die „sinnverknüpfende" Einsicht (Einsicht in den Sinnzusammenhang) verfügte, wäre er völlig souverän in seinen Taten, weil er, wenn keines „Abends Stern- und Nebelhülle Die Aussicht ... verdeckt" (V. 1107f), alle Konsequenzen einer Tat zu überblicken und daher, in voll bewußter Freiheit handelnd, genau das zu erstellen vermöchte, was er will. Obgleich sich in des Menschen Handlung immer Unberechenbarkeit mischt, kann er, *insoweit* er die Fähigkeit zu potentiell-antizipativem Überblick über das größere Ganze, innerhalb dessen er handelt, besitzt, sich mit Tantalus als „Gesellen Des großen Donnrers" (V. 320f), als göttergleich, als „ihresgleichen" (V. 316) fühlen. Hochbedeutsam ist nun, daß Tantalus die Göttergleichheit verliert. Goethe begründet den Verlust durch ein „Vergehen" (V. 322), welches er näherhin als „Übermut und Untreu" (V. 323f) angibt. Entscheidend ist dabei, daß es von Tantalus heißt: „So war Auch sein Vergehen menschlich" (V. 321f). Tantalus fehlt, weil er Mensch ist. Die eigentliche Ursache für seinen Fall ist mithin in seiner menschlichen Natur zu suchen. Die menschliche Natur unterscheidet sich von der natura deorum gerade dadurch, daß der Fähigkeit, größere Sinnzusammenhänge zu erkennen, ein Anderes gesellt ist, welches jene Fähigkeit stört: „Das sterbliche Geschlecht ist viel zu schwach, In ungewohnter Höhe nicht zu schwindeln" (V. 317f). Des Menschen Erkenntnis reicht niemals aus, „der Zukunft ausgedehntes Reich" (V. 1106) in allen Einzelheiten klar zu schauen und zu berechnen. Das „Ganze Ist nur für einen Gott gemacht"[2], und der Mensch ist daher lediglich in der Lage, partielle Sinnzusammenhänge, nicht aber den göttergesetzten Universalsinn zu überschauen. Hieraus resultiert die Doppelheit von Tantals Vergehen. Sein *Übermut* besteht darin, diese Schwäche zu ignorieren und für sich die allein den Göttern vorbehaltene Erkenntnis des universalen Sinnes zu beanspruchen. Worin aber besteht seine *Untreue*? Tantalus tat irgendetwas, was dem von den Göttern gehegten Weltenplan zuwiderlief. Dabei ist es gänzlich unerheblich, was Tantalus im einzelnen getan hat, und Goethe geht darauf zurecht mit keinem Wort ein. Was immer Tantalus tat, er verfehlte den universalen göttergewollten Sinnzusammenhang (die Totalität so wie sie nun einmal angelegt war). In dieser Verfehlung selbst liegt aber keineswegs das Vergehen Tantals, da aufgrund seines mangelnden Überblickes über jene göttlich-universale Dimension ein Handlen entgegen derselben immer möglich ist und dem Handelnden nicht vorgeworfen werden kann. Das Scheitern einer menschlichen Absicht an letztlicher Unberechenbarkeit der je umfassenderen objektiven Umstände ist keine zurechenbare Schuld. Weil Tantalus aber im Sinne seines „Übermuts" gleichwohl *beansprucht,* jenen universalen Sinn zu wissen, kann sein Verfehlen des Sinnes nur als *bewußte* Abweichung von jenem göttlichen Sinn, mithin als Untreue dem Götterwillen gegenüber aufgefaßt werden. Die titanische übermütige Selbstüberschätzung macht Tantals Handlung zur Untreue.

2. Faust 1780f

Fassen wir den in Tantals Untreue angezielten Sachverhalt ohne dichterisches Bild. Menschliches Handeln vollzieht sich im Rahmen der Erkenntnis von *partiellen* Sinnzusammenhängen, in welche der Handelnde, sie zuvor beurteilend, eingreift. Solche partiellen Zusammenhänge setzen zu ihrer eigenen Möglichkeit die Idee einer Sinn*totalität* voraus, weil ein Teil nur gedacht werden kann unter der Voraussetzung eines Ganzen[3]. Tantals Anspruch auf Überblick des Ganzen ergibt sich mithin aus der Logik seines partiellen Überblicks. Entscheidend ist aber, daß der Griff nach dem Ganzen einen *Vor*griff darstellt auf noch unenthüllte Zukunft. Die Antizipation der Totalität kann nur in Gestalt einer *Hypothese* formuliert werden, weil die Zukunft, auf welche sie vorgreift, noch unenthüllt ist, und sich folglich die antizipierte Totalität vom tatsächlichen Verlauf der Zukunft her anders zeigen kann, als es die Antizipation vermutete. In solcher Erfassung der Zukunft als des letztlich unberechenbar Neuen erweist sich die Hypothese über die Sinntotalität als stets der Revision bedürftig.[4] Indem Tantalus sich „übermütig" (d. h. sein Gemüt – seine Geistigkeit – überschätzend) mit den Göttern, d. h. mit der Totalität, einfachhin und unterschiedslos gleichsetzt, vernachläßigt er gerade diese antizipativ-hypothetische Struktur der menschlichen Geistigkeit.

Die Unfähigkeit, sich zu letztumfassenden Zusammenhängen zu erheben, manifestiert sich in der Leidenschaftlichkeit des Menschen, die ihn selbst partielle Zusammenhänge oftmals nur verfälscht wahrnehmen läßt. So muß in der Naturbetrachtung sorgsam darauf geachtet werden, daß die Forscher „als gleichgültige und gleichsam göttliche Wesen suchen und untersuchen, was ist, und nicht, was behagt"[5]. Auch „Wilhelm Meisters Lehrjahre" sprechen ganz deutlich aus, daß Leidenschaft eine Beschränkung auf den Augenblick und sein Interesse, mithin das Gegenteil eines weiten, Zusammenhänge erfassenden Überblicks ist: „Ach! wie unbedeutend erscheint dem Menschen in leidenschaftlichen Augenblicken alles, was ihn umgibt, alles was ihm angehört!"[6] Leidenschaften entstammen, Goethe zufolge, nicht der reinen Natur, sondern verfälschen vielmehr die reine, zeitlos[7] gültige Natur, indem sie, aus Gelegenheit geboren, einzelne (eben die gelegenen) Zeiten einseitig dominieren lassen[8]. Leidenschaften sind also gerade dadurch charakterisiert, daß sie nicht den universalen Sinnzusammenhang walten lassen, sondern einzelne Momente dieses Zusammenhangs – die Gelegenheiten – *auch gegen* jenen Universalsinn zur Geltung bringen wollen. Tantalus verkennt nun genau dies, daß die menschliche Natur *ineins* von vernünftigem Überblick und Beschränktheit dieses Überblicks (Leidenschaftlichkeit) geprägt ist. Er

3. Vgl. Pannenberg [2] 48–77, bes. 65f. Pannenberg [1] 60–73; 303–329.
4. Vgl. ebd. 336
5. Der Versuch als Vermittler von Objekt und Subjekt (Goethe XVI 844).
6. Buch VIII, Kapitel 2 (Goethe VII 544)
7. Das „Zeitlos-Natürliche" behandelt ausführlich Emrich [1] 116–130, bes. 124ff.
8. Vgl. Joseph Haydns Schöpfung (von Goethe bearbeiteter Artikel Zelters). In: Über Kunst und Altertum Bd. V, Heft 3 (Goethe XIV 131–136, bes. 134).

wähnt sich in leidenschaftslosem Einklang mit dem universalen Sinne, und handelt dabei, weil er eben doch auch leidenschaftlich bewegt ist, ohne es zu wissen gerade gegen jenen Sinn. Die göttliche Sinndimension ist so der Maßstab, dem Tantals Anspruch nicht gerecht wird. Daß er nicht im Einklang mit dem Sinne steht, läßt ihn fern sein von der Einlösung seines Anspruches, den er auf solchen Einklang erhoben hatte. Seine „Untreue“ gegen den göttergesetzten Sinn *ist* gerade das Fernsein von jenem Sinn, den er bei seiner beanspruchten Göttergleichheit nicht hätte verfehlen dürfen. Tantals Tat selbst und nicht etwa göttliche Willkür stürzt ihn so „von Jovis Tisch Zur Schmach des alten Tartarus hinab“ (V. 324f). Alle Menschen, welche sich wie Tantalus titanisch gebärden, erfahren an dem universalen Sinn, dem sie – ihrer Selbstüberhebung zum Trotz – nicht entsprechen, daß ihre Handlung nicht etwa – wie sie vermeinen – aus göttergleichem vernünftigen Überblick, sondern ineins damit aus Leidenschaft geboren ward. Weil sie sich für den universalen Sinn aber nicht mehr offen halten, sondern ihre Beschränktheit für jenen substituieren, verfügen sie über kein Gegengewicht zur Leidenschaft: Entgegen dem aus lichtem Überblick geborenen Handeln sind die titanischen Taten solche „des verworrnen Sinnes“ (V. 394). Die Verworrenheit kommt freilich *jeder* menschlichen Tat zu, insofern sie von einem bloß hypothetischen Vorgriff auf die Totalität lebt: es „kann zu einer vollkommenen Klarheit der einzelne nicht gelangen“[9]. Diese Unklarheit des Überblicks aber zu klarem Überblick zu fälschen – das ist tantalidisch. Wenn Goethe in der Spätprosa der „Wahlverwandtschaften“ die Einsicht bewegt, daß „auch durch das Reich der heitern Vernunftfreiheit die Spuren trüber leidenschaftlicher Notwendigkeit sich unaufhaltsam hindurchziehen, die nur durch eine höhere Hand, und vielleicht auch nicht in diesem Leben, völlig auszulöschen sind“[10], so haben wir eine Manifestation der menschlichen Beschränktheit vor uns, die strukturell nicht nur der Leidenschaft als solcher, sondern auch der leidenschaftslosen menschlichen Erkenntnis als einer antizipativ-hypothetisch gebrochenen innewohnt.

2 Die unangemessenen Begriffe vom Absoluten in der „Iphigenie“

Die Schlußwendung des letzten Zitates führt uns auf den schon erwähnten Gesichtspunkt, daß die Versöhnung von göttlicher Vernunft und ungöttlicher Beschränktheit nicht vom Menschen selbst geleistet werden kann, zurück. Die Frage ist

9. Goethe VIII 419
10. Notiz über die „Wahlverwandtschaften“. In: Morgenblatt für gebildete Stände 24. September 1809 (Goethe IX 276).

letztlich die nach dem Verhältnis der göttlichen (vernünftigen, sinnverknüpfenden ...) und der menschlichen (leidenschaftlichen, beschränkten ...)[11] Dimension. Stehen sich diese beiden Dimensionen, gegeneinanderstrebend und sich wechselseitig beeinträchtigend, gegenüber, und bestimmen sie andererseits nur vereint die menschlichen Handlungen, so erhebt sich die Frage, auf welche Weise die Einheit von göttlicher und leidenschaftlich-menschlicher Komponente als möglich gedacht werden kann. „Iphigenie" stellt uns drei Bestimmungen dieses Verhältnisses vor Augen, von denen zwei wegen ihrer Einseitigkeit als untauglich anzusehen und zu überwinden sind. Das Drama stellt gerade diese Überwindung der unangemessenen Bestimmungen des Verhältnisses von Gott und Mensch dar, und zwar in der Gestalt Iphigenies, welche in ständigem Kampfe gegen jene beiden Unangemessenheiten die dritte – angemessene – Haltung sich erringt.

Göttliche und menschliche Dimension zur Einheit zu bringen, heißt, zwei gegeneinander Differente zu vereinen. Diese Vereinigung scheint am ehesten dadurch erreicht, daß eines der beiden zu Einenden dem anderen unterworfen wird. Indem es damit seine Selbständigkeit verliert, ist es in die Einheit mit dem anderen gleichsam aufgelöst. Offensichtlich kann jeder der beiden Pole Gott und Mensch solchermaßen in den anderen aufgelöst werden. In dieser doppelten Auflösung haben wir die beiden unangemessenen Verhältnisbestimmungen der Einheit von Gott und Mensch zu erblicken. Dies ist nun im Einzelnen zu zeigen und dabei die Unhaltbarkeit beider Auflösungen nachzuweisen.

2.1 Die Titanen

In Tantalus und seinem Geschlechte (mit Ausnahme Iphigenies) findet die Auflösung des Göttlichen statt. Die Tantaliden setzen ihren je eigenen beschränkten Blick an die Stelle des überindividuellen göttlichen Schicksalswissens. Der Titan beharrt auf seiner unmittelbaren, d. h. beschränkten Sicht der Totalität. Damit kann ihm die über seine Unmittelbarkeit hinausgehende Totalität nur als feindlich gelten. Die eigene Unmittelbarkeit zu überwinden und damit eine versöhnte Einbindung in die Totalität schiene dem Titan bloß als Selbstverlust. Diese Unversöhntheit von Einzelwesen und der es gleichwohl konstituierenden Totalität findet sich im hegelschen Manuskript von 1821 der griechischen Religion zugeschrieben. Freilich kennt diese auch die „Heiterkeit" des Endlichen, d. h. das Bewußtsein darüber, daß das feindliche Schicksal es doch

11. Der Mensch macht nach Obigem gerade die *Einheit* von Vernunft und Leidenschaft aus. Hier wird er aber ganz mit der leidenschaftlichen Dimension identifiziert, weil es gerade darum geht, die Einheit beider Dimensionen zu denken: Der reingöttlichen Dimension steht der Mensch nur insofern entgegen, als er nichtgöttlich ist.

ist, was dem Individuum sein so oder so geartetes Selbstsein vermittelt. Selbstvernichtung und Selbstsein stehen unversöhnt nebeneinander, weil der Zusammenhang von unmittelbarem Selbst und durch die Totalität vermitteltem Selbst noch nicht eigens bedacht wird.

Auch der Titan in der „Iphigenie" fixiert sich auf sein unmittelbares Selbstsein, verfehlt darin aber sein wahres Selbst, das sich allein von der Einbindung in den unverfügbaren Totalitätszusammenhang her konstituiert. Diese Konstituiertheit des Einzelnen durch die Totalität zeigt sich ex negativo dadurch, daß die reine Selbstverfügung der Individuen zur gegenseitigen Aufhebung der Individuen führt. Da nämlich jeder Tantalide seine individuelle Beschränktheit für das Ganze hält, kann er sich nicht neben anderen in ein überindividuelles Ganzes einordnen, sondern – da ihm seine Individualität als das Ganze gilt – nur die anderen sich zu unterwerfen suchen. Ist sich nämlich jeder selbst die ganze Welt, so muß die Anerkennung eines anderen als Zerstörung des eigenen titanischen Anspruches auf Ganzheit angesehen werden. Weshalb denn auch die Tantaliden „scheu und voller Argwohn um sich her [blicken]. ... jeder hält sich für verkürzt oder traut dem anderen das Böse zu und schützt sich mit Gewalt und List"[12]. Nur unter der Voraussetzung, daß die Sinntotalität nicht mit der Sicht, die ein einzelnes Individuum von ihr hat, zusammenfällt, kann jedes Individuum an ihr partizipieren und zugleich das andere als seinesgleichen anerkennen. Der Tantalidenfluch, der die Glieder des Geschlechtes gegeneinanderhetzt, ist so zutiefst die Frucht der titanischen Selbstüberhebung und nicht etwa eine willkürlich verhängte Götterstrafe, weil die Auflösung des überindividuellen göttlichen Schicksalszusammenhangs in titanische Selbstüberhebung eo ipso zur Vereinzelung der aus dem größeren Zusammenhang gelösten Individuen führt[13]. Nur die Anerkennung der Anderen in ihrem Eigenrecht und weiterhin die Anerkennung der objektiven Umstände, Mächte und Vorgegebenheiten schafft für den Einzelnen den Raum des Selbstseins, weil nur diese Anerkennung vor gegenseitiger Vernichtung bewahrt. Auch für die objektiven Umstände gilt dies: wer sich über deren Eigengesetzlichkeit hinwegsetzen zu können glaubt, zerstört dabei vielleicht den Boden, auf dem er selbst steht (sh. Zerstörung der Natur). Es ist Pylades, der diese Konstituiertheit des Individuums durch objektive (d.h. in diesem Zusammenhang: göttliche) Mächte ausdrücklich bedenkt: „Was ist des Menschen

12. Staiger I 365
13. Wenn Rasch 100–105 dies als Schuld der Götter sehen will, weil es heißt, daß „Der Gott um ihre [der Atriden] Stirn ein ehern Band" (V. 331) schmiedete, so zeigt unsere Deutung, daß Staiger recht zu geben ist, für den letztere Formulierung „nur antikischer Stil" (I 365) ist. Raschs Hinweis, daß eine ähnliche Formulierung wie die Goethes bei Aischylos *nicht* bloß antikischer Stil sei (103), beweist offenbar nichts für Goethe. Der leidenschaftliche Zugriff zur Welt ist aus sich heraus Verfehlung des wahren Weltzusammenhangs. So ist es Wilhelms Leidenschaft, die den Schlüssel zum Kästchen, d.h. zum Sinnzusammenhang des Ganzen, abbrechen läßt. Vgl. hierzu und zum Kästchensymbol Emrich [1] 188ff.

Klugheit, wenn sie nicht Auf jener Willen droben achtend lauscht?" (V. 742f). Offensichtlich bleibt aber in diesem Text die ebenfalls nicht zu leugnende Eigensouveränität der menschlichen Klugheit (innerhalb der ihr gezogenen Grenzen) unbedacht. Titanisch-unmittelbare Selbstbehauptung gegen das Schicksal bzw. gegen die Eigengesetzlichkeit und Eigenwertigkeit der dem Individuum vorgegebenen Welt einerseits und Einsicht in die Konstituiertheit und Abhängigkeit allen Selbstseins durch (von) eben dieses (diesem) Schicksal andererseits, stehen hier noch unvermittelt nebeneinander. Dieses Nebeneinander läßt die Einheit des Absoluten (der Totalität) noch nicht in den Blick kommen.

2.2 Die Olympier

Die Totalität ist immer Integrationsgefüge eines Universums von Einzelwesen und Partialzusammenhängen. Jeder Partialzusammenhang kann als er selbst nur bestehen, wenn er einbezogen ist in den Gesamtzusammenhang der Totalität. Gleichwohl ist er innerhalb der Totalität *er selbst.* Die Totalität ist die Spannung zwischen den Partialzusammenhängen und dem je gegenwärtigen Gesamtzusammenhang; sie ist aber auch der Austrag und die (mögliche) Lösung dieser Spannung. Wenn ein Einzelwesen oder Partialzusammenhang bei seinem ersten Auftreten oder irgendwann im Verlauf seiner Geschichte nicht schon von selbst reibungslos in den je bestehenden Gesamtzusammenhang integriert ist, so wird diese spannungsvolle Konstellation in weiterer, den Partial- *und* den Gesamtzusammenhang verändernder Integration ausgeglichen werden. Als dieses Geschehen vollzieht sich die Totalität. Nennt man nun nur den dem Einzelwesen oder Partialzusammenhang gegenüber objektiven Gesamtzusammenhang „Gott" (Göttersystem), so muß, um die göttliche Natur *rein für sich* im Unterschied zum Endlichen zu explizieren, von dem Einzelnen oder Partialzusammenhang bzw. von dessen Eigengesetzlichkeit abgesehen werden. Vorstellungshaft gesprochen: Wollen die Götter sich selbst rein darstellen, so müssen sie das Endliche ausschließen und also das Selbstsein der Einzelwesen, insofern es in Spannung steht zur gegebenen (im Göttersystem vorstellig gemachten) Gestalt des Gesamtzusammenhangs, negieren. Diese Negation formuliert Goethe vorstellungshaft so, daß er die Götter die Einzelwesen in ihrem Selbstsein „ersticken" läßt: „Aus Schlünden der Tiefe Dampft ihnen der Atem Erstickter Titanen, Gleich Opfergerüchen, Ein leichtes Gewölke" (V. 1749–1753). Der Sturz Tantals erweist sich auch von dieser Seite nicht etwa als göttliche Willkür, sondern als notwendiges Moment an der Explikation der göttlichen Natur.

Das eben geschilderte Verhältnis von Mensch und Gott, das einseitig nach der göttlichen Seite aufgelöst wurde, findet sich nach Hegel in der *jüdischen* Religion ausgebildet. Gerade diese Religion lebt ja von den „Opfergerüchen", wobei im jüdischen Gottesdienst vor dem erhabenen Gotte das „eigene Selbst verdunstet und verschwebt“[14]. Die Unangemessenheit dieses die Menschen „erstickenden“ Selbstverständnisses der Olympier ergibt sich nun daraus, daß letztere in diesem Selbstverständnis ihre wahre göttliche Natur entgegen ihrer Absicht verfehlen. Iphigenie kennzeichnet die göttliche Natur folgendermaßen: „Denn die Unsterblichen lieben der Menschen Weit verbreitete gute Geschlechter, Und sie fristen das flüchtige Leben Gerne dem Sterblichen, wollen ihm gerne Ihres eigenen, ewigen Himmels Mitgenießendes fröhliches Anschaun Eine Weile gönnen und lassen“ (V. 554–560). Demnach wollen die Götter *von sich (d. h. ihrer Natur) her* nicht nur den Menschen in all seiner Beschränkung bestehen lassen („sie fristen das flüchtige Leben“), sondern darüberhinaus wollen sie selbst in Einheit mit dem beschränkten Menschen sein (sie „lieben“ ihn und gönnen ihm „Mitgenießen“). Diese Eigenart der göttlichen Natur findet im ganzen Drama keine weitere Begründung. Die Begründung liegt aber im Gottesgedanken als solchem. Der Gottesgedanke bezeichnet die allbefassende Totalität, der nichts äußerlich sein kann. Ein solches zu denken, das Gott äußerlich wäre, hieße, nicht mehr Gott zu denken. Deshalb kann das Andere Gottes (der Mensch) nur als zu Gott selbst gehörig, d. h. als in Einheit mit Gott gedacht werden. So wenig die „Iphigenie“ einen solchen Gedanken entwikkelt (ihn aber sehr wohl implizit in Anspruch nimmt), so sehr entspricht er doch dem Denken Goethes, was im folgenden Abschnitt durch wenige grundsätzliche Hinweise gezeigt werden soll.

3 Das Göttliche als Totalität

Schon im Umkreis der Beschäftigung mit Arnolds Kirchen- und Ketzergeschichte entwickelt Goethe eine Gottesvorstellung, die die luziferische Polarität zu Gott als äußerstes Moment an der göttlichen „Filiationsbewegung“ selbst auffaßt[15]. Die durch die selbstische „Konzentration“[16] Luzifers entstandene Kluft zum göttlichen Ursprung wird dadurch überwunden, „daß die Gottheit selbst die Gestalt des Menschen annimmt, ... und daß sie die Schicksale desselben auf kurze Zeit teilt, um durch diese Verähnlichung das Erfreuliche zu erhöhen und das Schmerzliche zu mildern“[17]. Die Verähnlichung, von der hier die Rede ist, ist nicht nur auf eine Richtung festgelegt, etwa im Sinne der Verähnlichung des Menschen Gott gegenüber, sondern in der Allgemeinheit ihrer Formulierung muß sie wohl als beiderseitige Verähnlichung gedacht werden: auch Gott verähnlicht sich dem Menschen. Dabei ist selbstverständlich nicht an eine

14. Hegel XVI 80
15. Vgl. Goethe X 385f
16. ebd. 386
17. ebd. 387

Angleichung zu denken, die die Differenz zwischen Gott und Mensch nivelliert. Vielmehr geht es darum, zu sehen, daß der Vollbegriff Gottes den Menschen, ja die ganze natürliche Welt einschließt, wie umgekehrt im Menschen (schon in den ideellen Tiergestalten der Antike) ein Höheres durchbricht, welches das Endliche als Träger des Göttlichen manifest macht[18]. So entsteht keine platte Einheit, welche die Unterschiedenheit der göttlichen und der menschlichen Dimension einebnen würde, sondern eine in sich spannungsvolle *polare* Einheit. Polarität ist bekanntlich eine Grundstruktur aller Wirklichkeit in Goethes Weltbetrachtung. An der eben besprochenen Stelle von „Dichtung und Wahrheit" ist der umfassendste Begriff, mit dem das Verhältnis der Einheit und des Mannigfaltigen gedacht wird, derjenige des Pulsierens zwischen Verselbstung (das Einzelne für sich, isoliert) und Entselbstung (das Einzelne eingebunden in den Kontext aller Einzelnen)[19]. Denkt man nun Gott nicht bloß als die eine Seite, sondern als das ganze Spannungsverhältnis, d. h. als allumfassende Totalität, dann wird das Pulsieren in seinen beiden Extremen als Tätigkeit Gottes selbst aufgefaßt werden müssen: „Du danke Gott, wenn *er* dich preßt [d. h. „entselbstet"], Und dank ihm, wenn *er* dich wieder entläßt [d. h. „verselbstet"]"[20]. Auch in der gottfernsten Verselbstung ist ein Moment des einen göttlichen, in sich pulsierenden Lebens selbst zu erblicken.

In anderem Zusammenhang bedenkt Goethe das Dämonische, welches, sich „in der Natur ... in Widersprüchen"[21] manifestierend und im menschlichen Bereich mit der moralischen Weltordnung eine Ganzheit von Einschlag und Zettel bildend[22], einen Kampf gegen das Universum selbst führt, von letzterem schließlich „überwunden" und als ein Moment des Weltenlaufs integriert wird. Was hier Universum heißt, ist das eine Allumfassende, mithin die Totalität. Diese wird hier gedacht als ein ständiger „Kampf" zwischen dem Gesamtgefüge der Natur bzw. der historischen Welt einerseits und den einzelnen, darein verflochtenen Kräften und Wesen andererseits. Die Eigengesetzlichkeit des „seinem Daimon Verschriebene[n] gerät außerhalb alles gewöhnlichen Weltlaufs"[23]. Nun soll aber weder die Eigengestalt dieser dämonischen Kräfte in eine spinozistische Substanzeinheit aufgelöst[24], noch das wohlgeordnete Gesamtgefüge dem ungeheueren und überdimensionalen Wirken jener Kräfte geopfert werden[25].

18. Vgl. Emrich [1] 290–295
19. Goethe X 388
20. Goethe III 290 (West-östlicher Divan) Hvm
21. Goethe X 839
22. ebd. 841
23. Emrich [1] 340
24. ebd. 84
25. ebd. 295: Es sind die „Fratzen" der indischen Religion, die das Göttliche nur nach der Seite einzelner, in ihrer Eigenart ungebändigter und folglich unintegrierter Kräfte vorstellen. So ist aber die Totalität aufgelöst in eine chaotische Menge gegeneinander wirkender Kräfte.

Der „Kampf" hebt mithin nicht auf die Vernichtung einer der beiden Seiten ab, sondern bringt aus der polaren Spannung stets neue Integrationsgestaltungen hervor. Die gegeneinander und damit gegen die jeweilige Gestalt des gesamten Integrationszusammenhangs gewandten Kräfte verändern jenes Gesamtgefüge, wie sie ihrerseits von dem ihnen vorgegebenen Gesamtgefüge in ihrer ursprünglichen Richtung und Art verändert werden. Die eine Totalität umfaßt beide polar gegeneinandergerichtete, aber eben deswegen auch stets aufeinander bezogene und miteinander spannungsreich zusammenhängende Dimensionen. Die eine Totalität ist diese unauflösliche Einheit von Miteinander und Gegeneinander. Diese Einheit der Totalität in ihrer gegensätzlichen Spannung formuliert Goethe so: „Nemo contra deum nisi deus ipse"[26]. Der eine Gott, d. h. die eine Totalität, ist selbst beide Seiten und deren Prozeß des Gegeneinander (*contra* deum) und Miteinander (*deus* contra *deum*). Darin ist nicht etwa jede Seite zu einem „selbständigen Gott"[27] gemacht, sondern die beiden Seiten sind als die zwei unverzichtbaren Dimensionen des *einen* Göttlichen erfaßt.

In der „Pädagogischen Provinz" schließlich gewinnt das Göttliche als die verbindende Dimension, welche das Höchste und das Niedrigste zusammenschließt (und sich so als Totalität manifestiert), im Leben Jesu Gestalt. Jesus stellt sich Gott gleich und auch den Niedrigsten, Armen, Unwissenden und Kranken[28]. Heißt es an einer Stelle, Jesus *scheine* sich den Niedrigen gleichzustellen, fordert Goethe kurz zuvor doch „Ehrfurcht vor dem was unter uns ist"[29], aus dem Grunde, weil „auch Niedrigkeit und Armut, Spott und Verachtung, Schmach und Elend, Leiden und Tod als *göttlich* anzuerkennen, ja Sünde selbst und Verbrechen nicht als Hindernisse, sondern als Fördernisse des Heiligen zu verehren und liebzugewinnen"[30] seien. Gott ist demnach nicht nur die eine Seite der Totalität, sondern er selbst *und* sein Anderes. Das wahrhaft Göttliche ist in sich differenzierte Totalität. Die eine göttliche Totalität ist in *all* ihren Einzelwesen und Partialzusammenhängen am Werk.

Es ist also immer genau darauf zu achten, ob von Gott im Sinne von bloß der einseitigen Dimension der Totalität oder aber im vollen Sinne als der Einheit der Totalität in all ihren Dimensionen die Rede ist.

Insoweit in der „Iphigenie" die göttliche und die menschliche Dimension in ihrer Unterschiedenheit abstrakt festgehalten und so nur als sich wechselseitig ausschließend gedacht werden, ist der höchste Betrachtungspunkt noch nicht erreicht, der Punkt nämlich, von dem her das Spannungsverhältnis von Gott und Mensch als inneres Geschehen der umfassenden Totalität, des wahren Göttlichen, sichtbar wird. Das

26. Goethe X 842
27. Emrich [1] 85
28. Goethe VIII 178
29. ebd. 171
30. ebd. 172 Hvm; vgl. 179. Den Sinn für die Logik der alleseinschließenden Totalität im Denken Goethes formuliert Thomas Mann, Lotte in Weimar, Drittes Kapitel (Fischer Taschenbuch 1982, S. 58ff). Diesen Hinweis verdanke ich Herrn Karl-Heinz Fallbacher.

olympische Selbstverständnis, wie es sich im Parzenlied verkündet, bleibt demnach hinter der wahren göttlichen Wirklichkeit ebenso zurück, wie das titanische Selbstverständnis Tantals: desgleichen bleiben beide Auffassungen hinter der wahren menschlichen Wirklichkeit zurück. Gott und Mensch sind nur je sie selbst in der Einheit miteinander.

4 Iphigenie

Einseitig göttliches und einseitig menschliches Interesse stehen sich in Iphigenie gegenüber. Um die Familie der Tantaliden vom Fluche zu befreien, müßte sie den Diebstahl eines Götterbildes unterstützen. Da die Rettung der Familie ihr von der einfachen Menschlichkeit geboten ist, der sie sich nicht entziehen kann, legt ihr „die taube Not ein ... Laster Mit ehrner Hand ... auf: das heilige, Mir anvertraute, viel verehrte Bild zu rauben" (V. 1707–1710). Trüge Iphigenie nun der Pflicht der Familie gegenüber Rechnung, so würde sie am Götterbilde freveln, mithin sich gegen den Götterwillen auflehnen, womit sie ihr tantalidisches Erbteil verwirklichen und statt dem göttlichen Willen ihrer individuellen („leidenschaftlich" empfundenen) Not gehorchen würde. Ergäbe sich aber Iphigenie umgekehrt in die Ehrfurcht den Göttern (dem Bild Dianens) gegenüber und vernachlässigte so die sittliche Pflicht, so zerstörte sie sich selbst in ihrer Menschlichkeit. Nur der Frevel am Göttlichen scheint menschliche Pflicht vollziehbar zu machen, und nur Verrat an menschlicher Pflicht scheint Ehrfurcht den Göttern gegenüber zu ermöglichen. Die Alternative ist, Mensch ohne Gott (d. h. den Titan) oder Gott ohne Menschen (d. h. die Olympier) zu bewahren[31].

Gott ist im Sinne Hegels als die Geisttotalität anzusehen, die alles Einzelne in seiner Wahrheit konstituiert. Läßt sich von hier aus das Problem des Verhältnisses von

31. Diese Konstellation sieht auch Rasch gegeben (145f). Er weist darauf hin, daß Orest vor dem Bildraub und unabhängig davon Heilung erfährt, daß aber Pylades und Iphigenie glauben, dies sei möglicherweise „nur ein göttlicher Vorgriff auf die endgültige Entsündigung" (140), und den Bildraub weiterhin für nötig erachten (140f; 144f; 173). Selbst wenn aber Orest schon in dauernd gültiger Weise geheilt wäre, bliebe die Erlösung des Atridenhauses als ganzen Pflicht Iphigenies und der Bildraub nach wie vor notwendig. Die Erlösung der Familie kann ganz ohne theologische Konstruktion darin erblickt werden, daß die verlorene Tochter zurückkehrt und, zusammen mit dem Bruder, in der Heimat das Leben der Familie auf eine nunmehr beruhigte, untitanische (und unolympische) Art fortführt. Darin wäre die Familie in ihren gegenwärtigen Repräsentanten von derjenigen Grundeinstellung befreit, die den Geist früher lebender Mitglieder der Sippe gefangenhielt und zu gräßlichen Taten aufstachelte.

Mensch und Gott, wie es die „Iphigenie" schildert, erhellen? Im Orakel, das den Götterfrevel als Preis der Familienrettung verlangt, bekundet sich eine ganz bestimmte Beschaffenheit der Totalität. In der Pythia wird sich die Geisttotalität als eine solche bewußt, die die Entsühnung der Atridenfamilie von sich her nicht ermöglicht. Anders gesagt: Die Totalität als das Geflecht aller Einzelwesen zeigt sich als so beschaffen, daß in ihm die Entsühnung der Atridenfamilie nicht angelegt und also im normalen geschichtlichen Verlauf nicht aus den vorhandenen Gegebenheiten heraus entwickelbar ist. Nur in einem bewußten Verstoß gegen die Totalität (Gott) und ihre inneren Zusammenhänge, d.h. in einem Verstoß gegen die Weltzusammenhänge, wie sie sich aufs Ganze gesehen dem Blick der Pythia im Augenblick zeigen, also in einem Durchbrechen der Eigengesetzlichkeit dieser Zusammenhänge, wäre Rettung der Familie möglich. Würde Iphigenie in diesem Sinne gegen die im Spruch der Pythia offenbar werdende „Tendenz" der Totalität handeln, gingen allgemeine Weltzusammenhänge, ging eben letztlich die Totalität in ihrer gegenwärtigen Gestalt in ihrem inneren Gefüge zu Bruch. Dieses Durchbrechen des vorgegebenen Gesamtzusammenhangs wird im Drama nur sozusagen abgekürzt symbolisch als Raub des Götterbildes (d.h. eben als Frevel an dem Gesamtzusammenhang, insofern er dem Einzelwesen gegenstrebig gegenübertritt) dargestellt, inhaltlich aber wird nicht näher ausgeführt, *welche* allgemeinen Zusammenhänge der Familienrettung geopfert werden müßten.

Entscheidend ist nun, daß Iphigenie in dieser Situation gegenseitiger Ausschließung von Gesamtzusammenhang und Partialzusammenhang (Familienpietät) weder einseitig den Gesamtzusammenhang, noch die familiäre Pflicht opfert. Iphigenie ist einerseits nicht bereit, den Frevel am Gesamtzusammenhang (Götterbild) zu begehen (V. 2001f), weil sie, in bewußter Abkehr von der titanischen Tradition, der sie entstammt, nicht aus ihrer individuell beschränkten Sicht der Dinge (V. 1105–1108) heraus handeln will, die ihr nicht zu sehen erlaubt, wie angesichts der im Spruch der Pythia gegebenen Gestalt der Totalität ihre sittliche Pflicht in dieselbe integriert werden könnte. Gleichwohl gibt sie aber ihre Pflicht nicht um des Gesamtzusammenhangs willen auf; sie ist nicht bereit, ein „olympisches" Totalitätsverständnis zu akzeptieren, welches um des größeren Ganzen willen das einzelne Interesse und Anliegen einfach negiert bzw. „erstickt".

Es ist die Beschaffenheit des *Göttlichen selbst,* welche Iphigenie in ihre Auswegslosigkeit stürzt. Die Götter verlangen Ehrfurcht und die Götter weisen auch den Weg zum Heil des Tantalidengeschlechtes über einen Götterfrevel. Das aber besagt, daß sich die Totalität Iphigenie als widersprüchlich bekundet. Die Totalität scheint so geartet, daß jede Versöhnung zwischen ihr als Gesamtzusammenhang und ihr als Partialzusammenhang unmöglich ist. Diesem Widerspruch sich zu stellen, macht die Leistung aus, welche Iphigenie über den Titanismus ebenso wie über das Olympiertum hinausführt, weil diese beiden Haltungen die Totalität nicht wirklich als Totalität, nämlich als Einheit von abstrakter Einheit und abstrakter Mannigfaltigkeit partialer Zusammenhänge, denken, sondern sie auf je eines dieser Momente reduzieren. Der

Antagonismus dieser Momente muß als innere Differenzierung der sie beide umschließenden Totalitätseinheit bewahrt bleiben.

In der „Iphigenie" wird nun aber auch der positive, den besagten Antagonismus einschließende Begriff des Absoluten als der in sich differenzierten Totalität (bzw. der Einheit von Gott und Mensch) erreicht. Die Gelegenheit ihre partialen Absichten durchzusetzen, bietet sich Iphigenie in der von Pylades ausgesonnenen List, welche in einer Lüge Thoas gegenüber besteht. Eine Lüge als „List und Trug" (V. 1802) aber hieße, daß Iphigenie den wahren Zusammenhang der Ereignisse zu ihrem eigenen Gunsten verfälschen würde. Iphigenie würde das, was ihr mit dem Schicksal unvereinbar erscheinen muß, aus eigener Willkür dennoch erzwingen. Damit wäre sie in Tantals Verhaltensweise geraten. Genau hiervon hebt sich Iphigenie aber deutlich ab. Sie glaubt an die Möglichkeit jener Versöhnung und vertraut der göttlichen Schicksalsfügung: „Allein euch [Göttern] leg ich's auf die Knie! Wenn Ihr wahrhaft seid, wie ihr gepriesen werdet, So zeigt's durch euren Beistand und verherrlicht Durch mich die Wahrheit" (V. 1916–1919). Wahrheit besagt hier das Sichstellen dem widrigen Schicksal gegenüber, dem nicht durch eine Lüge ausgewichen werden soll. Iphigenie legt offen, daß nur durch Frevel am Götterbild ihre Familienpflicht erfüllbar ist (V. 1919–1936). Sie weiß genau, daß Thoas diesen Frevel nicht zulassen kann, und daß damit die Lösung vom Fluch dem Tantalidengeschlecht in unerreichbare Fernen gerückt ist. In ihrem Bekenntnis stellt sich Iphigenie daher einer unlösbar scheinenden Schicksalskonstellation, wobei sie der Ehrfurcht gegen die Götter genauso verpflichtet bleibt wie ihrer Treue dem Bruder gegenüber. Sie vertraut darauf, daß in den ihrem menschlichen Überblick verborgenen Tiefen des widersprüchlich scheinenden Götterratschlusses die Götter eine Versöhnung zwischen Göttlichem und Menschlichem immer schon ermöglicht haben – eine Versöhnung, die sich nur noch nicht offenbart hat: „Gelassen hört Ihr unser Flehn, das um Beschleunigung Euch kindisch bittet; aber eure Hand Bricht unreif nie die goldnen Himmelsfrüchte, Und wehe dem, der, ungeduldig sie Ertrotzend, saure Speise sich zum Tod Genießt" (V. 1108–1114). Hierin wird das Göttliche nicht mehr als die den Einzelzusammenhängen feindlich gegenüberstehende Seite angesehen, sondern als die Vereinigung oder Integration selbst von Gesamtzusammenhang und Partialzusammenhängen. Zwar ist anerkannt, daß die Partialzusammenhänge nicht unmittelbar („unreif") sich bestätigt sehen können, es wird aber die Negation der Unmittelbarkeit nicht als Verlust auch des *wahren* Selbsts gedeutet. Vielmehr kommen die Einzelbestrebungen *gerade weil und indem* ihre Unmittelbarkeit negiert wird, zu ihrem voll entfalteten eigenen Recht („goldne Himmelsfrüchte").

Was geschieht in dieser Auffassung Iphigenies? Nichts Geringeres als dies, daß Goethes Heldin eine andere als die olympische Gottesvorstellung, d.h. einen neuen Begriff des Absoluten oder der Totalität entwirft[32]. Was berechtigt sie hierzu? Sie hat zu

32. Würde Iphigenie lügen, hieße das, daß sie den Partialzusammenhang „Familienpietät" nicht *ohne Verfälschung* in den Gesamtzusammenhang integrierbar glaubt. Die Verweigerung der

dieser Änderung des Gottesbegriffs deshalb das Recht, weil das olympische Gottesverständnis sich als untauglich erweist, die Komplexität der menschlichen Welterfahrung zu denken. Wird nämlich die Welt in ihrer Mannigfaltigkeit als ein nichtiger Schein dem Einen gegenüber aufgefaßt, so gilt das Eine *allein* als vollständiger Begriff des Absoluten. Nun zeigt sich aber der Welterfahrung Iphigenies die Dimension des Einen als die konstituierende Dimension für das *Mannigfaltige.* Als solches Konstituieren wurde sie für Iphigenie in der Geschichte ihrer eigenen Familie ex negativo sichtbar, wenn dort der Titan, sich aus dem umfassenden Einen lösend, sich auf sich selbst allein stellte und gerade darin sich verlor. Positiv formuliert Iphigenie die Konstituiertheit der wahren Identität des Einzelnen durch den göttlichen Gesamtzusammenhang in dem eben zitierten Text, der ja gerade besagt, daß nur Negation der unmittelbar „trotzigen" Individualität und Einfügung derselben in den Gesamtzusammenhang zur wahren und

Lüge behauptet umgekehrt die Möglichkeit unverfälschter Integration, weil die Möglichkeit unintegrierbaren Widerspruchs zwischen Gesamt- und Partialzusammenhang durch Iphigenies Rede von den „goldnen Himmelsfrüchten" ausgeschlossen ist. So impliziert sowohl die Lüge, als auch die Verweigerung derselben je eine andere Aussage über die Beschaffenheit der Totalität. Vielleicht meint Borchmeyer dies, wenn er, ohne allerdings einen weiterführenden Hinweis zu geben, von der „metaphysische[n] Tragweite der Lüge" (69) spricht. Zwar sagt er, Iphigenie deute das Orakel „vom Standpunkt aufgeklärten Rechtsempfindens her" (68), gibt aber keinen „metaphysischen", als doch wohl aus der Struktur des Absoluten gewonnenen Grund dafür an, was Iphigenie zum Ernstnehmen menschlicher Partialzusammenhänge (wie das „aufgeklärte Recht" einen darstellt) dem Gesamtzusammenhang gegenüber berechtigt. Die Implikation einer Sachaussage über die Totalität in Iphigenies Lügeverweigerung übersieht Rasch, wenn er diese Verweigerung im Sinne „eines gefährlichen Wagnisses, das Iphigenie als solches reizt" (160), interpretiert. Iphigenie hoffe dabei, daß Thoas „Gnade vor Recht ergehen läßt" (166), d. h. ihren Bruder nicht tötet. Nun betont aber Rasch selber, daß der verantwortungsvolle Herrscher den potentiellen Schänder des Volksheiligtums gar nicht begnadigen kann (169). Weil Iphigenie ihre Priesterrolle vollkommen ernst nimmt – sie widersetzt sich der gewaltsamen Entweihung des Heiligtums durch Orest (V. 1991–2026) –, kann ihr dies auch nicht verborgen bleiben. Warum sollte sie also auf solch nichtige Hoffnung ein vabanque-Spiel gründen? Mit der verweigerten Lüge setzt Iphigenie außerdem die Möglichkeit der Entsühnung ihrer Familie aufs Spiel: Wie sie im Augenblick das Orakel noch verstehen muß, nützt ihre Heimkehr ohne Götterbild nichts zum Heil der Atriden. Noch kann sie aber hoffen, daß bei verhehlender Lüge dem König gegenüber der Bildraub später gelingen möchte. Rasch selber erwägt diese Möglichkeit (172). Bloß weil sie ein Wagnis „reizt", wird Iphigenie ihre sittliche Pflicht nicht verspielen. Die Möglichkeit eines Scheiterns der Entsühnung nimmt sie nur deswegen in Kauf, weil sie ein neues Verständnis *des Absoluten* praktiziert, das keiner der konkurrierenden Dimensionen (Gesamtzusammenhang und Familienpflicht) einseitiges Übergewicht verschaffen, sondern alle Dimensionen der Totalität zu ihrer je eigenen Wirklichkeit kommen lassen will, wenn auch zunächst noch nicht absehbar ist, wie dies sich ereignen könne.

unverkürzten Identität des Einzelnen führt. Ist aber das Eine konstituierender Rahmen *des Mannigfaltigen,* so hat man das Eine selbst unangemessen gedacht, wenn man es ohne Mannigfaltiges denkt. Das Absolute olympisch als mannigfaltigkeitsloses („erstickendes") Eines zu denken, heißt, es nicht als das gedacht zu haben, was es ist, nämlich als das sich in Mannigfaltigkeit manifestierende Eine. Dies eben ist der Punkt, an dem Hegel in der Analyse des Substanzbegriffs zum Begriff der in sich differenzierten Subjektivität überzugehen genötigt war. Der *abstrakte* Begriff des Einen bringt nicht die tatsächliche Komplexität des Sachverhalts zum Ausdruck. Deshalb muß der Begriff weiterentwickelt werden. Diese Weiterentfaltung des Begriffs des Absoluten hin zur vollen Komplexität vollzieht Iphigenie.

Iphigenies neue Gottesvorstellung entsteht daher nicht bloß aus der „Voraussetzung menschlicher Autonomie im Zeitalter Goethes"[33], sondern aus der Logik des Begriffs des Absoluten selber. Nicht eine zeitbedingte oder modehafte Strömung, sondern die Analyse des Substanzbegriffs bzw. des olympisch verstandenen Gottes selber ist es, die das endliche Bestimmte und darin auch den Menschen als rein Verschwindendes zu denken verbietet. Da Rasch diese Analyse, weil er sie bei Goethe philologisch nicht zu erheben vermag, auch nicht philosophisch sucht (obgleich sie von der philologisch freigelegten Sache her ergänzt werden muß), trägt er seiner eigenen Einsicht, daß „die zentrale Thematik des Schauspiels [„Iphigenie"] ... eine religiöse"[34] ist, nicht völlig Rechnung. Wenn Raschs Einsicht zutrifft, dann muß die neue Sicht des Absoluten bei Iphigenie aus religiöser Notwendigkeit, mithin aus dem Begriff Gottes selbst sich ergeben. Hier zeigt sich deutlich, daß Goethe Implikationen in Anspruch nimmt, die man nur dann aufzudecken in der Lage ist, wenn man sich von der in der Dichtung angesprochenen *Sache* auch über das philologisch erfaßbare explizite Bewußtsein des *Dichters* von dieser Sache hinausführen läßt.

Wenn bei Goethe der neue, iphigeneische, Begriff des Absoluten auch nicht ausdrücklich aus der impliziten Logik des vorhergehenden, olympischen, Begriffs selbst entwickelt wird, so steht er doch nicht unverbunden neben diesem. Vielmehr denkt Goethe das Absolute so, daß seine olympisch verstandene Selbstbekundung (das Orakel) *aus sich selbst heraus offen ist* für die iphigeneische Überwindung des Olympiertums: Die Lösung des Widerspruchs, der oben bemerklich gemacht wurde, liegt im Charakter des Orakels selbst, das *doppeldeutig* ist. Das Orakel, welches das Absolute als unauflöslich widersprüchlichen Zusammenprall von Gesamtzusammenhang und Partialzusammenhang ausspricht, ist anders deutbar als man bisher vermeinte: die heimzuholende Schwester ist nicht Diana, sondern Iphigenie (V. 2107–2134). Es ist von höchster Bedeutsamkeit, daß das Orakel, d. h. die Selbstbekundung der Totalität im menschlichen Geist, mit der neuen Interpretation des Absoluten als den Partialzusammenhang unverfälscht integrierende Totalität ohne Widerspruch verträglich ist.

33. Rasch 8; vgl. 49 und 94–99
34. ebd. 8

Nur dadurch, daß die Selbstbekundung des Göttlichen diese Interpretation von sich her schon impliziert, ist ein Rückfall in titanischen Widerspruch gegen den Gesamtzusammenhang vermieden[35]. Weiterhin ist es auch ungemein bedeutsam, daß das Orakel des Menschen schrittweise sich ändernder Auslegung bedarf: die Totalität gewinnt eben nur im Geiste des Menschen und darin sukzessive Bewußtsein über sich in ihrer ganzen inneren Komplexität.

Der orakelnde Gott, so zeigt sich, wenn man das Orakel im Lichte des iphigeneischen Begriffs von der Totalität interpretiert, spricht nicht von seiner göttlichen, sondern von Orests menschlicher Schwester. Der olympische Gott ist, wie wir sahen, der den Partialzusammenhängen gegenüber feststehende und letztere „erstickende" vorgegebene Gesamtzusammenhang. Und nun läßt sich das Orakel plötzlich ganz anders deuten: Über *sich* selbst sprechend, d.h. sich im Orakel bekundend, spricht der Gesamtzusammenhang (der Gott Apoll) nicht von sich (von der göttlichen Schwester Diana), sondern vom *Partial*zusammenhang der Familienpietät Iphigenies. Das besagt, daß der Gesamtzusammenhang sich selbst *als* Vollzug der Partialzusammenhänge erfaßt. Nicht mehr jenseits der gegenwärtigen partiellen Weltzusammenhänge steht fest, was der göttliche Gesamtzusammenhang ist, sondern letzterer zeigt sich gerade als Gefüge der Partialzusammenhänge. Es zeigt sich mithin, daß die ihrer Unmittelbarkeit entkleideten, in dies Gefüge integrierten Einzelwesen und Partialzusammenhänge die Auslegung oder Ausgelegtheit der Dimension des allumfassenden Einen ausmachen. In den natürlichen und geschichtlichen Einzelgestaltungen ist die Einheit der Totalität selbst (auf je anders geartete oder gestaltete Weise) gegenwärtig – und nirgendwo anders. Anders gesagt: Die Totalität ist nicht abstrakte, den mannigfaltigen Bestimmtheiten fremd gegenüberstehende, sie vernichtende Einheit, sondern sie manifestiert sich gerade als diese mannigfaltigen Differenzierungen. Weil aber alle Mannigfaltigkeit als zu einem universalen Gefüge integriert gedacht wird, handelt es sich bei ihr nicht um abstrakte Mannigfaltigkeit, die in ihrer Abstraktion von jedem Zusammenhang zu gegenseitiger Negation der isolierten Mannigfaltigen und damit zur leeren Null führt. Iphigenie handelt nicht willkürlich, d.h. als isoliertes Individuum. Ihr individuelles Interesse ist ja gerade Ausfluß ihres *Zusammenhangs* mit anderen, Ausfluß nämlich der Familienpflicht. Dieser partielle Zusammenhang ist seinerseits Ausfluß umfassenderer Zusammenhänge und schließlich ist das Zusammenhangsgefüge *insgesamt* die Gestaltetheit des ansonsten leeren Einen. So verwirklicht oder konkretisiert sich das Eine in

35. Raschs Hinweis auf die unzweideutiger formulierte Erstfassung (178f) und sein Verdacht, Apolls Spruch sei ungenau zitiert, ist nicht stichhaltig. Die Erstfassung kann keinerlei Anspruch auf höhere Authentizität erheben, und die Verse 2113–2115 der Zweitfassung setzen den Spruch Apolls in Anführungszeichen, so daß es eines eigenen Nachweises bedürfte, wenn man hier von nachlässigem Zitieren ausgehen wollte. Viel wahrscheinlicher ist jedenfalls, daß eine heilige Sentenz, als welche man ein Orakel doch wohl ansehen muß, wörtlich angeführt wird.

immer „engermaschigen“ Differenzierungen und schließlich in den Einzelwesen (die, wie ein menschliches Individuum, ihrerseits als Zusammenhänge von noch differenzierteren Einzelwesen gedacht werden können). Umgekehrt hat das Einzelwesen sein Selbstsein gerade als Gegenwart des allumfassenden Einen: das Einzelwesen ist eine bestimmte Konstellation aller Weltzusammenhänge und bezieht aus dieser seine Einmaligkeit. Weil die Weltzusammenhänge aber in geschichtlichem Prozeß begriffen sind, sind sie nicht abgeschlossen und eindeutig im Einzelwesen gegenwärtig, sondern als noch werdende und im menschlichen Handeln weiterzugestaltende. Dieser Begriff des Absoluten als der in sich differenzierten Totalität ist es, der in Iphigenies Lügeverweigerung letztlich impliziert ist und sich als Weiterexplikation des noch weniger komplex entfalteten olympischen Gottesbegriffs erweist[36].

36. Es ist richtig, wenn Rasch feststellt, daß das Orakel „nichts anderes fordert“, als die „einfache Erfüllung der Menschenpflicht“ (182). Rasch bedenkt aber zuwenig, daß die Menschenpflicht nicht nur als solche, sondern (durch ihre Einbeziehung in den vom Orakel ausgesprochenen – und das eben heißt: göttlichen – Zusammenhang) als *Manifestation der göttlichen Totalitätseinheit* gedacht wird. Iphigenies Autonomie ist eine Autonomie, die sich als Vollzug der Totalitätseinheit selbst weiß: Am Orte meines Ich manifestiert *sich die Totalität,* die mich und meine Freiheit ja hervorgebracht hat, als dasjenige, was ich in meiner Freiheit gestalte. Handelte ich anders als ich handle, so wäre die Totalität am Orte meiner Existenz anders beschaffen, als sie es jetzt ist. Mein Handeln gestaltet die Wirklichkeit der Totalität selbst. Gleichwohl nimmt mein autonomes Handeln den Gesamtzusammenhang immer schon zu seiner eigenen Möglichkeit in Anspruch. So heißt es andernorts bei Goethe: „Allah braucht nicht mehr zu schaffen, *Wir* erschaffen *seine* Welt“ (Goethe III 365 Hvm). Die Autonomie („Wir“) weiß sich ermöglicht von dem Gesamtzusammenhang („seine“, d. h. Allahs Welt). Damit zeigt sich aber, daß es unangemessen ist, wenn Rasch behauptet, Iphigenie sei keine Göttin, sondern repräsentiere „vielmehr gerade die menschliche Seite in dem neuen Verhältnis zwischen Mensch und Gott“ (16). Iphigenie überwindet gerade die einseitigen Entgegensetzungen und erweist sich als der Schnittpunkt oder die Einheit der (einseitig oder olympisch) göttlichen und der (einseitig oder titanisch) menschlichen Dimension.

Literaturverzeichnis, Zitierweise, Abkürzungen

1 Allgemeines

Das folgende Literaturverzeichnis beinhaltet lediglich diejenigen Werke, welche bei der Abfassung der vorliegenden Arbeit unmittelbar zu Rate gezogen wurden. Ein bis zum Jahre 1981 vollständiges Verzeichnis des Schrifttums zu Hegels Religionsphilosophie findet sich in Graf/Wagner (Hrsg.), Die Flucht in den Begriff. Materialien zu Hegels Philosophie der Religion (Stuttgart 1982).

Zitiert wird in der vorliegenden Arbeit (außer bei den Werken Hegels und der „Kritik der reinen Vernunft") durch Angabe des Verfassernamens, wodurch die im Literaturverzeichnis niedergelegten bibliographischen Angaben auffindbar sind.

Kant- und Hegelzitate werden im laufenden Text in runder Klammer notiert, während alle übrigen Fundorte in Anmerkungen belegt sind. Die „Kritik der reinen Vernunft" wird ohne Verfassernamen als „B" zitiert.

Hervorhebungen in zitierten Werken werden meist nicht übernommen; von mir stammende Hervorhebungen sind gekennzeichnet. Eckige Klammern sind, wenn nicht anders vermerkt, von mir gesetzt.

Folgende Abkürzungen finden in der vorliegenden Arbeit Verwendung:

Hvm	Hervorhebung(en) von mir
Anm	Anmerkung(en)
Zus	Zusatz (Zusätze)
V	Vers(e)

Sonstige Abkürzungen verstehen sich von selbst.

2 Werke Hegels

2.1 Jubiläumsausgabe

Nach Hinweisen oder Zitaten in Klammern gesetzte römische Ziffern, gefolgt von arabischen, verweisen, wenn kein Verfassername vorangestellt ist, auf die Jubiläumsausgabe der Werke Hegels (ed. Glockner). Die römische Ziffer nennt den Band, die arabische die Seite(n).

2.2 „Philosophische Bibliothek“

Die in der „Philosophischen Bibliothek“ (Meiner-Verlag Hamburg) erschienenen Werke Hegels werden ohne Verfassernamen unter Verwendung der folgenden Siglen (und arabischer Seitenzählung) angeführt:

JLMN	Jenenser Logik Metaphysik und Naturphilosophie (ed. Lasson) 1967
JR	Jenaer Realphilosophie. Vorlesungsmanuskripte zur Philosophie der Natur und des Geistes von 1805–1806 (ed. Hoffmeister) 1969
D	Differenz des Fichte'schen und Schelling'schen Systems der Philosophie (ed. Lasson) 1962
GW	Glauben und Wissen oder die Reflexionsphilosophie der Subjektivität in der Vollständigkeit ihrer Formen als Kantische, Jacobische und Fichtesche Philosophie (ed. Lasson) 1962
PhG	Phänomenologie des Geistes (ed. Hoffmeister) 1952
WL I	Wissenschaft der Logik, Erster Teil (ed. Lasson) 1971
WL II	Wissenschaft der Logik, Zweiter Teil (ed. Lasson) 1969
Enz	Enzyklopädie der philosophischen Wissenschaften im Grundrisse (ed. Nicolin, Pöggeler) 1969
Rph	Grundlinien der Philosophie des Rechts (ed. Hoffmeister) 1967
VG	Vorlesungen über die Philosophie der Weltgeschichte, Erste Hälfte, Band I: Die Vernunft in der Geschichte (ed. Hoffmeister) 1970
PhWg	Vorlesungen über die Philosophie der Weltgeschichte, Zweite Hälfte, Band II–IV (ed. Lasson) 1968
Rel I	Vorlesungen über die Philosophie der Religion, Erster Band, Halbband I: Begriff der Religion (ed. Lasson) 1966
Rel II	Vorlesungen über die Philosophie der Religion, Erster Band, Halbband II: Die Naturreligion (ed. Lasson) 1966
Rel III	Vorlesungen über die Philosophie der Religion, Zweiter Band, Halbband I: Die Religionen der geistigen Individualität (ed. Lasson) 1966
Rel IV	Vorlesungen über die Philosophie der Religion, Zweiter Band, Halbband II: Die absolute Religion (ed. Lasson) 1966

BDG	Vorlesungen über die Beweise vom Dasein Gottes (ed. Lasson) 1966
EGPh	Einleitung in die Geschichte der Philosophie (ed. Hoffmeister) 1966

2.3 Sonstige Ausgaben

Rel Ms	Religionsphilosophie Bd. I. Die Vorlesung von 1821 (ed. K.-H. Ilting, Neapel 1978) (Bei Zitaten aus dieser Edition werden die Kennzeichnungen späterer Satzergänzungen, die Hegel in seinem Manuskript vorgenommen hat, nicht übernommen, sondern die Sätze in ihrer Endgestalt zitiert.)
Rph-Ilting I-IV	Vorlesungen über Rechtsphilosophie 1818–1831. Edition und Kommentar in sechs Bänden von Karl-Heinz Ilting (Stuttgart 1973f)

3 Sekundärliteratur

Ahlers, R.: Endlichkeit und Absoluter Geist bei Hegel.
In: Zeitschrift für philosophische Forschung 29 (1975) 63–80

Albrecht, W.: Hegels Gottesbeweis (Berlin 1958)

Angehrn, E.: Vernunft in der Geschichte? Zum Problem der Hegelschen Geschichtsphilosophie.
In: Zeitschrift für philosophische Forschung 35 (1981) 341–364

Anonymus: Die Bedeutung der Hegel'schen Philosophie.
In: Allgemeine Zeitung für das Jahr 1836. Außerordentliche Beilagen Nr. 133–138

Anselm von Canterbury: Proslogion (ed. F. S. Schmitt, Stuttgart 1962)

Avineri, S.: Hegels Theorie des modernen Staates (Ffm 1976)

Bloch, E.: Subjekt-Objekt. Erläuterungen zu Hegel (Ffm 1962)

Borchmeyer, D.: Johann Wolfgang von Goethe: Iphigenie auf Tauris.
In: Müller-Michaelis, H. (Hrsg): Deutsche Dramen. Interpretationen zu Werken von der Aufklärung bis zur Gegenwart. Bd. I (Königstein 1981) 52–86

Burdach, K.: Die Kunst und der dichterisch-religiöse Gehalt des West-östlichen Divans.
In: Lohner (Hrsg) 48–91

Carnap, R.: Der logische Aufbau der Welt (4. Auflage Hamburg 1974)

Cassirer, E.: Kants Leben und Lehre (Nachdruck Darmstadt 1974)

Chapelle, A.: Hegel et la religion. 3 Bde (Paris 1966, 1967, 1971). Annexes (Paris 1967)

Cramer, W.: Spinozas Philosophie des Absoluten (Ffm 1966)

Christensen, D. E. (Hrsg): Hegel and the philosophy of religion. The Wofford Symposium (The Hague 1970)

Dahn, F.: Julian der Abtrünnige. Geschichtlicher Roman.
In: F. Dahn, Gesammelte Werke, Zweite Serie, Bd. I (Leipzig, Berlin o. J.) 1–653
Dalmau, J./Sagüés, J.: Sacrae theologiae summa, Bd. II (Madrid 1964)
De Vries, J.: Die geistige Welt der Germanen (Darmstadt 1964)
Ditfurth, H. v.: Wir sind nicht nur von dieser Welt. Naturwissenschaft, Religion und die Zukunft des Menschen (Hamburg 1981)
Düsing, K. [1]: Das Problem der Subjektivität in Hegels Logik. Systematische und entwicklungsgeschichtliche Untersuchungen zum Prinzip des Idealismus und zur Dialektik (Bonn 1976)
[2]: Hegels Begriff der Subjektivität in der Logik und in der Philosophie des subjektiven Geistes.
In: Hegel-Studien Beiheft 19 (Bonn 1979) 201–214
Dulckeit, G.: Die Idee Gottes im Geiste der Philosophie Hegels (München 1947)
Eley, L.: Hegels Wissenschaft der Logik. Leitfaden und Kommentar (München 1976)
Emrich, W. [1]: Die Symbolik von Faust II (4. Auflage Wiesbaden 1978)
[2] Philosophie und Dichtung
In: Schwan, A. (Hrsg) 453–469
Fetscher, I. [1]: Hegel – Größe und Grenzen (Stuttgart 1971)
[2] (Hrsg): Hegel in der Sicht der neueren Forschung (Darmstadt 1973)
Feyerabend, P.: Wider den Methodenzwang. Skizze einer anarchistischen Erkenntnistheorie (Deutsche Ausgabe Ffm 1976)
Findlay, J. N.: Hegel der Realist.
In: Hegel-Studien Beiheft 1 (Bonn 1964) 141–149
Fulda, H. F./Henrich, D. (Hrsg): Materialien zu Hegels „Phänomenologie des Geistes" (Ffm 1973)
Gadamer, H.-G.: Hegels Dialektik. Fünf hermeneutische Studien (Tübingen 1971)
Genzmer, F. (Übersetzer): Die Edda, 2 Bde (Düsseldorf, Köln 1975)
Goethe, J. W. v.: Werke. 18 Bde (dtv-artemis-Ausgabe, München und Zürich 1977)
Graf, F.: Der Untergang des Individuums. Ein Vorschlag zur historisch-systematischen Rekonstruktion der theologischen Hegel-Kritik.
In: Graf, F./Wagner, F. (Hrsg) 274–307
Graf, F./Wagner, F. (Hrsg): Die Flucht in den Begriff. Materialien zu Hegels Philosophie der Religion (Stuttgart 1982)
Grönbech, W.: Kultur und Religion der Germanen. 2 Bde (Deutsche Ausgabe Darmstadt 1976)
Hadlich, H.: Hegels Lehren über das Verhältnis von Religion und Philosophie (Halle 1906)
Harlander, K.: Absolute Subjektivität und kategoriale Anschauung. Eine Untersuchung der Systemstruktur bei Hegel (Meisenheim 1969)

Heede, R.: Die göttliche Idee und ihre Erscheinung in der Religion. Untersuchungen zum Verhältnis von Logik und Religionsphilosophie bei Hegel (Diss. Münster 1972)
Henrich, D. [1] (Hrsg): Stuttgarter Hegel-Kongress 1975: Ist systematische Philosophie möglich? (Bonn 1977)
[2]: Some historical presuppositions of Hegel's system.
In: Christensen (Hrsg) 25–44
[3]: Die Trinität Gottes und der Begriff der Person.
In: Marquard/Stierle (Hrsg) 612–620
[4]: Der ontologische Gottesbeweis. Sein Problem und seine Geschichte in der Neuzeit (Tübingen 1967)
[5]: Hegel im Kontext (Ffm 1967)
Hirsch, E.: Die idealistische Philosophie und das Christentum (Gütersloh 1926)
Hirschberger, J.: Geschichte der Philosophie. 2 Bde (Freiburg 1965 und 1969)
Huber, H. [1]: Richard Wagners „Parsifal" und das Christentum. Zur religionsphilosophischen Bedeutung der Dichtung.
In: Philosophisches Jahrbuch der Görres-Gesellschaft 87. Jg. (1980) 57–86
[2]: Die Gottesidee bei Immanuel Kant.
In: Theologie und Philosophie 55. Jg. (1980) 1–43 und 230–249
[3]: Nemo contra Deum nisi Deus ipse. Das Wotan-Problem in Richard Wagners „Ring des Nibelungen".
In: Neue Zeitschrift für systematische Theologie und Religionsphilosophie 23. Bd. (1981) 272–296
[4]: „Das Absolute ist der Geist". In: Graf/Wagner (Hrsg) 228–246
[5]: Das Vorlesungsmanuskript von 1821. Bemerkungen zur Edition von K. H. Ilting.
In: Graf/Wagner (Hrsg) 159–162
[6]: Kants Idealismus und dessen grundsätzliche Überwindung durch Hegel.
In: Theologie und Philosophie 59. Jg. (1984) 39–65
Hyppolite, J.: Genèse et structure de la Phénomenologie de l'esprit de Hegel. 2 Bde (Paris 1946)
Iljin, I.: Hegels Philosophie als kontemplative Gotteslehre (Bern 1946)
Jäger, A.: Gott als das Absolute. Bemerkungen zu §§ 86–88 in Hegels Enzyklopädie.
In: Theologische Zeitschrift 34 (1978) 292–300
Jaeschke, W. [1]: Absolute Idee – Absolute Subjektivität. Zum Problem der Persönlichkeit Gottes in der Logik und in der Religionsphilosophie.
In: Zeitschrift für philosophische Forschung 35 (1981) 385–416
[2]: Kunst und Religion.
In: Graf/Wagner (Hrsg) 163–195
[3]: Die Religionsphilosophie Hegels (Darmstadt 1983)

[4]: Die Flucht vor dem Begriff. Ein Jahrzehnt Literatur zur Religionsphilosophie (1971–1981).
In: Hegel-Studien Bd. 18 (Bonn 1983) 295–354
Jüngel, E.: Gott als Geheimnis der Welt. Zur Begründung der Theologie des Gekreuzigten im Streit zwischen Theismus und Atheismus (2. Auflage Tübingen 1977)
Julian Imperator [1]: Juliani Imperatoris librorum contra Christianos quae supersunt. (Hrsgg. von J. Neumann und E. Nestle, Leipzig 1880)
[2]: Sur Hélios-Roi (Discours XI [IV]).
In: L'Empereur Julien, Oeuvres complètes Bd. II/2 (Hrsgg. von Ch. Lacombrade, Paris 1964)
Kaltenbrunner, G.-K. (Hrsg): Hegel und die Folgen (Freiburg 1970)
Kant, I.: Werke. Akademie-Textausgabe. 9 Bde (Photomechanischer Nachdruck Berlin 1968)
Kawamura, E.: Hegels Ontologie der absoluten Idee (Hamburg 1973)
Kern, W.: Dialektik und Trinität in der Religionsphilosophie Hegels. Ein Beitrag zur Diskussion mit L. Oeing-Hanhoff.
In: Zeitschrift für katholische Theologie 102 (1980) 129–155
Kimmerle, H.: Zur theologischen Hegelinterpretation.
In: Hegel-Studien Bd. 3 (Bonn 1965) 356–369
Kiesewetter, H.: Von Hegel zu Hitler. Eine Analyse der Hegelschen Machtstaatsideologie und der politischen Wirkungsgeschichte des Rechtshegelianismus (Hamburg 1974)
Koch, T.: Differenz und Versöhnung. Eine Interpretation der Theologie G. W. F. Hegels nach seiner „Wissenschaft der Logik" (Gütersloh 1967)
Koslowski, P. [1]: Hegel – „der Philosoph der Trinität?" Zur Kontroverse um seine Trinitätslehre.
In: Theologische Quartalschrift 162. Jg. (1982) 105–131
[2]: Politischer Monotheismus oder Trinitätslehre? Zu Möglichkeit und Unmöglichkeit einer christlichen Politischen Theologie.
In: Theologie und Philosophie 56. Jg. (1981) 70–91
Küng, H. [1]: Menschwerdung Gottes. Eine Einführung in Hegels theologisches Denken als Prolegomena zu einer künftigen Christologie (Freiburg, Basel, Wien 1970)
[2]: Sehnsucht nach Erlösung.
In: „Parsifal". Programmheft I (Bayreuther Festspiele 1982) 1–38
Leuze, R.: Die außerchristlichen Religionen bei Hegel (Göttingen 1975)
Link, Ch.: Hegels Wort „Gott selbst ist tot" (Zürich 1974)
Löwith, K. [1]: Von Hegel zu Nietzsche. Der revolutionäre Bruch im Denken des 19. Jahrhunderts (7. Auflage Hamburg 1978)

[2]: Nietzsches Philosophie der ewigen Wiederkehr des Gleichen (3. Auflage Hamburg 1978)
[3]: Weltgeschichte und Heilsgeschehen. Die theologischen Voraussetzungen der Geschichtsphilosophie (Stuttgart 1953)
[4]: Hegels Aufhebung der christlichen Religion.
In: Hegel-Studien Beiheft 1 (Bonn 1964) 193–236
Lohner, E. (Hrsg): Studien zum West-östlichen Divan Goethes (Darmstadt 1971)
Lünemann, G. H.: Lateinisch-deutsches und deutsch-lateinisches Handwörterbuch. 2 Bde (Leipzig 1826)
Lukács, G.: Der junge Hegel, 2 Bde (Zürich 1948)
Maihofer, W.: Hegels Prinzip des modernen Staates.
In: Fetscher [2] (Hrsg) 352–386
Marquard, O./Stierle, K. (Hrsg): Poetik und Hermeneutik. Identität (München 1979)
Marx, K.: MEW-Ausgabe (Berlin-Ost)
Marx, W.: Hegels Theorie logischer Vermittlung. Kritik der dialektischen Begriffskonstruktionen in der „Wissenschaft der Logik“ (Stuttgart 1972)
Meier, Ch.: Caesar (Berlin 1982)
Meyer, H.: Subjektivität und Freiheit. Untersuchungen zu Kants kritischer Freiheitslehre (Diss. München 1979)
Nietzsche, F. [1]: Der Wille zur Macht. Versuch einer Umwertung aller Werte (Stuttgart 1964)
[2]: Also sprach Zarathustra. Ein Buch für Alle und Keinen (dtv-de-Gruyter-Ausgabe Bd. 4, München 1980)
[3]: Menschliches-Allzumenschliches. Ein Buch für freie Geister (dtv-de-Gruyter-Ausgabe Bd. 2, München 1980)
[4]: Die fröhliche Wissenschaft (dtv-de-Gruyter-Ausgabe Bd. 3, München 1980)
[5]: Zur Genealogie der Moral. Eine Streitschrift (dtv-de-Gruyter-Ausgabe Bd. 5, München 1980)
[6]: Der Antichrist (dtv-de-Gruyter-Ausgabe Bd. 6, München 1980)
[7]: Die Unschuld des Werdens. Der Nachlaß Bd. II (Stuttgart 1978)
[8]: Die Geburt der Tragödie (Stuttgart 1976)
Nordal, S. (Hrsg): Völuspá (Deutsche Ausgabe Darmstadt 1980)
Ogilvie, R. M.: ... und bauten die Tempel wieder auf. Religion und Staat im Zeitalter des Augustus (dt. Stuttgart 1982)
Oeing-Hanhoff, L.: Hegels Trinitätslehre. Zur Aufgabe ihrer Kritik und Rezeption.
In: Theologie und Philosophie (1977) 378–407
Oelmüller, W.: Geschichte und System in Hegels Religionsphilosophie.
In: Philosophisches Jahrbuch der Görres-Gesellschaft 76. Jg. (1968/69) 67–87
Pannenberg, W. [1]: Wissenschaftstheorie und Theologie (Ffm 1973)
[2]: Gottesgedanke und menschliche Freiheit (Göttingen 1972)

[3]: Grundfragen systematischer Theologie (Göttingen 1971)
[4]: Die Subjektivität Gottes und die Trinitätslehre. Ein Beitrag zur Beziehung zwischen Karl Barth und der Philosophie Hegels.
In: Kerygma und Dogma (1977) 25–40
[5]: Person und Subjekt.
In: Marquard/Stierle (Hrsg) 407–422
[6]: Die Bedeutung der Kategorien „Teil“ und „Ganzes“ für die Wissenschaftstheorie der Theologie.
In: Theologie und Philosophie 53. Jg. (1978) 481–495
[7]: Anthropologie in theologischer Perspektive (Göttingen 1983)
Pleticha/Schönberger: Die Römer. Ein enzyklopädisches Sachbuch zur frühen Geschichte Europas (Gütersloh 1980)
Pöggeler, O.: Hegels Idee einer Phänomenologie des Geistes (Freiburg 1973)
Popper, K. R.: Objektive Erkenntnis (Deutsche Ausgabe Hamburg 1973)
Prauss, G.: [1] Zum Wahrheitsproblem bei Kant.
In: Prauss [2] (Hrsg) 73–89
[2] (Hrsg): Kant. Zur Deutung seiner Theorie von Erkennen und Handeln (Gütersloh 1973)
[3]: Einleitung zu Prauss [2] (Hrsg) 11–23
Puntel, L. B. [1]: Darstellung, Methode und Struktur. Untersuchungen zur Einheit der systematischen Philosophie G. W. F. Hegels (Bonn 1973)
[2]. Systematische Philosophie. Eine Programmschrift (Mitwirkung von G. Siegwart). Als Typoskript vervielfältigt (München 1976)
[3]: Sinn und Aktualität von G. W. F. Hegels „Wissenschaft der Logik“.
In: Theologie und Philosophie 47. Jg. (1972) 481–507
[4]: Hegel heute. Zur „Wissenschaft der Logik“ (I).
In: Philosophisches Jahrbuch der Görres-Gesellschaft 82. Jg. (1975) 132–162
[5]: Hegel heute. Zur „Wissenschaft der Logik“ (II).
In: Philosophisches Jahrbuch der Görres-Gesellschaft 85. Jg. (1978) 127–143
[6]: Hegels „Wissenschaft der Logik“ – Eine systematische Semantik?
In: Hegel-Studien Beiheft (Bonn 1977)
Quine, W. v. O.: Ontologische Relativität und andere Schriften (Deutsche Ausgabe Stuttgart 1975)
Raeder, H.: Kaiser Julian als Philosoph und religiöser Reformator.
In: Klein, R. (Hrsg) Julian Apostata (Darmstadt 1978) 206–221
Rahner, K. [1]: Grundkurs des Glaubens. Einführung in den Begriff des Christentums (6. Auflage Freiburg 1976)
[2]: Artikel „Trinität“.
In: Sacramentum Mundi. Theologisches Lexikon für die Praxis, Bd. IV (Freiburg 1966) Spalte 1005–1021
Rahner/Vorgrimler: Kleines theologisches Wörterbuch (Freiburg 1961)

Rasch, W.: Goethes „Iphigenie auf Tauris“ als Drama der Autonomie (München 1979)
Reisinger, P. [1]: Die logischen Voraussetzungen des Begriffs der Freiheit bei Kant und Hegel (Diss. Ffm 1967)
[2] Idealismus als Bildtheorie. Untersuchungen zur Grundlegung einer Zeichenphilosophie (Stuttgart 1979)

Renz, H.: Geschichtsgedanke und Christusfrage (Göttingen 1977)
Riedel, M. [1]: System und Geschichte. Studien zum historischen Standort von Hegels Philosophie (Ffm 1973)
[2] (Hrsg): Materialien zu Hegels Rechtsphilosophie. 2 Bde (Ffm 1974f)
Ritter, J. [1]: Subjektivität. Sechs Aufsätze (Ffm 1974)
[2] (Hrsg): Historisches Wörterbuch der Philosophie. Bisher 5 Bde (Darmstadt und Basel 1971ff)
Röhrl, W.: Besprechung von Düsing [1].
In: Philosophisches Jahrbuch der Görres-Gesellschaft 87. Jg. (1980) 199–203
Rohrmoser, G. [1]: Subjektivität und Verdinglichung. Theologie und Gesellschaft im Denken des jungen Hegel (Gütersloh 1961)
[2]: Die theologischen Voraussetzungen der hegelschen Lehre vom Staat.
In: Hegel-Studien Beiheft 1 (Bonn 1954) 239–245
[3]: Die theologische Bedeutung von Hegels Auseinandersetzung mit der Philosophie Kants und dem Prinzip der Subjektivität.
In: Neue Zeitschrift für systematische Theologie und Religionsphilosophie Bd. 4 (1962) 89–111
Schalk, G.: Römische Götter- und Heldensagen (Wien, Heidelberg 1974)
Schmaus, M.: Katholische Dogmatik. Bd. I (Fünfte Auflage München 1953)
Schmidt, E.: Hegels Lehre von Gott (Gütersloh 1952)
Schmidt, G.: Die Religion in Hegels Staat.
In: Philosophisches Jahrbuch der Görres-Gesellschaft 74. Jg. (1966/67) 294–309
Schmidt, J.: Hegels Wissenschaft der Logik und ihre Kritik durch Adolf Trendelenburg (München 1977)
Schulz, W. [1]: Der Gott der neuzeitlichen Metaphysik (Fünfte Auflage Pfullingen 1974)
[2]: Die Vollendung des Deutschen Idealismus in der Spätphilosophie Schellings (Pfullingen 1975)
[3]: Philosophie in der veränderten Welt (Pfullingen 1972)
Schurr, A.: Die Begründung der Philosophie durch Anselm von Canterbury. Eine Erörterung des ontologischen Gottesbeweises (Stuttgart 1966)
Schwan, A. (Hrsg): Denken im Schatten des Nihilismus. Festschrift für Wilhelm Weischedel (Darmstadt 1975)

Schweitzer, C.: Geist bei Hegel und Heiliger Geist.
In: Neue Zeitschrift für systematische Theologie und Religionsphilosophie Bd. 6 (1964) 318–328
Seeberger, W.: Hegel oder die Entwicklung des Geistes zur Freiheit (Stuttgart 1961)
Seth, A.: The development from Kant to Hegel (Nachdruck der Ausgabe London 1882 London 1976)
Siegwart, G. [1]: Besprechung von Schmidt, J.
In: Philosophisches Jahrbuch der Görres-Gesellschaft 87. Jg. (1980) 203–207
[2]: Besprechung von Eley
In: Philosophisches Jahrbuch der Görres-Gesellschaft 86. Jg. (1979) 209–213
Siewerth, G.: Die Differenz im System des absoluten Geistes.
In: Philosophisches Jahrbuch der Görres-Gesellschaft 71. Jg. (1963/64) 59–81
Smith, J. E.: Hegels reinterpretation of the doctrine of spirit and the religious community.
In: Christensen (Hrsg) 157–177
Spinner, H.: Pluralismus als Erkenntnismodell (Ffm 1974)
Splett, J.: Die Trinitätslehre G. W. F. Hegels (Freiburg 1978)
Staiger, E.: Goethe. 3 Bde (Zürich und München 1978, 1970, 1976; fünfte, vierte und dritte Auflage)
Staudenmaier, F. A. [1]: Darstellung und Kritik des Hegelschen Systems. Aus dem Standpunkt der christlichen Philosophie (1844, Nachdruck Ffm 1966)
[2]: G. W. F. Hegels Vorlesungen über die Philosophie der Religion.
In: Graf/Wagner (Hrsg) 97–113
Steininger, W.: Systematische Betrachtungen über den Begriff der Persönlichkeit Gottes in der Philosophie Hegels und seiner Schule.
In: Philosophisches Jahrbuch der Görres-Gesellschaft 65. Jg. (1957) 182–213
Strauß, D. F. [1]: Der Romantiker auf dem Throne der Cäsaren, oder Julian der Abtrünnige.
In: Strauß, D. F. Kleine Schriften (Bonn 1895) 175–216
[2]: Christian Märklin. Ein Lebens- und Charakterbild aus der Gegenwart (Mannheim 1851)
[3]: Das Leben Jesu, kritisch bearbeitet. 2 Bde (Tübingen 1835f, Nachdruck Darmstadt 1969)
[4]: Der alte und der neue Glaube. Ein Bekenntniß (Achte Auflage Bonn 1875)
Ström, A./Biezais, H.: Germanische und Baltische Religion (Stuttgart 1975)
Szondi, P.: Poetik und Geschichtsphilosophie. Bd. 2: Hegels Lehre von der Dichtung (Ffm 1974)
Theunissen, M. [1]: Hegels Lehre vom absoluten Geist als theologisch-politischer Traktat (Berlin 1970)
[2]: Begriff und Realität. Hegels Aufhebung des metaphysischen Wahrheitsbegriffs.
In: Schwan (Hrsg) 164–195

Thomas von Aquin: Summa theologiae (Marietti-Handausgabe Turin, Rom 1952, 1962, 1956)
Topitsch, E.: Die Sozialphilosophie Hegels als Heilslehre und Herrschaftsideologie (Berlin 1967)
Türk, H.-G. [1]: Der philosophisch-theologische Ansatz bei Johannes Evangelist Kuhn (Ffm 1979)
[2]: Rezeption und Kritik der Philosophie Hegels in der „Katholischen Tübinger Schule".
In: Graf/Wagner (Hrsg) 247–273
Van der Meulen, J.: Begriff und Realität.
In: Hegel-Studien Beiheft 1 (Bonn 1964) 131–139
Vollmer: Wörterbuch der Mythologie aller Völker (Nachdruck der Ausgabe Stuttgart 1874 Leipzig 1978)
Wagner, F. [1]: Der Gedanke der Persönlichkeit Gottes bei Fichte und Hegel (Gütersloh 1971)
[2]: Die Aufhebung der religiösen Vorstellung in den philosophischen Begriff.
In: Neue Zeitschrift für systematische Theologie und Religionsphilosophie 18. Bd. (1976) 44–73
[3]: Vernünftige Theologie und Theologie der Vernunft. Erwägungen zum Verhältnis von Vernunft und Theologie.
In: Kerygma und Dogma 24. Jg. (1978) 262–284
[4]: Hegel als verkannter Theoretiker von Unmittelbarkeit? (zu: M. Theunissen, Sein und Schein. Die kritische Funktion der Hegelschen Logik)
In: Philosophisches Jahrbuch der Görres-Gesellschaft 87. Jg. (1980) 171–191
[5]: Religiöser Inhalt und logische Form. Zum Verhältnis von Religionsphilosophie und „Wissenschaft der Logik" am Beispiel der Trinitätslehre.
In: Graf/Wagner (Hrsg) 196–227
[6]: Hegels Satz: „Gott ist tot". Bemerkungen zu Dorothee Sölles Hegelinterpretation.
In: Zeitwende 38 (1967) 77–95
Wagner, R.: Das braune Buch. Tagebuchaufzeichnungen 1865–1882 (Hrsgg. von J. Bergfeld, Zürich 1975)
Welte, B.: Hegels Begriff der Religion – sein Sinn und seine Grenze.
In: Scholastik (1952) 210–225
Weil, E.: Hegel et l'état (Paris 1974)
Weischedel, W.: Der Gott der Philosophen. Grundlegung einer philosophischen Theologie im Zeitalter des Nihilimus. 2 Bde (Darmstadt 1972)

Weiße, Chr. H.: Über die eigentliche Grenze des Pantheismus und des philosophischen Theismus. Mit besonderer Beziehung auf Hegels Vorlesungen über die Philosophie der Religion.
In: Graf/Wagner (Hrsg) 64–96

Wertheim, U.: Herr und Meister Benedikt Spinoza.
In: Lohner (Hrsg) 375–388

Wilwoll, A.: Psychologia metaphysica (Freiburg 1952)

Windelband/Heimsoeth: Lehrbuch der Geschichte der Philosophie (Tübingen 1957)

Zeller, E.: Hegel's Vorlesungen über die Philosophie der Religion (Zweite Auflage 1840).
In: Graf/Wagner (Hrsg) 114–139

Züfle, M.: Prosa der Welt. Die Sprache Hegels (Einsiedeln o. J.)

Register

Die kursiv gesetzten Ziffern in den Registern weisen auf die Anmerkung(en) der betreffenden Seite hin. Das Namensregister erfaßt nicht das Literaturverzeichnis.

Namensregister

Sachregister